JN026631

複雑性トラウマ・愛着・解離がわかる本

アナベル・ゴンザレス 著

大河原美以 監訳

Anabel Gonzalez
*It's not me: Understanding Complex Trauma,
Attachment and Dissociation*

日本評論社

監訳者まえがき

　本書は，スペインの精神科医であるアナベル・ゴンザレス氏によって，患者さんや心の問題に悩む一般の方に語りかける口調で書かれたものです。複雑性トラウマと解離に関する専門的な内容を，一般の方や当事者の方に読んでもらうことを意図して，専門用語を使わずに書かれています。

　しかし，その内容は最新の知見に基づいた，非常に深く，また広範囲にわたるもので，乳幼児期からの複層的な傷つき体験による解離を抱えた心理状態をどのようなプロセスで治していくことができるのかについて示されています。

　ここに示された「心理治療において取り組むべきこと」についての非常にていねいな記述は，流派を超えて，専門家が心理治療を進めるうえでの指針となるでしょう。本書の中のたとえ話は，専門家が「患者さんに起こっていること」を説明する際に使うこともできますし，本書を患者さんに読んでいただくことで理解を促すことができる場合もあることでしょう。

　本書の前半（第1章～第11章）は，心が傷ついたとき，どのような防衛反応が生じて，解離に基づく問題が形成されていくのかが説明されています。後半（第12章～第23章）は，当事者と援助者がどのように協働して回復を目指すのか，そのプロセスが示されています。

　原書のタイトルは *It's not me: Understanding Complex Trauma, Attachment and Dissociation*（それは私ではない―複雑性トラウマ・愛着・解離の理解）です。第8章まで読み進めていただくと，「それは私ではない」の意味するところがわかります。

　読者の読みやすさを考慮して，監訳者の判断で各章に，原書にはない「見出し」を加えました。具体的な方策が記載されている部分には「どうすればよい

1

のか」という見出しをつけています。この方策は，心理治療の中で何をすれば
よいのかということのヒントにもなるでしょう。

大河原美以

謝　辞

　　コルーニャ大学病院精神科の「トラウマと解離の治療プログラム」に参加された患者のみなさまに感謝申し上げます。本書は，治療過程で起こるさまざまな状況での，患者さんたちの疑問や声などをもとに作ることができたものです。

　　Ruth，María Jesus，Pablo，Belen，Juan Jose，Ines，Ana，Inma そして Adriana には，このプログラムの間ずっと私の仕事を助けてもらいました。そして，このグループを評価し，患者さんの声を聴き，治療方法を開発し構築するためにたくさんの支援を受けました。

　　また，このプログラムの同僚である Marisol と Rosa，特に長時間の集団療法で私のコ・セラピストをしてくれた Lula に感謝申し上げます。

　　本書を作成するにあたって，校正をしてくれた Luis と Paloma，英語版作成のためにすばらしい翻訳をしてくれた Beatriz と Brandon，非常に貴重な作業をしてくれた Sonia に，心からお礼申し上げます。

3

目　次

はじめに

　本書は，私と患者さんたちとの出会い，そして，つらい体験をしてきた患者さんたちの努力から教えられたことによって生まれたものです。私は，患者さんたちを「理解しようとすること」に努めてきました。患者さんたちの問題は「過去に経験してきたつらい体験によって生じているもの」だと考え，その問題が変化していくことに寄り添い，「こんなに難しい患者さんは治るはずない」といった思いを抱かずに，これまでやってきました。なんとかして回復を援助したいという思いを通して，トラウマ体験の結果生じている心理的問題を理解し，援助する道というものを見出してきました。

　私のアプローチを支えている理論は，解離と複雑性トラウマの理論です。本書では，その理論を詳細に解説することはせずに，心理教育として役立つような情報提供にとどめています。この理論に関する先行研究や参考文献などの詳細を知りたい方は，私の以下の著書を参考にしてください。*Dissociative Disorders* と *Dissociative Identity Disorder* と *EMDR and Dissociation: The Progressive Approach* です。後者の2つは，私の同僚であるドロレス・モスケーラとの共著です。

　私は，EMDR療法と出会うことにより，「トラウマと解離」という視点をもつことができるようになりました。EMDR療法では，現在の問題は，過去のつらい体験の記憶を脳が正常に処理できないために生じているとみなします。自己に"統合されていない"体験は，時に自分では気づかないうちに，自分の有り様やふるまいに影響を与えてしまっているのです。人の適応の仕方は，絶えず過去の要因の影響を受けているものだということ——本書は，この基本的考えに基づいて書かれています。

EMDR療法に出会う前，もともと私は，集団療法，家族システム療法，認知分析療法などを学んできました。これらの方法論は，「心理的問題は，周囲との関わりの中でどのように増幅されていくのか」「人は，心理的問題にどのように対処するのか」といった点において，関係性というものがもつ重要性を私に教えてくれました。

　近年になって，感情制御に関わる問題は，トラウマ・愛着・解離の問題と深く関わっており，この問題の解決が重要であるということが広く認識されるようになってきました。私はこれまでに，同僚のLucía del RíoとAnia Justoとともに身体的解離と心理的解離の関係，および，感情制御や精神障害についての研究を行ってきました。これらの研究によって，本書の内容はさらに豊かなものになったと思います。

第1章
イントロダクション

外部の環境は，すべてを奪うことができる。しかし，その環境に
どう反応するかを選択する自由だけは，奪うことができない。
　　　　　　　　　　　　　　　　ヴィクトール・フランクル

トラウマに由来する心理的問題

さまざまな状態像

　サラは頭痛に苦しんでいます。病院では精神的なものと言われました。でも頭痛は，必ずしも不安や緊張と関係して起こるわけではないので，そう言われても何も解決しません。マークは時々，感情のコントロールを失ってしまいます。彼は気性が荒いわけではないのですが，引き金になるきっかけがあると感情が爆発してしまうのです。そして，そのあとでひどく落ち込みます。ルーシーは，人生の大半の間，うつ状態に苦しんできました。だんだんひどくなるように感じています。彼女はものごころついてからずっと，自分には価値がないと思い，常に自分を否定し，人生を悲観してきました。メアリーは，記憶の問題を抱えていて，断片的に記憶をなくしてしまいます。時々，なぜ今自分がこんなことをしているのかがわからないという体験をします。ソフィは，感じていることを感じないようにしようとして，腕や脚をカッターで切ったり，お腹がパンクしそうになるまで過食したりします。そのため，空虚感が自分を苦しめているということに気づかずにいます。キャシーは，しょっちゅう，あたかも「夢の中にいるような」「オフラインモードで操作されているような」，まるで「ロボットのような」不思議な気分になります。キャロルは，頭の中で声が聞こえます。その声は自分を侮辱してきたり，やりたくないと思っていることを無理にさせようとしたりします。ジュディスは，一家の大黒柱で頼りになる

主婦です。しかし，常に周りの人たちの問題に首をつっこんで，世話を焼かずにはいられません。ダンは，永遠に続く苦悩の中に生きています。あたかも過去の出来事が何度も何度も繰り返し起こっているかのように感じ，終わることのない過去の記憶に苦しめられています。ピーターは，自分には何の問題もないと思っています。しかし，ピーターの妻は「夫から愛されている」と感じることができず苦しんでおり，夫のことを「心と心のふれあいが不可能な人」と思うようになりました。

共通点と相違点

彼らに共通しているものは何でしょう？　一人ひとりの状態像はまったく異なるものなので，もし病院に行ったなら，それぞれ異なる診断が与えられることでしょう。しかしながら，彼らの問題はすべて，それぞれが抱えるトラウマ体験というものに由来しています。おそらく，感受性の強い人生早期に心の傷つきを体験し，そのまま長期化し，深刻化したトラウマ体験です。

過去のトラウマ体験は，感情をコントロールする方法に影響を与えるのです。彼らは「自分の感情」に対してさまざまな反応を示しています。その反応は，正反対の場合もあります。サラやピーターのように，もはや感情を感じることができないほどに，感情を遮断している状態の人もいれば，ソフィやダンのように，あふれる感情に圧倒されながら生きている人たちもいます。いずれにしても，両極端の状態にあると，自分の感情を理解しコントロールすることができなくなるので，日常生活がまわらなくなり，問題が生じます。

もうひとつの共通点は，彼らが"自分"との葛藤の中にいるということです。ルーシーは絶えず自分を痛めつけ，マークはコントロールしようとしてできない自分を恥じ，ダンは自分の記憶と闘い，ジュディスはどんなに尽くしても自分に満足できず，さらにメアリーとキャシーはいったい自分が誰なのかさえわからない状態にいます。彼らは，自分の中の一部分を拒絶しています。自分の特性，思い出したくない過去の記憶，心の中の声，自分の感情，考えたくないもの，感じたくないもの，やりたくないもの，そうありたくはなかった性格などとを拒絶しているのです。自分の中に存在するものとの葛藤は，エネルギーを消耗させます。この内的な葛藤は，解決を困難にする問題の核心といえます。

症状以外では，彼らにはどのような相違点があるでしょうか？　それは「自分に何が起こっているのか，なぜこんなことが起こったのか」について意識しているかどうかという点です。多くの場合「過去の環境要因が症状に関係しているのかもしれない」と言われても，ほとんどの人は「だからこんなことが起こった」と説明することはできないでしょう。ジュディスやピーターのように，他者からみると問題を抱えているのに，自分では問題を抱えているとはまったく思わないという場合もあります。「過去の体験は現在の精神状態とは無関係」とか「過去のことはもうすっかり乗り越えた」と思っていることもあるでしょう。次章以降で，このことを説明していきます。

トラウマ体験による心理的影響の理解

科学的なトラウマ研究

　ヴィクトール・フランクルは，ナチスの強制収容所を生き抜いたオーストリアの神経精神科医です。フランクルのようなトラウマ体験ではないとしても，多くの人々が，自分・他者・世界との関係性に深刻な影響を及ぼすトラウマ体験の中を生き抜いてきたことと思います。

　実際のところ，前世紀の世界大戦により，科学的なトラウマ研究の重要性が[*1]認識されるようになったのです。科学的研究を通して，トラウマは心理的問題の発生に影響を及ぼすことが明らかになりました。その心理的問題は，長期間影響を及ぼし，多くの場合，自分の力だけでは改善することができません。今では，トラウマに由来する心理的問題を治療する方法が開発されたことで，トラウマと精神病理との関連は以前より明確に理解されるようになりました。

　戦争というトラウマが与える影響の重大さはもちろんですが，ここ十数年の間に，特に女性と子どもに対する家庭内での暴力に関するトラウマ研究の重要性が叫ばれてきました。家庭内における暴力は，ある意味，別の種類の"戦

＊1　本書は，トラウマ，解離，愛着および感情制御の理論をわかりやすく理解できるように提示することを目的としたものである。内容には，参考文献としてそのすべてを掲載することができないほど膨大な研究や治療法が含まれている。脚注の表記により，さらなる補完的な学習に役立つよう，鍵となる概念を明確にする書籍とその著者を厳選して紹介する。

争”といえます。外からは音が聞こえない爆弾により，目には見えない傷を負わせられることで，短期的にも長期的にも破壊的な結果をもたらす“戦争”なのです。

理解することの重要性

　本書では，このようなトラウマ体験による心理的影響について述べていきますが，冒頭のヴィクトール・フランクルの引用にあるように，人間には「選択する自由がある」ということ，これが本書の主たるテーマです。自己決定のためには，「自分が抱えている問題を理解すること」「自分の内外で起こっていることを意識できるようになること」「どのような選択肢があるのかを考えること」が必要です。このような理由から，本書の多くのページを「逆境体験が精神機能にどのような影響を及ぼすのか」ということの説明にあてています。「理解」することにより，「変化」に向けて前向きに取り組んでいけるようになるのです。劣悪な環境に耐え続けているときには，その環境に適応するための「反応パターン」が固定化されてしまいます。その「反応パターン」を修正します。居たくない場所にみずからを縛りつける“習慣”を，意識して積極的に打破していくのです。

トラウマが意味するもの

「人間」の特徴

　どのような体験をトラウマとみなすのかということについて，専門家の間にコンセンサスがあるわけではありません。「重大な事故で死にそうになる」ことや「地震や火事や洪水ですべての財産を失う」ことは，明らかにトラウマを負う可能性のある状況です。しかしながら，心理的なレベルでいうと，必ずしも深刻なトラウマになるわけではありません。

　人間は適応と生存のための驚くべき能力をもっています。動物とは違って人間には，「関係性」によって問題を解決する能力があります。人間は，受胎したときから大人になるまでの長期間，養育者に依存することを通して成長します。母親の子宮の中で育ち，外界からの保護としての愛着の絆を構築し，感情

と身体が発達します。それにより，ヒトという高機能な種への進化が達成されたといえます。

　しかし最大の強みは，最大の弱点でもあります。人間は成長する間，世話をしてくれる人に依存することが必要で，大人でさえも常に関係性の中に生きています。だから「関係性」の中で起こる傷つき以上に，人間を傷つけるものはないのです。

関係性のトラウマ

　自然災害や事故の場面における「関係性のトラウマ」は，大きなダメージとなり，アイデンティティやものの見方に深刻な影響を与えます。また，人生早期の深刻な関係性のトラウマは，複雑性トラウマを生みだします。[*2] 複雑性トラウマという用語は，これまでは国際的な診断基準に収載されてこなかったものの，多くの専門家がその影響の深刻さを訴えてきました。[*訳注1][*3]

　実際のところ「頼りにしているはずの人から傷つけられる」という矛盾を乗り越えるのが最も難しいのです。トラウマの中心的な要素は「信じている人に裏切られること」だとする専門家も多くいます。[*4] 社会的動物である人間は，安全と保護が提供される集団の中で成長し，大人になってからも，支えあう関係性を作り続けます。危険な外界からもたらされる傷つきであれば，ある程度予

＊2　Hermanは，単回性の深刻な出来事のあとに発生する心的外傷後ストレスと区別するために，複雑性PTSDの概念を定義した。著者の最新版の書籍を以下に示す。

Herman, J. (2015) *Trauma and Recovery: The Aftermath of Violence--From Domestic Abuse to Political Terror.* Basic Books.

＊3　van der Kolkは，深刻で圧倒的な人生経験に対する心理的反応である極度のストレス障害と心理的影響を解説した。そのうちの1冊を紹介する。

van der Kolk, B. (2015) *The Body Keeps the Score: Brain, Mind, and Body in the Healing of Trauma.* Penguin Books.（柴田裕之訳（2016）『身体はトラウマを記録する』紀伊國屋書店）

＊4　Freydは，特に子ども時代の経験において，「裏切られること」がその体験をトラウマティックなものにさせる重要な要素であるという考えを提起した。著者の理論は次の書籍の中で解説されている。

Freyd, J. (1998) *Betrayal Trauma: The Logic of Forgetting Childhood Abuse.* Harvard University Press.

＊訳注1　「複雑性PTSD」は2019年ICD-11に公式診断として収載された。なお，複雑性トラウマと複雑性PTSDの違いについては，監訳者あとがきを参照のこと。

測可能です。しかし，保護や支援を受ける必要がある状況で，まさにその「支援してくれるはずの人」によって傷つけられたり放置されたりするとなると，それは，人間の脳に保存されている進化論的プログラミングの範囲を超えた体験となってしまうのです。

たとえば，自動車事故の場面で，その記憶の最悪の部分は「警察官の配慮のない言動」であるかもしれないし，「病院の担架に横たわっている状況で，何が起こっているのかを誰にも教えてもらえないこと」であるかもしれません。もし自分の家族が深刻な状態で緊急搬送されたなら，人の心は「医者の無神経な言葉」に釘づけになってしまうかもしれません。私たちが「きっと助けてくれるはず」という期待をその人にもっているとき，とりわけ弱い立場に置かれていれば，その人の意地悪な言動や配慮の欠如は，心の中の何かを壊してしまう原因になります。

家庭内のトラウマ

それゆえに，家庭内での虐待やネグレクトの経験は，最も複雑な形のトラウマを引き起こす傾向があります。家庭は，外の世界から逃げて帰ることができる場所であるにもかかわらず，その中では弱者が傷つけられてしまうのです。争いが絶えない生活，誘拐や長期にわたる監禁状態，配偶者からの身体的・心理的な虐待との体験は，臨床症状を引き起こしますが，そのさらに深いところで，人としての有り様そのものがダメージを受けてしまいます。記憶が統合されないだけではなく，自分・他者・世界に対するとらえ方そのものが崩壊してしまうのです。

すでに専門家は，いわゆる「見えないトラウマ」に目を向けることの重要性も提起してきました。[*5]見えないトラウマとは「どの家庭にも起こるささいなこと」とみなされるような日常生活の中での体験を意味しています。それらは，親から承認を得られなかったり，自分の感情に対して適切に対応してもらえなかったり，乳幼児期に過剰な干渉を受けたり，世話をしてもらえなかったりすることにより起こります。

このような状況は「愛着」の問題に関連しています。愛着とは，子どもが親の保護を求めることであり，成人期には親密な関係性のスタイルを決定する基

盤として進化します。健康な愛着スタイルは，安定型または自律型と呼ばれ，子どもと親の関係は一貫していてバランスの取れたものになります。子どもと親の距離が離れすぎていたり，親からの過剰な干渉（心配）があったりする場合は，不安定型の愛着と呼ばれます。親子の関係において極端な不安と恐怖が示される場合には，無秩序型の愛着スタイルがみられます。安定型の愛着スタイルが，人生で出会うさまざまな困難から子どもを保護してくれるものであるのに対して，不安定型や無秩序型の愛着スタイルは，自分自身との関係性にも他者との関係性にも悪影響を与えることになります。

解離と複雑性トラウマ

　このような人生早期のトラウマ体験は，「いつどの段階で体験されたのか」に応じて異なる影響を与えます。[*6]深刻で不適切な養育体験が蓄積され，親との愛着が無秩序なものとなると，解離として知られている心理現象を引き起こします。[*7]

＊5　Bureau, Martin, Lyons-Ruth は，次のことを主張した。子ども時代のトラウマは，身体的虐待，性的虐待，および身体の安全が脅かされる感覚に関連づけて考えられることが一般的になっている。しかしながら，その脅威の体験は，子どもの状況によって非常にさまざまである。子どもは，養育者が自分を保護し，自分の感情を調整してくれることに信頼を置いているので，養育者がそのようにできないときには「見えないトラウマ」と呼ばれる状態が生じる。それは「起こったこと」によってではなく「起こらなかったこと」によって引き起こされるのである。著者たちはこの考えを次の書籍の中で紹介した。

Bureau, J. F., Martin, J., & Lyons-Ruth, K. (2010) Attachment dysregulation as hidden trauma in infancy: Early stress, maternal buffering and psychiatric morbidity in young adulthood. In R. Lanius, E. Vermetten, & C. Pain (Eds.), *The Impact of Early Life Trauma on Health and Disease: The Hidden Epidemic*, pp.48-56, Cambridge University Press.

＊6　Teicher は，さまざまなタイプのトラウマが，神経システムの発達に与える影響を分析した研究者である。体験というものは，その種類や発生した年齢段階に応じて，さまざまな形で影響を与える可能性がある。これらの体験は，人格の発達の仕方に影響を与える可能性があり，その後のさまざまなタイプの心理的問題の出現に寄与することになる。たとえば，以下の論文を参照のこと。

Schalinski, I., Teicher, M., Nischk, D., Hinderer, E., Müller, O., & Rockstroh, B. (2016) Type and timing of adverse childhood experiences differentially affect severity of PTSD, dissociative and depressive symptoms in adult inpatients. *BMC Psychiatry*, 16: 295.

解離は，まだ完全には定義されていない複雑な概念ですが，記憶に関して困難が生じたり，身体・感情・環境と自分を切り離したり，さまざまな身体症状が生じたりします。専門家の間では，解離の最も特徴的な要素は，人格とアイデンティティの断片化だといわれています。深刻な関係性トラウマの中で育った人は，"自分"と闘い続け，過去の記憶を封印し，自分の一部だとは認めていない別の自分を自分で拒絶します。解離があると，自分が望んでいることとはまったく異なることを感じ，考え，行ってしまうかもしれないし，すでに学んだことなのにあたかもはじめてのことであるかのように感じるかもしれません。自分の中にある"矛盾"を，永遠に抱えて生きていくことになるでしょう。自分についての一貫したイメージをもてず，心の中に起こることを受け入れ，コントロールし，適切に調整することができなくなるのです。

解離症状は，極端で複雑なトラウマ体験や無秩序型の愛着に関連した状況で現れます。[*8] 解離があると，日常生活や過去の経験についての記憶喪失が起こりえます。内的なまたは外的な感覚が，なじみのないもののように感じられたり，遠く離れたところにあるもののように知覚されたりします。そして行動は，自動的・機械的になります。思考，感情，行動の多くが自分のものであると認識できず，時には声の形で知覚されます。著しい人格の変化がある場合もあれば，感情や行動が厳格にコントロールされてしまうという側面もみられます。症状は身体的に現れることもあり，麻痺，不随意運動，感覚の過敏さや感覚の欠如，視覚や聴覚などの感覚の喪失なども起こります。トラウマ体験のさなかに，こ

＊7　ESTD（European Society for Trauma and Dissociation：ヨーロッパトラウマ解離学会）は，トラウマと解離に関わる障害に関心のある専門家の学会で，その理解と治療のために必要な情報を提供している（www.estd.org）。ISSTD（International Society for the Study of Trauma and Dissociation：国際トラウマ解離研究学会）も同様の目的をもつ学会である（www.isst-d.org）。それぞれ専門誌 *European Journal of Trauma and Dissociation* と *Journal of Trauma and Dissociation* が発刊されている。
＊8　Liotti は，無秩序型の愛着スタイルと，精神の断片化および人格の解離との関係を研究した。彼はまた，愛着の絆の代用として，養育者やその養育に対する攻撃性が生じる，いわゆる支配的関係を明らかにした。
Liotti, G. (2009) Attachment and dissociation. In P. F. Dell & J. A. O'Neil (Eds.), *Dissociation and the Dissociative Disorders: DSM-V and Beyond*, pp.53-65, Routledge.

れらの症状を経験する場合もあります。たとえば，攻撃を受けている間に外部から自分自身を見ている体験をしたり，経験の一部が記憶から消えてしまったりすることがあります。その場合，その出来事のずっとあとで症状が現れます。たとえば，子ども時代にはその体験に対する限定的な反応しか起こらなかったとしても，大人になってからより強く明確に症状が現れることがあります。

　これらの症状は，医学的問題だけでなく，複雑性トラウマ特有の状態像にもつながります。それは，自分自身や世界に関するものの見方が根本から変わってしまうこと，感情や衝動のコントロールができないこと，自己破壊的な行動をすること，親密な関係を維持することに困難を抱えること，他者に対する認識が変化してしまうこと，加害者を理想化してしまうことなどです。

本書の目的

過去と現在のつながりを理解する

　どのような症状をもっている場合でも，「症状につながっている過去」と「現在の問題」との関係を理解することが重要です。「今はとにかく苦痛から逃れたい」とだけ思っているような状況だったとしても，「これらの問題がなぜ持続しているのか」を理解しようとする必要があります。

　トラウマティックな環境で育てば，「常に誰からも理解されない」という感覚を抱え，「自分がどう生きてきたのか」を意識することさえできないということが普通に起こります。無条件に受容されることは子どもにとって不可欠な経験ですが，それを得ることができず，養育環境は矛盾や逆説に満ちていて，自分の周りで何が起こっているのかということを誰からも教えてもらっていないのです。そのため，大人になってからも，状況を理解すること，感情を受け入れること，必要に応じてバランスの取れた反応をすることがきわめて困難になってしまいます。

　したがって，本書の主な目的は，当事者と専門家の両方が「なぜこのような問題が起こり，なぜその問題が持続するのか」についての理解を深めることです。

　自分を振り返る能力や他者とつながる能力というものは，もともと不利な状

況を乗り越えるために存在しているものですから，あらためてこの能力を使い
ましょう。自分自身を新しい目で見ることを学びましょう。他者や世界に対す
る柔軟なものの見方ができるよう進化しましょう。何が起こっていたのかを
"理解" することができれば，変わりはじめることができるのです。

第2章
自動から手動に変える

"すでに学んできたことを忘れ，これまで教わってこなかったことを学ぶ"
ということを，常に学ばなければならない。

ロナルド・D・レイン

戦争を生き抜いてきたジョンの物語

戦争という世界への適応

　ジョンは，長期間継続していた戦争の中を生き抜いてきました。実際その戦争は，彼が生まれるずっと前にはじまったものでした。何十年もの間，上の世代の人たちは，どのようにしてこの対立がはじまったのか，なぜ戦い続けてきたのかということを考えることもなく，戦い続けてきたのです。それが彼の育った世界であり，彼は成長して他国へ移動するまで，戦争のない場所が存在することさえ知りませんでした。

　戦争の間に，彼はたくさんのスキルを身につけました。安全な場所などは最初からなかったので，できるだけ危険のない場所を探し，熟睡しないで眠り，常に武器を手元に置き，わずかな音や動きで危険を察知する能力や，敵の怪しい仕草や態度を発見するいわゆる第六感を身につけました。信用しなければ，裏切られる可能性もありません。これらの能力が，彼の命を何度も救ってきました。

　ジョンは，戦闘の専門家になる以外に道はありませんでした。彼は心をもたずに戦う方法を学び，わずかな挑発に反応して戦いを挑むことは，彼にとってはたやすいことでした。彼は「誰よりも早く攻撃すること」がよいことだと考えていました。また，逃走する方法も熟知していました。森の中に逃げ，敵が去るまで何時間でも森に潜みました。彼は，銅像のように完全に動かずに，呼

吸だけをする能力を身につけていました。追ってきた敵は，たとえ彼の近くにいても，彼を見つけることはできませんでした。彼は死んだふりさえできましたし，たとえ撃たれても痛みを感じませんでした。

とうとうつかまって，数ヵ月間捕虜になったときには，頭を下げて目をそらし，本心を隠すことに成功しました。彼はすべての命令に従い，ほかの捕虜の世話をする役割を担うことで，敵から必要とされる存在になりました。そして，自分の任務以上のことをして，模範囚としてふるまうことで，罰やペナルティから逃れました。彼は敵から信用される存在となり，そしてそのあとで逃亡を企てたのです。

彼は，当然生じる感情というものをいっさい感じることなく，このような状況を繰り返し体験してきました。そして，永続的に無感覚でいられる能力を身につけました。彼はもはや痛みも恐れも悲しみも感じません。彼の心は，毎日この瞬間をどう生き抜いていくかということだけに集中していました。「苦しむことができる」ということは贅沢であり，そんな余裕はまったくなかったのです。

ジョンが戦地を後にし，異国に向かう船に乗り込んだのは，わずか18歳のときでした。しかし，気持ちの上では自分のことを「力尽きた老人」のように感じると同時に，「子ども時代をもつことができなかった子ども」だと感じていました。

戦争のない世界での不適応

彼は"新しい世界"にやってきましたが，自動的に生じる彼の適応システムは"過去の世界"に適応するための反応なので，それらが役に立たないということに気がつきませんでした。

車の音を聞くと，彼は銃を探すため腰に手を伸ばします。騒音があれば，本能的にすぐに何かのうしろに隠れます。彼は，他者と適切に関わることができません。エレベータで隣人が挨拶をしてきたり，他者から話しかけられたりすると，彼は否定的な態度をとってしまいます。常に緊張し，怪訝な表情をしていたので，周囲の人からは近寄りがたい人だと思われていました。この"新しい世界"に深刻な脅威はなく，もはや故郷で体験したような危険に遭遇するこ

とはないにもかかわらず，かつて自分の命を守ってきた自動反応が生じてしまうのです。カフェでの穏やかな会話やパン屋さんの笑顔，のんびりとした公園での散歩などを経験しても，防衛のための自動反応が解除されることはありませんでした。

　かつて彼の命を守ってきた"盾"を前に，"新しい生活"はまったく無力でした。感情に対する無感覚はそのまますべての感覚を覆い隠し，さわやかな風や降り注ぐ太陽の光を感じることすら妨げてしまいます。彼の周りにあるものの多くが，彼の内部にある警告システムを自動的に活性化してしまい，彼に「自分は危険だ」という唯一の感覚を生みだしてしまうのです。彼は，人と目が合うたびに不快な気持ちになり，その状態が続けば潜在的な緊張感にさらされるため，人と目が合うことをできるだけ避けていました。

　折りにふれ，強く耐えがたい感情を伴った記憶が，心の中にフラッシュバックします。その記憶は時々，夢の中にも現れます。ほとんどの場合，なんとか脇に抑え込みますが，そうすることで常に緊張を強いられます。「リラックスすれば命を失う」ということが，子どものときの記憶として焼きつけられているのです。また，彼は「未知の領域は安全ではない」と学んでいたので，その教えに厳格に従って生きていました。

　何年も経過して，彼は"新しい世界"で生活するために必要なたくさんのことを吸収し，適応する方法を身につけていきました。しかし彼は，もはや戦争状態にはないということを，頭では知っていたにもかかわらず，心の底では，まだ戦争が終わっていないかのように生きていましたし，身体はまるでまだ戦争の中にいるかのように反応していました。ジョンは，今の生活は自由であること，そして「過去の世界で役に立ったことが，ここでは機能しない」と気づいていませんでした。害がないだけではなく役に立つ価値あるたくさんのものを手に入れ損ねていることを理解できずに，子ども時代に自分を守ってくれた"鎧"の重さにつぶされてしまっていました。今となっては，それは生きることを阻む"シールド"です。彼は"新しい世界"を歩くときにも"昔の世界"の地図を使い，"新しい世界"の人とも"昔の世界"の人の言葉で話していたのです。彼の「感情がまったく機能しない状態」は非常に強力で，「何が起こっていたのか」を彼が理解することを阻み，時が経過してもよくなることはあ

りませんでした。

　私たちは「気づいていること」だけを変えられるのです。困難な状況を経験したとき，私たちの適応のシステムは，今その問題に対処することのみに集中します。もしその問題が，そのときにそこにあるリソースで解決できないならば，ただそれをやりすごすことだけに集中するでしょう。その問題があまりに圧倒的なものであれば，「自分の足で前に進む」ということだけでよしとするでしょう。このプロセスは自動的なもので，特に恐怖の状況に直面したときには，立ち止まってよく考えるゆとりはなく，自動反応が生じます。生き残ることが最優先なので，本能的反応のレベルが作動するのです。

活性化し続けるサバイバル反応

　戦場にいる兵士は，生存本能に基づくサバイバルスキルに完全に依存している状態にあります。兵士は，常に警戒し，脅威の発見を優先し，防衛システムを研ぎ澄ます必要があります。危険のさなかには，考える前に行動しなければならず，そうすることではじめて危険を回避することができるのです。これらの反応は，生存をかけて戦う野生動物とほとんど同じといえます。実際，これらの反応は，爬虫類とも共通する脳の最も原始的な部分で活性化しており，脅威に直面した場合の反応としては最速かつ効果的なのです。

　しかし，これらの自動反応が長期間活性化したままの状態となり，習慣的なパターンになってしまったときには問題が生じます。当初の目的とは異なる状況で，その反応が起動してしまうからです。害のないまったく「ささいな」状況で，あたかも「命を脅かされている」かのように反応してしまうのです。このような状況では，常に高度な警戒モードに入っているので，不必要にエネルギーを使い果たしてしまいます。窓からハエが入ってくるたびに警報を鳴らすのと同じです。そんな警報は，実際のところ役に立ちません。

不適切な養育環境という"戦争"とその防衛システム

不適切な養育環境とは

　実際の戦争体験は，複雑性トラウマや解離性の症状をもたらす深刻な関係性

トラウマのひとつであるといえます。しかし"戦争"には別のタイプのものもあります。おそらく最もひどい"戦争"は，不適切な養育環境で育つことです。

　不適切な養育環境とは，身体的虐待や性的虐待のみを指すわけではありません。養育者がうつ状態であったり，病気であったり，子どもというものを理解できなかったり，ちゃんと世話ができなかったりする場合も意味します。生後2歳までの間に，母親が大きなトラウマ体験にさらされた場合には，子どもとの愛着の絆にダメージを受け，子どものその後の心理的な発達に影響を及ぼしてしまいます。[*9]

「思考」に苦しめられる人間

　さらに，人間の心というものは，状況を複雑にする特性をもっています。先ほどのジョン兵士が，どのように防衛システムを展開していたのかを振り返ってみます。防衛システムは，それぞれの環境に応じて作動し，特定の必要性に合わせて調整されます。彼は，もし武装すればすぐに敵と戦うでしょうし，戦うことができなければ逃走することでしょう。

　野生の動物も同じように反応します。クマとライオンであれば，その強さを競うために戦うかもしれません。戦いはじめて，もしライオンのほうが強ければ，クマは「羞恥心」など感じずに，ただ逃げるでしょう。しかし，人間の場合「生存のためには逃げることが最良の方法である」と知っているにもかかわらず，多くの場合「羞恥心」がわくのです。社会的・道徳的な基準だけではなく，信条というものもまた，葛藤を回避して戦わないほうがよい状況であると判断する能力に否定的な影響を与え，自分自身を「臆病者でダメな人間だ」と思い込ませます。

　しかし，防衛本能は"闘争か逃走"のみに限られているものではありません。"闘争か逃走"のどちらの行動もとれないとき，何が起こるでしょう？　敵が

＊9　以下の論文には，子どもの誕生後最初の2年間に母親が喪失を体験した場合，愛着の絆にどのように影響を与えるかについて書かれている。

Liotti, G. & Pasquini, P. (2000) Predictive factor for borderline personality disorder: Patients' early traumatic experiences and losses suffered by the attachment figure. The Italian Group for the Study of Dissociation. *Acta Psychiatrica Scandinavica*, 102(4): 282-289.

襲ってきて逃げる場所がどこにもないとき，どうやって自分の身を守るのでしょう？

　前述したように，自然界ではすべてが単純です。ライオンの世界では，ボスと戦うことができるほど十分に強くなるまでの間は，みんなボスにひれ伏し，服従します。動物の仔は決して，かなわないものには刃向かいません。子どもの頃，教師や年長児や家族の誰かから脅されていれば，「頭を下げて目を合わせない態度」をとることが，その状況を生きのびるためには有効な方略であるにもかかわらず，「羞恥心」という感情にさいなまれるでしょう。「身体」は，本能的な記憶の中から，それぞれの状況下で最適な防衛反応を選択します。しかし，「思考」は「十分なことをしてこなかった」と考えるので，「身体」の選択を許さず非難します。この「思考」に基づく認識が，一生にわたって影響を与えるのです。

「思考」より賢い「身体」

　ほとんどの動物は，追いつめられて，もはやほかの選択肢がない「生か死か」という状況においては，最終的には凍結反応を起こし，「死んだふり」の状態を示すことで相手の攻撃をやめさせようとします。捕食者は「動かない獲物はすでに死んでいて，腐敗しているかもしれないので食べることは危険だ」と進化の過程の中で学習してきています。そのため，命の危険があるかもしれないときには「じっとして動かないこと」が生存のためには不可欠であり，身体と脳はそのことを知っているのです。この生存本能が，ジョン兵士を救ってきました。

　しかし一般には，自分に敵意を向ける人に服従し「反応しないこと」が最良の選択肢であるとは思えないでしょう。子ども向けの小説や映画に出てくる偉大なヒーローは，恐怖に硬直しうなだれることはなく，わずかな可能性にでも命をかけて勝利する人です。最悪の状況にあっても，ヒーローは戦いの中で立派な死を遂げます。なぜならヒーローは，生存のための基本原理よりも理想を優先させるからです。

　人間は，自然のシステムを変えようとして失敗してしまいます。自然は，人間より賢明でシンプルです。この章を読みながら，「どうして私は，自分を守

るために反撃しなかったのだろう？」と自分に問いかける人がいるかもしれません。その答えは「身体は“私”よりも，命を守るためにはどうすべきなのかということをよくわかっているから」でしょう。進化のプロセスは，「人間」に，自己防衛のためには，行動しないばかりか，むしろ完全に静止したほうがよい場合があることや，攻撃は必ずしも最良の方法ではないことを教えてきたのです。しかし，「反応を麻痺させることで自分を守る能力」を損なうほどの圧倒的に厳しい状況の中を生きのびてきたとしたら，「何もしないことが自分自身を守ることだった」と理解することは難しいかもしれません。

身体に組み込まれている自動反応を“手動”に変える必要性

無意識の自動反応

　前述してきたように，危機を生きのびるために必要とされたスキルは，日常生活には役立ちません。自分を守るためだけに多くの時間を費やしてきた人が，心や感情のシステムのプログラムを作り直すことは容易ではありません。過去に固執せずに過去を修正するために前進するには，非常に大きな力が必要とされます。

　ある時点では救済であったことが，のちにはまったく不必要なものになっているということには，なかなか気づかないものなのです。たとえば「船が沈み，ボートにしがみついて海の中を漂流し，ようやく陸地に辿り着いたとしたら，その後，陸の上では，その命綱であったボートはもはや不必要でやっかいなものであるにもかかわらず，そのボートを手放せない」というようなものです。食事をして，仕事に行き，眠るという日常の生活の中で，当時必要とされたサバイバルスキルが使われると，問題が生じます。非常に特殊な状況においてのみ有効なシステムを，一般的な状況に適用すると，システムは役に立たず，短期的には役に立ったとしても長期的にはマイナスの影響を与える可能性があります。

　さらに，「感情や感覚を遮断した状態」で適応しているので，自分が「感情や感覚を遮断している」という事実に気づくことができません。心理的または医学的症状は，過去の人生とは一見無関係であるように見えますが，あとにな

ってから関係があることがわかってきます。自分が抱える問題の根底に何があるのかをわかっている人でさえ、できれば何も考えないでいたいと思うとしたら、生い立ちにおける困難やつらい過去について時間をかけてセラピーを受けることには価値を見出せないでしょう。

「選択する」ことで "手動" にする

　しかし、不適切な養育環境は大きな問題を残しています。本能的な防衛システムが自動的に長期間活性化されると、大人になってからも、まったく必要のない場面で勝手にそれが作動してしまうという問題が起こるのです。そのため、出てきては困る反応が勝手に出てきてしまいます。

　すでに大人であり、状況を変えることができる選択肢をもっているにもかかわらず、心の中の内的な自己システムは「選択できる」ということを知らないのです。子どものときに獲得した心と感情のシステムは、無意味で逆効果であることがわかっているときでさえも、昔の反応に依存してしまいます。要するに、身体にすでに組み込まれている自動反応が作動し続けるのです。

　実際のところ、もし怪我を治そうとしなければ、傷は開いたままとなり、その痛みは永遠に身体の中に残ります。"危機" は過去のことなのだという認識が、心の中の内的な自己と共有されなければ、身体の警戒状態は継続し続けます。正当な保護システムはブロックされ、現在の状況に対応するために不適切な反応が生じます。「感情の遮断による無感覚」の防衛システムが作動すれば、痛みは感じないし、「痛みはそれほど重要なことではない」と思うでしょう。正常な機能に戻ることには困難が伴い、深いところに押し込められた感情や感覚と再びつながるためには苦しみが伴うので「そんなことは不必要だ」と思い込むようになるでしょう。

　怪我を治そうとしないことは、庭に地雷があるのに対処しないことと同じです。地雷があるところを避けて通れば、それで十分だと思っている状態です。もしかしたら、つまずいて地雷を踏んでしまう可能性を、常に抱えているのです。たしかにそんなことは起こらないかもしれませんが、そのために自分の庭を心から楽しめないことが続いてしまうのです。

第3章
感じることをもう一度学ぶ

私と人生の間には，薄いガラスがある。
私は，どんなに深く人生を理解したとしても，人生にふれることができない。

フェルナンド・ペソア

感じないようにする防衛

ネガティヴ感情の封印

　傷つけられたとき，そのときはそのことには気づかないものです。のちに，その関わりや活動がなくなったときになってはじめて，自分に何が起こっていたのかを振り返ることになります。被害がずっと続いているようなときには，自分が感じていることに注意を払うのは贅沢なことで，そんなゆとりはもてません。"感じないようにする"機能が習慣化してしまうことでしょう。

　同様のことは，対人関係上の問題という文脈でも起こります。その場合，その環境に問題があることがほとんどです。周囲の人たちは，その状況でどのように感じているのかをわかってはくれませんし，自分の反応がなぜ生じているのかを理解することの手助けにもならないでしょう。共感してもらえない環境にいると，"感じないようにする"ことがさらに強められてしまいます。

　明らかに強烈な感情に圧倒されているときでさえ，その感情とつながり，その感情に持ちこたえるということには困難が伴います。家庭の中に頻繁に暴力が存在する環境で育った子どもは，自分自身の怒りを適切に扱うことができず，2つの正反対の道を辿ることになります。ひとつは，衝動性が優位となり，怒りのコントロールが欠如してしまう道です。もし何かが怒りを活性化させてしまえば，止められなくなってしまいます。もうひとつの道は，怒りの感情を制圧して封印してしまう試みで，それによって「物事をちゃんと話すこと」「い

31

やだと言うこと」「自分に必要なものを求めること」ができなくなってしまいます。親が抑うつ状態にあれば，子どもは自分の悲しみを口にしないでしょう。母親または父親の瞳の中にある悲しみは，親との間に作られた痛々しい距離感を思い出させます。表現することのできない羞恥心や嫌悪の感覚は，このような感情を回避することを促してしまうでしょう。

ポジティヴ感情の封印

　このようなことは，回避したり抑圧されたりするだろうネガティヴな感情だけに限ったことではありません。人によっては，喜びや幸せも，恐れるべきものや"なかったことにするべきもの"になりうるのです。なぜなら，その人にとっては，喜びや幸せは人生経験において未知のものであり，自分には値しないものと感じてしまうことがあるからです。親が病気などで人生を楽しめない状況にあったとしたら，人生の初期に親と喜びを分かちあう幸せな時間をもつことはできなかったでしょう。このような場合，ポジティヴ感情は扱いにくいものとなり，それらは「本来持つべきだったものが持てなかったという感覚」を引っ張りだしてしまうのです。

　感情と身体感覚はセンサーの役割をもっています。それらを無感覚にしてしまうと，「自分に何が起きているのか」「自分にどのような影響があるのか」「自分に必要なものは何なのか」そして「どうやってそれを得ればよいのか」ということについて，参考にするべきものが何もなくなってしまいます。直感にアクセスすることができないので，あたかも目が見えない状態のようになり，マニュアルどおりの論理的思考によってのみ動くことになります。しかし，この論理的思考は，最初に"感じないようにする"ことを引き起こしたトラウマティックな文脈で生みだされたその思考によってゆがめられてしまうのです。

どうすればよいのか

　回復のプロセスにおいて重要なのは，自分の感情を受け入れること，そして自分には感情をコントロールする力があると知ることです。感情には良いも悪いもありません。感情の一つひとつには重要な機能があり，それらの機能が協働することでさまざまな状況下での適応が可能になるのです。とりわけ不快な

感情については,「その感情が存在することには意味がある」と理解すること
は難しいかもしれませんが,しかし,もしさまざまな感情が人類にとって不可
欠な機能をもっているのでなければ,そもそも存在しなかったはずです。

　以下に,さまざまな感情と感覚（感情よりもさらに複雑な要素）およびその主
たる機能についてみていきます。

感情・感覚は何のためにあるのか

1. 恐怖は何のためにあるのか？

　恐怖には,私たちを守る役割があります。恐怖をきっかけにして,身体は危
険に対する防衛反応を作動させます。恐怖反応によって,自動的に安全が維持
されます。つまり"頭"で考える前に,確実に脅威から逃れることができるの
です。恐怖が今起こっている目の前の状況に見合う程度のものであれば,恐怖
は重要なリソースとして機能します。

　恐怖が常に何に対しても引きだされてしまうようなときには問題になります。
文字どおり"恐怖は心臓を突き刺す"ので,そういうことはよく起こります。
「恐怖に直面していて逃れる方法がない状況」では,恐怖反応から解放される
ことはありません。「恐怖を感じているけれども,危険は去った状況」になっ
てから,震えがきたり,泣き叫んだり,気絶したりすることが可能になります。
この反応は「身体から恐怖を取り除き,別の感情状態に移行できるように導く
反応」なのです。「危険から逃れる方法がない状況」では,この解放は不可能
となり,恐怖反応は封印されて,のちに同様の状況下で再活性化されてしまう
ことになります。そうなると"永続的な警戒状態"に導かれ,常に緊張状態で,
リラックスして心を休めることができなくなってしまうのです。

2. 怒りは何のためにあるのか？

　怒りは,悪く思われがちな感情ですが,生存本能に深く関わっています。怒
りと恐怖は,本能レベルで第一に優先される積極的な二大防衛反応なのです。
もし相手が自分より強ければ,闘争反応は"身体"によって自動的にブロック
されます。犬は猫とは戦うことができますが,ライオンからは逃げるでしょう。

怒りは「脅威と戦うことを表明する」意味をもつ感情ですが，内面に閉じ込められてしまうとさまざまな症状を引き起こします。

多くの場合，ブロックされた怒りはさらに拒絶されることになります。たとえば，暴力的な人と暮らしていて，毎日暴力を目撃するような状況にあれば，自分自身も怒りのコントロールを失ったり，怒りをうまく流す力が弱くなってしまったりします。悪いのは「（相手が）怒りを用いて暴力をふるったこと」ではなくて「怒り（の存在）そのもの」であるかのように感じるからです。「彼のようにはなりたくない」「怒りを感じたくない」と思うことでしょう。健全な方法で放出されない怒りは，自責や自己否定になって自分のもとへ戻ってきます。怒りを感じたり表明したりすることを自分に対して許すことができないと，さらに脆弱になり，「いやだ」と言えなかったり，「自分に必要なものを求める」ことができなくなったりします。そのことは悪循環となって，封印された怒りを増幅させてしまいます。

3．愛情は何のためにあるのか？

愛情は，基本的な感情よりもさらに複雑です。他者と情緒的な関係性を構築しようとする傾向は，人間にとっては生来的なものです。しかし，人生早期の愛着の絆において，「懸念すべき状況があった」「愛着対象をもつことができなかった」「距離が遠い関係性にあった」というような問題があると，「誰かを愛すること」を危険なことのように経験し，安全ではないかのように感じてしまいます。他者との関係を避けたり，親密な関係になると手に負えないように感じたりするでしょう。他者と関わることにストレスを感じて苦痛が生じ，「誰からも愛される必要はない」と思い込んで，親密性を回避してしまいます。

前述したように，ポジティヴ感情を感じることは，ネガティヴ感情に気づくことよりさらに難しいということがありえます。ポジティヴ感情は，幼少期の親との相互作用を通して最初に経験します。それは，親と一緒に笑ったり遊んだりすることを通して愛情を共有する関わりです。このことを基本として，愛情や喜びに関連する感情に慣れ親しむものですが，もしそういう経験がないとしたら，これらの感情は未知の不快なものとして経験されてしまうのかもしれません。子どものときにこれらの感情が不足していたら，その後大人になった

ときに愛情に対する渇望を感じて，現在の関係性において妥当なものでは満足できず「過去にもてなかったものすべて」を与えるように求めてしまうかもしれません。このことが過剰な反応を導き，人間関係上の多くの問題を生みだします。

4．悲しみは何のためにあるのか？

　人間は，生来，社会的動物です。集団の中で生活し，関係性のネットワークを通してつながりあいます。子どもたちは何年にもわたって養育者を必要とし，それゆえに早期の愛着の絆は健全に育つために欠かすことができません。

　このつながりは，愛情を感じている人の喪失に直面したときに経験する感情，悲しみによってさらに高められます。人や物を失ったときに悲しみを感じなかったとしたら，人や物に愛着を求めることもないでしょう。それは「もし空腹を経験していなければ，食料を求めない」ことと同じです。悲しみは，時に痛みも伴いますが，個人とコミュニティの適応と生存にとって重要な役割を果たしています。別の言い方をすると，それは関係をつなぐ“糊”のようなものなのです。

　他者を求めるこの感情は，あふれるままに自然に流して，その他の感情と統合させることができれば，自己調整されるという特徴をもっています。悲しみの機能は“おのずと海に辿り着く方法を知っている川”のようなものです。

　もし人間が堤防と運河を建設して水を堰き止めようとすれば，大雨のときに川が氾濫してすべてを破壊してしまう可能性がさらに高くなってしまいます。大洪水を避けるために，貯水池の水門を閉めることは役に立ちません。それはただ，ダムが最終的に崩壊するときに大量の水をさらにあふれさせることによって，状況を複雑にしてしまうだけのことです。結果はさらに破壊的なものとなります。

　「悲しみ」や「悲しみを感じることによって生じる憤り」を感じるとき，この憤りは，悲しみをそのまま自然に流していくことを困難にし，もう一度押し戻してしまうのです。外に出せないものは中にとどまります。知らないうちに葬られた感情が問題を生みだすことになります。

5．喜びは何のためにあるのか？

喜びはエネルギーです。喜びは，希望をもつことと意欲的な取り組みに関係します。よい時間をもつことは，食事と同じくらい必要なことで，ある種の感情的な"栄養"であるといえます。

喜びは明らかにポジティヴな性質をもつものであるにもかかわらず，すべての人がこの感情を経験することを心地よく感じるわけではありません。時には「良いことのあとには必ず悪いことがやってくる」「私は幸せになるには値しない」という考えが，亡霊のように現れて，よい時間に泥を塗り，不快なものにしてしまうのです。

自分の時間は，有用な仕事や他者の問題を支援するためにのみ使うものだと考えている人たちがいます。目的もなく，単に自分の楽しみのために何かをすることには，罪悪感や不快が生じてしまうので，自分にそれを許すことができないのです。繰り返しになりますが，幼い頃に必要だった生存戦略が，「周囲の人の要求を満たそうとして——普通それが成功することはないのですが——その任務を完璧に遂行することで達成感をもつ」ことに焦点化されていたからです。前述したように（第2章），古いパターンを捨てることは困難なのです。

6．罪悪感は何のためにあるのか？

罪悪感は，基本的な感情というより，むしろ感覚的なものです。前述してきたとおり，罪悪感にもまた，健全な目的が存在します。健全な罪悪感は，責任感と呼ばれ，失敗から学び，失敗を正すことを可能にします。罪悪感が適切に機能するためには，その大きさが状況に見合ったものでなければなりません。もし罪悪感が蓄積された状態にあるなら，自分よりもむしろ他者に重い責任がある状況であっても，必要以上の罪悪感を抱えてしまうことになるでしょう。このようなときには，「失敗から学ぶ」ことができず，絶望して罪悪感を封印してしまうことになります。

過去の出来事のことで自分を繰り返し責め続けていると，それは自分を欺いていることになります。「当時知りえたこと」や「当時選択可能だったこと」「当時の気持ちやその年齢」など，考慮してしかるべきことに価値を置いていません。「あの状況に戻ることができたら，まったく違うことをしただろう

に」と思ってしまいます。しかし「そのときには戻れない」という"鍵"を，今もっているということに気づくことが重要です。当時，未来を見ることはできませんでしたし，「当時わかっていたこと」だけがわかっていたことで，過去は過去なのです。当時もっていたものでできたことをしたということです。

公平な判断をするためには，このことを考慮に入れなければなりません。タイムマシンは発明されていないので，どんなに過去の自分の足取りをさかのぼって調べたとしても，「起こったことは変えられない」ことに気づく必要があります。健全な罪悪感とは，傷口を痛めつけるべきものではなく，むしろ，未来の決定を改善するために，失敗と経験から学ぶことができるようにさせるものです。

罪悪感があっても落ち着いていられることが大切です。さもなければ，この問題をきちんと理解することができないでしょう。もしこの感情に持ちこたえられなければ，2つの対立した状況のどちらかに陥ってしまいます。「すべてのことに対して罪悪感を抱えてしまうか」と「あらゆる責任感を拒絶するか」で，どちらも問題です。

7．羞恥心は何のためにあるのか？

羞恥心とは，自分が所属する集団に適応することを促す感情です。羞恥心は，不適切と認識されるようなことや他者の非難を受けるかもしれないことをしたときに感じます。羞恥心の感覚がなかったら，そのまま不適切なふるまいを続けてしまうかもしれませんし，自分のふるまいが他者に与えている影響に無頓着になってしまうかもしれません。

もし羞恥心を感じていても落ち着いていることができるならば，逃げずにいられるでしょう。たとえうろたえてしまったとしても，そのままでいることができたなら，羞恥心の感覚は弱まっていき，いずれ消えていきます。羞恥心という感覚の作用は，恐怖や不安と同様です。はじめての状況では，身体と注意の感覚を活性化させるので，それは強くなり，反応が鋭くなりますが，反応が繰り返されてなじんでくると，弱まっていきます。羞恥心は，自分の新たなふるまいが今いる社会的文脈に合うよう調整するために存在しているものなので，何らかのはじめての場面に直面したときに生じます。

問題は，羞恥心を苦痛に感じて回避しようとするときに生じます。なぜなら，その感覚が弱まり消えていくことを導く“慣れ”のプロセスが起こらないからです。羞恥心の感覚は，内部に蓄積するとどんどん強まってしまい，経験を処理する能力をブロックしてしまいます。そうなると，適応そのものに強い影響を与えてしまうかもしれません。

8．心配は何のためにあるのか？

　これから起こるかもしれない問題を予測して心配することは，油断せずに計画的に問題を防ぐうえで有用です。起こりうるさまざまな状況に対して，その解決方法をイメージしておくこともできます。ここまでのところでは，何ら問題はありません。

　しかし，心配が憂慮に変わり，最悪の結果だけを想像するようになると，問題が生じます。“黒い水晶玉に「見える」ことは必ず起こる”と信じ込んでしまう状態です。そうなると，心は解決策を見つけようともせずに，「解決策は何もない」と思い込みます。このようなとき，心配と憂慮は「問題に備えて防ぐ」という機能を果たさず，苦悩だけをもたらします。そして，もし最悪なことが起こったら，頭の中で心配がぐるぐるとまわってしまい，その状況に向きあわなければならないのに，不安でいっぱいになって，まったく対応することができません。「自分は問題に対処できない」という思い込みは——過去に何度も経験してきた——無力感をも引っ張りだします。このようにして心配は本来の機能を失い，その度合いが強まってしまうことで問題となります。さらに「決して起こらないこと」について考えることによって消耗し，不必要な苦痛を抱えるにいたります。「心配な状況」が起こらずに済んだとしても，次の瞬間に水晶玉を見ると，また「暗い将来」が見えてしまい，“予言に失敗したので，もはや占い師としてやっていけない”と気づくことができません。「最悪なことが起こるだろう」という確信が強ければ，後述するように，その確信がまさに最悪のことを導いてしまいます。

　健全な心配は「判断力」であるともいえ，実際のところ必要なものです。もしすべてのことがうまくいくと思っていれば，不慮の事故に備えた対応計画は不十分で間に合わせ程度のものになってしまうでしょう。もし健全な心配がな

ければ，対応能力を激減させてしまうのです。ある程度の心配があるからこそ予防策を講じることができるので，心配は価値のあるリソースです。

感情はどのように扱えばよいのか

ここまでみてきたように，それぞれ感情には健全な機能があるのですが，そうは思えないことも多いでしょう。どの感情を拒絶しても，感情制御の機能が混乱してしまいます。なぜなら，感情制御のプロセスは，感情に反応する方法に関わっているからです。何を感じるかということを自分で決められればよい[*10]のですが，それはできません。しかし，感情が生じたときにその感情をどう扱うのかということは変えられます。さらに詳細にこのことをみていきましょう。

1．感情は，世界と自分を理解するためのセンサー

感情に注意を払うことによって，よりよい自己決定をすることができます。そのためには「感情と感覚につながること」「感情と感覚を信頼すること」そして「そのままにしておけること」を学ばなくてはなりません。自分自身に耳を傾ける能力を回復することも必要です。

そのためのエクササイズを紹介します。ストップウォッチを1分にセットし，1分間，自分の感情の状態と感覚を見つめます。感情が揺れ動く日々の生活の中で，それだけの時間，立ち止まって，自分自身を注意深く観察するということは普通ありません。はじめのうち，60秒は永遠のように感じるかもしれません。やってみても何も気づかないかもしれません。その場合には，自分の身体を眺めてみることが役立ちます。「自分の呼吸はどのくらいの早さで，どの

---

*10　Gross は，特に感情の認知的コントロールに関する感情制御の過程に大幅な修正を加えた。感情状態の収まり方は，感情を生みだす状況と感情にどう対処するのかということに条件づけられている。著者によると，健康的な方法とは，自分の状況を慎重に見極め，どれくらいの間そうしているのかを自分で決めて，感情があふれてきたら，それを回避したり抑圧したりしようとせずに，その感情を役立てる視点で考えてみることだという。感情制御に関しては多くの研究があり，神経科学と心理療法という新しい発展的分野においても多くの論文が発表されている。下記を参照のこと。

Gross, J. (2013) *Handbook of Emotion Regulation.* Guilford Press.

くらい深いのか」「どの部分が緊張していて，どの部分がリラックスしているのか」「温かいのはどこで，冷たいのはどこか」「姿勢はどのような感じか」などに意識を向けてみます。最初は，気持ちが安定していて，比較的落ち着いているときに行うのがよいでしょう。慣れてきたら，不快な気持ちが強いときにやってみることもできます。

2．感情は，自分に必要なものを手に入れる方法を教えている

感情は，物事が自分にとってどのような意味をもつものなのかを知覚するための単なる受動的なプロセスではありません。感情は行動に関与します。怒りは闘争に駆り立て，悲しみは慰めを求め，罪悪感は努力を導きます。もし自分に封印されている感情があることに気づいても，自分に必要なものを求めようとしないなら，その感情を内側にとどめておくことは可能です。満たされざる欲求からの心の叫びを感じていても，感情を麻痺させ，回避し，葬ろうとします。

少なくとも，自分がどのような感情を求めていて，何が自分の助けになるのかを理解することは重要です。もしこれらの問題に無自覚でいれば，妙な逆説状態に陥るかもしれません。たとえば，深い孤独感を感じているのに，仲間を探すのではなく——仲間を探せば，孤独感につながっている根底の欲求を満たすことになるでしょう——他者から自分を遠ざけて，さらに孤独が強まるようにしてしまう傾向があります。

3．感情は流すもの

感情は一時的にはとどまりますが，永遠にではありません。感情を制御することは，文字どおり"今日は満腹でも，明日は空腹になる"という性質のものです。感情に対処できないことで苦しんでいる人の多くは，感情を制御下に置いておくことに多大なエネルギーを使っています。しかし，感情を抑える能力を超えてしまうようなことが起こったり，同時にさまざまな状況が重なって何年にもわたって蓄積されたりすれば，遅かれ早かれ，制御のシステムは崩壊してしまいます。心理的メカニズムとしての制御は，制御を超えるようなことが起こったとき——人生において，それを避けることはできません——これが唯

一の制御システムであるがゆえに，ほかに選択肢がないということで問題が生じます。

　感情を流れるままに流しておくことで，感情の機能を回復させ，調整し，制御を取り戻すには時間がかかりますが，そうすることがとても重要なのです。

4．感情は混ざりあうもの

　感情を拒絶したり，抑え込んだりすれば，感情を封印することができます。時には，非常に明確に「ある感情」が「別の感情」に切り替わることもあります。たとえば，同情から憎しみへ，悲しみから怒りへというように。

　感情をあるがままにしておけるなら，感情は"画家にとっての色"のように作用します。色はキャンバスの上に置かれると，風景を描くために混ぜられます。この風景は，ある状況に直面したときの内的な感情状態を表しているとしましょう。絵筆を動かすことはできますが，その風景がどのような色になるのかは，現実の状況に伴う色彩（日中は明るく，夜は暗いなど）と持っているパレットによって決まるので，自分で決めることはできません。

　感情は混ぜられたほうがうまく扱うことができるものです。たとえば，愛している人に怒りを感じているという状況で，不満を伝えるときには，相手に対する感謝の気持ちを忘れずにいられるからこそ，相手を傷つけないように適切な言葉を選ぶことができます。あるいは，悲しみを感じているとき，同時に，身近な人に頼ることもできます。愛情は「痛み」を弱めるので，悲しみに対しては抱擁以上の治療はありません。

　対人関係の中でトラウマを負ってしまうと，このような「さまざまな感情が混ざりあう状態」に対して大きな困難を抱えます。「愛している人に怒りを感じる」ことができないと，関係性がより複雑になり，ネガティヴな状況が長期間続くことになってしまうかもしれません。つらさを共有したり，助けを求めたり，楽になろうとしたりすることもまた，困難になってしまうことがよくあります。すべての対人関係が，過去に体験した関係性と同様に自分を傷つけるもので，感情を収めるために必要なリソースを奪いとってしまうものであるかのように感じてしまうのです。

5．大切なことは「何を感じているのか」ではなく，「その『感じていること』をどう扱い，心の中で何と言うのか」ということ

　感情反応の強さを弱めたり，調整したりするとき，自分で自分に声をかけています。それは，あたかも“無線操縦”のようなものです。内的な思考プロセスは，あたかもエコーをかけるかのように「感情の強さを増す」ことも「感情の影響を調整して収めやすくすること」も，ともに可能なのです。

　たとえば，「こんな気持ちは耐えられない」と心の中で言うと，普通感情が高ぶってきます。今この瞬間に感じている感情で試してみましょう。自分を観察しながら，「我慢できない」と何度も何度も心の中で繰り返してみてください。その感覚が強まって，耐えられなくなるのがわかると思います。それはあたかも，はしごを50段登っている間ずっと「疲れた。こんなことできない。こんなの高すぎる。絶対に登れないに決まっている」とつぶやき続けているようなものです。はしごを登ることが苦痛になってしまうでしょう。そうではなく，上に登りたいと思っている気持ちに目を向け，登ることの大変さから気持ちをそらしたなら，疲れてはいても耐えやすくなり，苦痛はなくなるでしょう。内的な対話に気づけるようになることは，とても強力な感情制御の方法なのです。

6．自分に「感じること」を許さなければならない

　時にさまざまな理由から，感情反応は“検閲”されています。もし怒ってばかりいる人と一緒に育ったなら，自分が「そうはならない」ことはできても，怒りを感じたり表現したりすることができなくなってしまいます。そして，次のような2つのタイプの問題が起こります。1つ目は，最終的に爆発するまで，怒りが蓄積されてしまうタイプ。怒りを扱う方法を学んでこなかったので，怒りはコントロール不能となり，それゆえに，絶対に「そうはなりたくなかった」その姿を再現してしまう可能性が高くなってしまいます。2つ目は，怒りを内在化させてしまうタイプ。怒りを自分に向け，その人に言われたことと同じことを自分に言ってしまいます。

　あらゆる感情には意味があり，何らかの引き金があってその感情は現れるので，現実的に選択可能な方法は「自分に感情を経験することを許すこと」「そ

の感情を自分のものにすること」，よいとは思っていない昔のモデルに従うのではなく「自分の方法で感情を感じ表現すること」だけです。

　もちろん，このことは怒りにのみに起こることではありません。困難を体験したけれども前に進もうとしているときには，「悲しみを感じることを自分に許すこと」はなかなかできないものです。もし悲しみを感じてしまえば，弱くなり，なんとか持ちこたえている内部の支えを失ってしまうでしょう。もし幼くてか弱い存在だったときに他者から攻撃されることがあったとしたら，「弱いことは危険なこと」と思ってしまうかもしれません。心は「弱くなること」と「再び傷つけられること」を同等なものだと思ってしまいます。

　関係性の中で苦しんだことのある人の多くは，二度と苦しむことがないように親愛の情を感じることを自分に許さず，失望しなくてもよいように最初から楽しい気持ちになることをも避けるでしょう。もし“王の勅令”により，感じることができる・できないを決定しようとしても，それは機能しません。神経システムは一定の反応が生じるように設計されており，さまざまな種類の機能を追加することはできないのです。ルールどおりに反応するしかありません。もし自分の感情を“王の勅令”によりコントロールしようとしたなら，“身体”は“感情の独裁者”に対して反逆することでしょう。

7．感情は，互いに対立したり闘ったりしない

　対立が起こっているときには，感情の処理システムが遮断されています。「感情は混ざりあうもの」だと前述しましたが，このことは，感情が互いに対立した状態にはないということを意味しています。世界は矛盾に満ちているので，相反する物事や感情の混合は，状況の微妙なニュアンスというものを認識するうえで役立ちます。

　たとえば，問題は，悲しみとともに怒りを感じるようなときに生じます。怒りは悲しみを封印してしまい，悲しみが流れゆくことを許さないので，消えていくことができなくなります。どんなにたくさん泣いても無意味で，カタルシスが生じず，落ち着くことができずに苦しみます。あるいは，悲しみを感じることに恐怖を感じてしまう場合にも，同じことが起こります。過去に抑うつを体験したことがある場合には，今，悲しみを感じている自分がまた同じ状態に

なってしまうのではないかという恐れを感じることがあります。また，抑うつ状態にある人と一緒に育った人の場合には，自分の悲しみがその記憶とつながってしまいます。

　いずれにしても，恐怖は悲しみの処理を遮断するので，悲嘆が内部に残ってしまうことになります。悲しみがよみがえるときには，常に"ドアを閉めたり"，ほかの問題に意識を向けたりします。"ドアを開けて外に出ることはできない"という感覚が意識にのぼることはありませんが，悲しみがなくなることはなく，永遠に自己の内部で生き続けます。それゆえに，過去は現在を支配し続け，そして逆説的に，「そうなりたくはない」はずなのに，過去の問題を繰り返すことへと導かれてしまうのです。

第4章

霧の中にある記憶

もし歴史を知らなかったら，同じ過ちや犠牲，不条理に
繰り返し耐えしのばなければならないでしょう。

アレクサンドル・ソルジェニーツィン

耐えがたい記憶はどのように処理されるのか

消化されない記憶

　出来事は，さまざまな感情状態を通して体験されます。状況が変われば，生じていた感情もなくなり，別の感情を感じられるようになります。大半の感情は，脳が消去するので，その痕跡を残しませんが，記憶の貯蔵庫に保存されるものもあります。この保存されている感情の記憶から，"重要な体験のリスト"が作られ，その後の行動を規定します。この体験リストは，新たな状況でのふるまいの"手本"になります。ポジティヴな体験であろうとネガティヴな体験であろうと，この体験リストの集合により「学習」が生じます。

　非常に強烈な体験や傷つきやすい状況での体験，自分にとって重要な人や物事が関係している体験は，通常の処理レベルを超えてしまいます。生命を脅かす状況や，健康やアイデンティティを損なう体験，自分・他者・世界に関するものの見方に衝撃を与えるような出来事は，その体験を処理するための神経システムの容量を超えてしまうのです。その出来事が過ぎ去れば，時の流れの中でいくぶん落ち着いていくでしょうが，その記憶は適切に処理されないまま残ります。このような記憶は，ちゃんと消化される必要があります。

回避と抑圧

　問題の種類や体験の意味，状況の悪化の程度に応じて，感情を封印する力は

強くなります。もし感情を少しずつ調整できるような状況になければ，感情を抑え込む方法そのものが，感情の処理や記憶の保存方法に影響を及ぼします。たとえば，もし感じたくない感情にずっとさらされているような状況にいたら，回避という方法によって身を守ることになるでしょう。もしその感情が強烈で耐えがたいものであり，常に抑圧しているとしたら，さらに抑圧することになるでしょう。回避したり抑圧したりしている記憶やそれに伴う感情は，消去することも保存することもできません。それらは，その体験をしたそのときの思考・感情・感覚を抱えたままの状態でそこにとどまるのです。

　感情を回避したり抑圧したりする傾向は，その防衛を必要とする状況が終わったあとであっても，長期にわたって記憶を操作し続けます。考えないようにしたり忘れようとしたりする反応は，日常生活の中でも役立ちます。心の中にわいてくるものを抑え込んで「今していること」に集中できるからです。しかし，同じことが起こったり，何かが引き金になったりすると，封印していた感情や感覚が出てきて，「今していること」を邪魔します。こんなとき，いつもの制御の方法を使えば，その感情や感覚に目を向けずに封印することになるでしょう。しかし，この感情制御システムとしての回避と抑圧は，実は効果的なものではなく，さまざまな心理的問題を生みだしてしまうのです。

麻痺と離人感

　極度の耐えがたい状況に圧倒されてしまうときには，神経システムが崩壊するかもしれません。そのような状況での感情体験は，あたかも電気のヒューズが飛ぶように，処理できる脳の容量を超えてしまうのです。そのようなときには，起こったことを，あたかも自分の体験ではないように感じたり，他の人の体験であるかのように感じたり，時には自分の身体から離脱して眺めているかのようにさえ感じるかもしれません。身体的・精神的な痛みが突然消えることもありえます。感情が麻痺したり，めまいがしたりして，消耗しきっていることに気づいたり，気が遠くなってしまったりするかもしれません。現実感を失い，自動操縦されているかのような感覚がして，何も感じず，麻痺し，わけがわからなくなってしまうでしょう。

他者の関与

　トラウマティックな体験が消化されるかどうかということには，他者がその体験にどのように関与していたのかということが関係します。若ければ若いほど，自分を支えてくれる他者の存在は重要ですが，たとえ大人であったとしても，深刻な状況では支えが必要です。そのトラウマティックな出来事が起こったときだけではなく，その後の体験を語り，感情を共有する場面において，他者は回復のために大きな役割を果たします。しかしながら，他者は，事態を悪化させたり，つらい気持ちにさせたりすることもあります。人間が深く傷つけられるのは，同じ人間からの被害によってであるということを覚えておかなければなりません（第1章）。信頼している人から危害を加えられるとき，その衝撃はきわめて大きなものとなります。もし他者に依存しなければ生きていけない子ども時代にそのようなことが起これば，その衝撃ははかりしれません。

過去の防衛反応の賦活

同じことが起こったとき

　「同じことが繰り返し起こる」という事態も，大きな影響を与える要因のひとつです。たとえば，もし子ども時代に大切な人を喪失するという体験をしたなら，大人になってからの喪失体験は，子ども時代に喪失を経験していない人よりもずっと深い影響を与えます。もしつらい状況が頻繁に起こっていたなら，その影響は累積し，次に何が起こるのかということに対して過敏になるでしょう。過去とつながっている現在の記憶が，過去の体験と同じものであるとは限りませんが，何らかの共通点があれば，同じような感情を生みだします。脳は，新しい体験に対応するために貯蔵庫にある記憶を"手本"とするので，もし新しい体験が過去の「感情を封印した記憶」とつながっていたなら，現在の感情も封印される可能性が高くなります。

　「身体のシステムが消化しきれないほどの体験」が起こればいつでも，その状況で体験している感覚は，時が経っても消えてなくなることはないでしょう。ちゃんと処理され統合される記憶とは違って，未処理の記憶として，活性化したままバラバラに残っています。脇へ押しのけ，考えないようにすることはで

きますが，そこに存在し続けるのです。もし非現実感や感情の遮断，部分的あるいは完全な意識喪失，麻痺，その状況からの離脱などを，過去に経験していたなら，その出来事を思い出すと，同じような感覚に襲われることでしょう。身体のシステムは，「その状況」と「その状況に対する脳の反応」を結びつけることを学習していて，思い出そうとしたり，何かのきっかけで思い出してしまったりすると，その感覚は再び賦活されるのです。もし「その状況」が長期化したり，何度も繰り返し起こったりすると，さらにその反応は強化されます。

日常生活の中の自動反応

　記憶の遮断や非現実感は，過去の体験について考えようとするときだけではなく，日常生活の中で何かがそれらを賦活してしまったときにも起こります。自分の行為の一部分を忘れてしまったり，身体の外から自分を見ているという体験をしたり，感情が遮断されて奇妙な感じがしたり，周囲を異質でまったくなじみのないもののように体験するといった記憶の空白に気づきます。あるいは，知らぬ間に何かが古い経験と結びついてしまい，そしてそれに対する自動反応が活性化します。しかし，現実感がないので，現在の症状や状況と過去の出来事との間に関係性があることに気づけず，そのため自分に何が起こっているのかを理解できないのです。

　時に，起こっていることはとても微妙で，その感覚に気づくことさえできません。よくわからないうちに，いつの間にか日常の物事に反応してしまうのです。その反応は，不相応だったり不適切だったりして，要するに意味をなしていません。たとえば，もし出勤途中に自動車事故にあったとしたら，そのあと，ドアがバタンと閉まる音を聞いたときに椅子から飛びあがるという反応は，当然起こることです。事故のせいで神経質になっていて，恐怖がまだ身体に残っていて，警戒レベルが下がっていない状態にあることを示しており，理解可能です。しかしながら，非現実感のような感覚は，数年続いたり，しばらくあとになって生じたりするので，そういう場合には，現在の反応を引き起こした要素と，遮断された最初の記憶とをつなげることはかなり難しくなります。

　もし感情の遮断が強くてどうにもできない場合には，記憶へのアクセスは永久に途絶するかもしれません。何が何だかわからず，状況を思い出そうとして

も，何も思い出せない可能性があります。過去のことは終わったことなのだから，何も影響してはいないと思い込んでしまいます。それが人生早期のことであればあるほど，その状況は長く続き，親密な関係性でのことであればあるほど，遮断のレベルは高いものとなります。時が経つにつれて，すべてが霧に覆い隠されてしまうでしょう。もし子ども時代やある特定の時期を振り返ろうとすると，記憶はぼやけてしまうでしょう。何があったのかを知ってはいるけれども，実際には何も感じていない客観的な記録者のように世界を見ることになります。考えるために立ち止まるのは難しいことではないのに，まるで面倒でイライラする作業であるかのように，ちゃんと考えようとすることを拒絶している自分に気づくかもしれません。もし何も覚えていなかったり，記憶が不完全でよく思い出せなかったりするなら，自分のアイデンティティを確認する"鍵"をもっていないことになるでしょう。それゆえ，盲目的で理解不能な行動をとることになってしまいます。

未解決の記憶が生みだす困難

過去が現在に及ぼす影響

過去の未処理の体験は，現在の生活に影響を与え続けるだけでなく，強力に邪魔をしてきます。何が起こったのかに気づくことができなければできないほど，そしてそれが重要なことであればあるほど，その衝撃は大きくなります。その記憶から自分を分離させるような遠心力を感じる一方で，同時に，奇妙な求心力も存在しています。私たちは「過去は終わったことだし，クヨクヨしてもしょうがない，気にしないで前に進まなくちゃ」と思います。しかし過去の体験は，現在の生き方の中に入り込んできます。脇へ押しやろうとすればするほど，意に反して，感情の遮断や過去の記憶に悩まされることになるでしょう。もし"霧"が濃ければ，心の中に生じるその問題がなぜ起こったのかについて考えることもできないでしょう。もし考えるとすると，「こんなことは起こるはずのないこと。ただの想像だ」と思うかもしれないし，考えたくないので「ないこと」にしてしまいます。

未解決の記憶が生みだす求心力は，その記憶に伴う恐怖に正比例しています。

無限のループという"罠"にかかるのです。前進しようとすればするほど，後戻りしているように感じます。あたかもゴムバンドでつながれているようなものです。時には生活の状況が落ち着くまで，その記憶を封印しておこうとしますが，すぐに，あたかも最初の状況がもう一度起こったかのように，あらゆるものが再体験されます。時には，論理的にはつながるはずのない状況が引き金となって，封印されていた記憶が出てくることもあります。どうすることもできない感覚や無力感のような感情が，まったく関係のない状況で引きだされるのです。過去の状況と現在の状況がかけ離れているので，どのように関係するのか理解できません。また，過去の愛着の問題を賦活させるような関係性や，自分の子どもが，自分がつらい体験をした年齢と同じ年齢になったことなどが引き金になって，過去の反応のパターンが引き起こされることもあります。

　子どものときに親が親として機能していない家庭で育った人は，大人になってから実家を離れ，自立した人生を送るために，別の町や国に引っ越すことがあるでしょう。そのまま，長きにわたってすべてが順調にいくかもしれません。しかし，仕事を得て新しい家族ができたにもかかわらず，逆説的な状況が起こることがあります。ふとしたときに，状況は変わるかもしれないのです。仕事を失ったり家族が崩壊したりして，戻りたくなかった実家に戻る以外の選択肢がなくなってしまうかもしれません。

　こうならないに越したことはありませんが，自分と未解決の過去とを結ぶ糸は，考えないようにしたからと言って，簡単には切れるものではないのです。「ない」ふりをして，時に心は「完全に何も思い出さない」という効果的な方法を使ったり，何が起こったのかわからないように特定のエピソードを消してしまったりします。しかしあるとき，過去につかまってしまいます。その封印しておきたかった記憶は，きちんと貯蔵されているわけではないので，思考や感情や夢の中に忍び込んできます。

うまくいっているときに賦活される過去の記憶

　過去の記憶が賦活されてしまう状態は，過去の出来事と関連することが発生したときだけではなく，まさにすべてがうまくいっているように見えるときにも発生します。それは，明らかに論理的な理由がない場合にも起こります。で

もよく考えると，ちゃんと意味があります。

　困難な状況に直面しているときには，自分がどのように感じているのかに目を向けることはできないものです。問題を乗り越えることに集中して，役に立つリソースのみに焦点をあてる必要があります。もし困難な状況が継続するなら，身体のシステムは長期間にわたって，このように反応することで機能します。

　もし感情を遮断していなければ，その困難な状況が終わったときには，その反応パターンを手放して，正常時の反応に戻るというのが自然のなりゆきです。警戒レベルが下がりリラックスしてくると，どれだけの苦痛を体験したのか，どれだけ疲れているのかということを，困難な状況のさなかにいたときよりも明確に理解することができます。もし長期間にわたって困難な状況の中を生きてきたとしたなら，身体のシステムは，防衛本能を働かせる必要のないもとの状態に戻る方法を知らない可能性がありますが，時に身体のシステムは「終わった」ことを発見する能力を維持しています。

　だから，人生で最高の瞬間にいるときにも，明確な理由もなく過去の記憶があふれてくることがあり，「どうして今，こんなことを思い出したんだろう？」と感じます。すべてがうまくいっているのに「なぜ今出てくるの？」と不思議に思い，決まっていやな感じがするものです。しかし，それは"身体"が賢いから生じることなのです。"身体"は，困難な状況は終わったので，もはや自分自身の傷つきに気づいても安全であり，ちゃんと立ち止まって自分をケアすることができる段階にきたとわかっているのです。もはや"霧"で覆う必要はなく，晴れ間が見えはじめているということなのです。

　このとき，何が起こっているのかを考え，過去を振り返ってこれまでの人生を理解しようとすれば，多くのことの辻褄が合うかもしれません。自分自身を評価したり，断罪したりせずに，自分自身のことをよく見つめ，自分に必要なサポートを探しだし，より深く自分を理解することに焦点をあてることが重要なのです。

どうすればよいのか

引き金を見つける

　自然に記憶を思い出せないときや，日常生活において記憶の欠落や非現実感などの症状があるときには，特に，立ち止まって何が起こっているのかを把握することが重要です。しばしば「どうしてこんなことが起こっているの？」と自分自身に問いかけますが，この問いの根底にあるのは，本当の意味で自分を理解しようという気持ちではないことがあります。単に，問題を抱えている自分を責め「なんとかせよ」というプレッシャーをかけています。自分自身をよく理解するための"鍵"は，「その問題を生じさせる引き金は何か」を見つけることです。

　自分にこんなふうに問いかけてみてください。「変な感じがして，現実感がなくなって，いやな感じになったその直前に，何があった？」それは，大きな出来事や問題や葛藤を探すのではありません。引き金は，一見取るに足らないように見えるもので，すべてのパズルのピースがそろってはじめて意味をなすようなものです。たとえば，意味のわからない不快な夢を見た翌日の朝，目が覚めたときに，現実感のない感じに陥っていることに気づくかもしれません。もしかすると，好きな映画を観ているようなときにも起こるので，混乱します。

　「引き金」は，何かが起こるということではなくて「起こってほしいことが起こらない」といったことであるかもしれません。たとえば，パートナーから電話がないとか，自分がうまくできたかどうかを母親が気にかけてくれないとか。こういうことは普通によくあることで，予測もできて，そこまで影響を与えるものだとは思わないのに影響を与えるといった性質のものです。外面と内面の両方からこれらの「引き金」を見つけていくことが，自分に何が起こっているのかを理解する方法なのです。

準備ができるのを待つ

　自分自身の生い立ちをくまなく探さなければならないと言っているのではありません。頭の中の霧に閉ざされた記憶を探しまわって，無理やり思い出させ

ようとするべきではありません。もし心がその記憶を思い出させないようにするのであれば，それは心が自分のことをよくわかっているということです。その記憶にまつわる出来事を消化する準備がまだできていないことを意味しているのです。

　大人であれば，たとえどんなに困難なものであろうと，過去の体験に向きあえないということはありません。過去の歴史の中で人類が直面せざるをえなかったあらゆるひどい出来事を振り返るならば，このことは明らかです。しかし，もし長期間にわたって現実感を喪失した状態にあれば，記憶を取り戻すことに意味があると気づけないものです。記憶を取り戻すことはとても重要ですが，非常に繊細な側面をもつので，慎重に段階を踏んで行われるべきです。

過去の記憶にふれる前に必要なこと

　それまでぼんやりとしていた記憶を思い出して，記憶がうまく機能するようになることは，たしかに目標ではありますが，それは最初にやるべきことではありません。当然，適応的に行動し，幸せを感じ，他者と関係をもてるようにならなくてはいけません。実際のところ，複雑な生い立ちを抱えている場合，現在の問題を解決するためには，まず過去について意識的になることが必要です。しかし，最初にトラウマティックな状況に飛び込めば，非生産的な苦痛を生むことになるでしょう。それはまるで，まだ何も解決できていないのに，そのままそれを追体験するようなものです。ですから，最初にしなければならないことは，「自分を大事にすること」「感情を調整すること」「自分の自動反応を理解すること」などです。問題を引き起こしている行動のパターンを変えることは，安定感や自信につながるでしょう。

　一般的には，そういう変化のプロセスを通して，自然に多くの記憶を思い出していきます。変化が起こると，自然に進んでいき，記憶の断片がつながったり，意味がわかったりします。自分の生い立ちの中に消化しきれない部分があるうちは，その他を扱うことには意味がありません。思い出しても圧倒されてしまわないような適切な時がやってきます。その記憶とつながっている感情や感覚は，それを最初に感じた瞬間と同じような強烈さをもっているかもしれないし，最初に思っていたより鮮明になるかもしれません。そういう記憶は，長

期間にわたって，カプセルに入れられて，封印され，隔離されていたものなので，徐々にゆっくりとアクセスしていくのがよいでしょう。

　過去の記憶にふれる前に，記憶を理解するための知識が必要です。心や感情や関係性はどのように作用しているのかについて，多くのことを理解する必要があります。実際に抱えている困難を認識し，それらを変える方法についての現実的な視点を採用することが大切です。ありのままの自分を受け入れることを学ぶことが不可欠である一方で，自分で自分を慰める方法や，他者との関わり方を根本的に変えなければならないということに心を開く必要があります。困難な記憶に直面したときに圧倒されてしまわず，過去の出来事をちゃんと消化できるようにするためには，多くのことを積み重ねていく必要があります。そうすれば，過去を振り返る作業そのものは，とてもシンプルに変化を生んでいきます。

　すでに状況は変化しているのだから，わざわざ古い傷を開く必要はないと思う人がいるかもしれません。しかし，安定してゆるがない改善を求めるのであれば，人生のさまざまな局面で正常な反応ができるのは重要なことです。そうすれば，どのような困難を体験しようとも，自分自身が望むように自分の人生を生きていくことができるでしょう。

　問題は，過去を振り返る価値があるかどうかではなく，自分のペースでそれをやっていくための時間をどのようにして見つけるかということなのです。苦しみや恐怖ゆえに過去について考えたくないと思う気持ちと，まだ準備ができていないけれども向きあわなくちゃいけないと思う気持ちとのバランスを見つけなければなりません。そうすることで，「自分自身を大切にし，尊重する」というとても大事なことを学ぶのです。

第5章
不快を理解する

結ぶ方法を知らなければ，結び目をほどくことはできない。
アリストテレス

不快の引き金を探す

理由のわからない不快

　不快で気分が悪い，でも「いつからどうしてどのように気分が悪いのかがよくわからない」ことがあります。不快な気分があふれてきても，どうやってその気分から逃れたらよいのかわかりません。それがどのような感情なのかもわからないし，いろいろな感情がごちゃまぜになっていることもあります。あたかも感情のジェットコースターに乗っているかのように，すごいスピードで上がったり下がったりして，コントロールできない気分の揺れを感じます。心の状態は変わりやすい天気のようです。そんなとき「気分の変動」と「周りの環境」との関係には目を向けていないことがよくあります。何がその不快を引きだしたのでしょう？　最初，どのように不快になったのでしょう？　どのような状況でその不快は持続するのでしょう？　最終的にはどのような感覚になるのでしょう？

　前述してきたように（第3章），感情はセンサーの役割をもっています。しかし，センサーとして機能するためには，立ち止まって感情に耳を傾ける必要があります。たいていは立ち止まってみないので，何が起こっているのかを理解することができません。何度も何度も繰り返し同じように不快を感じているのに，「こんなふうに不快になるのはおかしい」「これほど不快になる問題は何も起こっていない」と心の中で思います。しかし，そう思っても気分はよくな

らないし，何もわからないままです。怒りは増していき，不快を感じている自分に怒りを抱きます。「どうしてこんなふうに感じるんだろう？」と自分に問いかけても，それは本当の意味で自分のことを知りたいという思いからではなく，「そう感じることは問題だ」と自分を責めるための言葉になってしまいます。

　自分の内部にある感情が自分を動揺させているわけなので，立ち止まることで，それに気づきたくないという思いがわきます。感じることや考えることを抑え込んで，感情を知覚せずにいられるように，いろいろなことをしてしまいます。たとえば，薬物を摂取したり，果てしなく忙しい状況を作ったり，不快な感覚から気をそらすためにもっと強烈な感情を求めたり，自傷したり，自傷することについて考えたりすることは，すべて内面を見つめることや感情を感じることを避けるために行っていることなのです。しかし，第1章で述べたように，何が起こっているのかを理解しなければ変わることはできません。

過去の未解決の記憶と感情

　自分に起こっていることについての理解を深めるために必要なことは，何がその体験を構成していて，どのようなニュアンスをもつ体験なのかを特定することです。ただ問題をさまざまな側面から観察するだけでは変化は生じないので，実際に効果的な解決を見つけることが必要です。不快は理由なしには生じません。前述したように（第4章）引き金があるのです。その引き金は，過去の未解決な体験と無意識的に共鳴しており，最初の感情状態を活性化し，それによりドミノのように次の感情を出現させていきます。多くの場合，感情の"雪崩"が起こってしまったら，最後に感じている感情にしか気づきません。

　過去の記憶が封印されていて，過去のどのような体験が自分に影響を与え，いまだにどのくらいの影響を持ち続けているのかがわからない状態にあれば，自分に起こっている反応を理解することはできません。奇妙なことに，過去の反応と似たような反応が，過去の状況とは正反対の状況で起こることもあります。もし過去のつらい記憶が絶え間なくあふれてくる状態にあれば，それはあたかも「近づきすぎて全体を見ることができない」といった状態といえます。過去の体験のすべてを一度に再体験するというのはよくありません。後述する

ように，それは計画的に行っていくほうがよいのです。

　現在と過去のつながりを理解するためには，いかにさまざまな体験がつながっているものなのかということだけを理解すれば十分です。何かが起これば，脳はどうすべきかを判断するために過去の体験の記憶を探します。その記憶が完全に消化されているわけではない場合には，そのことに気づいていないとしても，今生じている感情は過去の体験との共鳴によって増幅されます。たとえ，そのことを絶えず考えているわけではないにしても。このように，自分の反応が「そのときに」起こっていることとは不釣り合いなものであったとしても，実際のところ，人生という歴史全体に目を向ければ，相応の反応となっているのです。

　過去を振り返らなければ，現在の問題の源がどこにあるのか，何もわかりません。心の中を見つめなければ，問題に対する理解は深まりません。感情を遮断してしまえば，すなわち感情を感じたり葛藤したりしたくないと思えば，自分に起こっていることを理解するための大切な"鍵"を失ってしまいます。

　このことは必ずしも意識的な現象ではありません。単に感情についてほとんどふれない家族の中で育った場合でも，あるいは，長期間無意識のうちに感じていることを感じないようにしてきた場合にも，自分の感情についてほとんど知らないままに大人になります。そのため，さまざまな不快を生じさせる要素を見定める力を養う必要があります。

　自分の感情から逃げたり，その感情を抱えている自分を責めたりすることなく，ちゃんと立ち止まって，その感情をもっていることに気づき，じっくりと観察することが重要なのです。内面の感情に飲み込まれてしまうことなく，ちゃんと見つめるということや，一定の距離や客観性をもって眺めるということができることも不可欠です。もし感じている不快がどのような感情なのかわからず，いろいろな感情がからみあってひどくなっていることを見定められなかったら，"雪崩"は止められないでしょう。

自動反応の意識化

　何がこの不快の引き金で，どのような状態のときにこの不快が持続するのかがわかれば，「変化」が可能になります。「いつも同じことが繰り返される」理

由は，不快が生じるプロセスが自動反応であるという事実によります。それはまるで台風の進路予報をただ受動的に見ているしかないように，気象状況の変化に応じて気分が変わるしかないと思っているようなものです。

　自動的に生じている反応を意識できるようになることで，コントロールが可能になるのです。生き方を変えることを学ぶには時間を要するにしても，まずこれまでとは違うことをしはじめることはできます。同じことの繰り返しをやめたいと思うなら，うまくいくかどうかわからないけれども，まず何か違うことをしてみるということが前進につながります。

　不快というものが，どのようにして活性化されているのかを観察してみると，さらに興味深い事実に気づきます。最初に不快を感じたときに起こる反応やそれに続いて起こる反応は，しばしば最初の感情を悪化させるという結果を招きます。

　たとえば，もし子ども時代に十分な愛情をかけてもらえなかったとしたら，心の中に深い孤独を抱えることは普通に起こることです。現在の生活の中で，声をかけてもらえなかったり，理解してもらえなかったりする場面があれば，その状況が引き金になって孤独感が誘発されます。しかし，それは同時に「世界そのものに対する憤り」を活性化してしまうことがあるので，結局「一人のほうがよい」と思う気持ちを強めます。もし自分がどう感じているのかということを吟味するために立ち止まらなければ，「自分を孤立させることによって，自分で孤独の感情を育てている」ことに気づかないでしょう。自室にこもりカーテンを閉めることによって，自分自身の存在をないものとして，結果として「されてきたこと」を自分自身にしてしまっているのです。身体のシステムは，自動的に既存のパターンに反応してしまうものです。だから，もし何が起こっているのかをちゃんと考えてみなければ，「外出したくないし，誰にも会いたくない」と思うとき，「過去の体験に基づく身体のシステムの自動反応が起こっている」ことに気づけないでしょう。

　後述しますが，問題を解決するために重要なのは，「正しいと思っていたことが絶対的な真実であるわけではない（第17章）」ことや，「自分で自分に問いかける方法を変える」ことを学ぶことです。たとえば「自分がそれをしたいかどうか」ではなく，「自分にとって益のあることなのかどうか」を自分に問い

かけるのです（第15章）。改善のためには，自分自身をいたわる方法を身につけることが優先になります。

過去の記憶が賦活されることで起こる感情状態の例

内面を観察する

　過去の記憶が賦活されていることから生じている感情状態について以下に示します。よくみられるものを示しました。理解しやすいものと，しにくいものがあるかもしれません。なぜなら，感じることを拒絶したり，感情を遮断したりすることによって，こういった反応が生じることは，あまり知られていないからです。それゆえに，何らかの感覚が引き起こされているときには，ちゃんと立ち止まって注意深く観察することが重要です。呼吸が速くなったり，苦しくなったりしているかどうか，胃が締めつけられている感じがしたり，緊張したりしていないか，何かほかの身体の変化があるかなどを観察します。

　以下に示す感情や思い込みは，同じような状態が賦活されることはよくあることなので，なじみがあるかもしれません。いずれにせよ，自動反応を引き起こす感情の状態はすべて，ほんのわずかなものであったとしても，ちゃんと検討されるべきです。以下に具体例を示します。

1．私は見捨てられる

　私の心の中にある深い孤独感がなくなることは決してない。広い世界の中にたった一人で置き去りにされたような圧倒的な孤独感の中にいつもいる。たとえそばにいてくれる人がいたとしても，大切な人はいずれ心変わりして私を捨てるに決まっている。そもそも大切な人など現れないし，いたとしてもそのうち死んでしまうか，自分を残してほかの人のもとに行ってしまうに決まってい

---

*11　Youngは，スキーマ療法を開発した。この方法は，さまざまな精神状態を生みだす人生における体験に対する理解に基づいており，これらの体験とはほとんどが子ども時代のものを指す。以下は本書で述べていることと同じではないが，基本的な考え方は共通している。Young, J. (2009) *Reinventing Your Life: How to Break Free from Negative Life Patterns and Feel Good.* Penguin.

る。一生，私のそばには誰もいない。

２．私は愛されない

誰かが私を愛するということはない。自分が誰かの関心を引くというようなことはないし，愛される価値がない。私にはよいところがない。誰も私のことなんか気にかけないし，興味をもつこともない。

３．私はいつも虐げられる

機会さえあれば，他人はいつも自分の利己的な目的のために私を利用する。私はいつも結局だまされ，不当な扱いを受ける。私は必ず誰かの犠牲になる。

４．私は失敗する

私は何でも失敗する。いつも間違いばかりで，覚えが悪い。バカで，無力で，才能がない。私には何の価値もなくて，無能で，周りの人を失望させ，とりわけ自分自身を失望させる。私はもうどうにもならない。

５．私には居場所がない

私はいつもみんなから孤立していて，異質な存在で，なじむことができない。世界のどこにも私の居場所はない。私は何にもどこにも所属していない。周りの人がどうかということとは関係なく，いつもそう感じる。

６．私は怠け者だ

私は，自分をコントロールしたり，律したりすることがまったくできない。すぐに挫折して，何もできていないことの言い訳ばかりで，努力や困難や責任を避けてしまう。「疲れた」と思ったら「もう何もしなくてよい」ように感じてしまって，「こんなことはしたくない」と思ったら，それをやらないことが自分にとって一番大切なことになってしまう。

７．私は他者の承認なしには何もできない

私にとっては，他者の承認や評価を得ることがほかの何よりも重要なこと。他者の意見や反応にひどく依存し，自分の言動がその影響を受けていることには気づいている。でも，もし他者が自分を承認してくれていないとしたら，私は何もできなくなってしまう。

８．私は何もできない

私は誰かに頼ってばかりで，日々自分がやらなくてはいけないことをやる能力がない。一人でできることなんて何もない。「できない」と思ったら，「でき

るかも」と思うことはなく，「やってみよう」ともせずに，まったく文字どおりに「できない」。どうすればよいのかわかっていることであっても，誰かにどうすればよいのか教えてもらいたくなって頼ってしまう。

9．私には必ず悪いことが起こる

私は悲観的な人間。いつも人生のネガティヴな側面に焦点があたり，よいことや楽観的なことは見落としてしまう。私には常に最悪なことが起こって，確実に将来がネガティヴなものになることは避けられないと思っている。ほかの可能性についてはまったく考えられない。物事はうまくいかないか，もっと悪くなるしかないに決まっている。

10．私は"ハイ"だ

私はエネルギーに満ちていて，何でもできるように感じる。まったく疲れを感じないので，適度をはるかに超えたことができる。1000個ものアイディアや企画を出すことができて，そのすべてに興味をもっている。私は多幸感にあふれていて，何でも引き受けられる。時には自分はやりすぎの状態で，かなり過覚醒になっていることはわかっている。

11．私は自分を恥じている

私には欠点があり，不完全で劣っている。もし他者が私の本当の姿を知ったら，私を嫌うだろう。私は自分の内面を見せられないし，感じていることは隠さなければいけないと思う。

12．私は脆く傷つきやすい

私は人生に立ち向かうことができるかどうかわからない。あらゆることが自分に影響を与えるので，その衝撃に持ちこたえることができないように思う。私は小さくて弱い。誰かが簡単に私を破壊することができたり，病気であっさり死んでしまったりするような脆さを感じるので，自分を悲観してしまう。

13．私は無力で守られていない

私は，自分を守るものを何ももっていない。もし誰かが私を傷つけたいと思ったなら，それを防ぐためにできることは何もない。私は危険にさらされていて，自分を守る方法はなく，私を守るために誰も何もしてくれない。

14．私はとらわれている

私は身動きがとれない。蜘蛛の巣にとらえられたハエのように，ここから逃

れることができない。激しい感情がわいてきてしまい，ほかの手段を見つけることができない。私は閉じ込められていて，麻痺しているみたい。選択肢があることはわかっても，選択することができない。

15. 私は混乱している

いったい自分が何を感じ，何を考えているのかわからない。自分自身を疑うことは簡単。自分の感情だけでなく意見さえも頻繁に変わる。大半の時間，考えることができず，実際にボーっとしてしまい，自分の周りで何が起こっているかわからない。時々，私の頭は混乱して，どうすればよいのかわからなくなる。

16. 私は他者なしには存在できない

私は他者の存在なしに幸せになることはできない。もし置き去りにされたら，暗い穴の中に崩れ落ちてしまったかのように感じる。他者なしには，自分はバラバラで空っぽに感じる。誰かがいないと，私は存在できない。孤独感は耐えがたく，苦しみを与える。他者が離れようとすると，私は死んでしまいそうになるので，死にものぐるいでしがみつく。

17. 私は拒絶されている

私は「みんなが私を拒絶する」「誰も私を好きではない」といつも考える。受け入れたくないと思うような性質を，私がもっているのだと思う。軽蔑されたり，外されたりするときの相手の動作はすぐにわかる。そういうサインを見逃さないようにするために，周囲のまなざしや話し声や態度にいつも意識を向けている。

反応の連鎖を防ぐ

反応の連鎖とは

これらの感情状態はコロコロと変わり，その反応の連鎖を引き起こします。ちゃんと注意を払っていなければ，最後の状態にしか気づけないでしょう。反応の連鎖が起こっていることを理解できたとしても，まるで止めることのできない台風を見ているかのように，無力さを感じます。もしこのプロセスに気づき，何が引き金なのかを特定し，何が最初にわきあがってくるのかということ

がわかったら，この自動反応の状態はより内省的なものになり，このことが変化の出発点となります。

　たとえば，ある人が，いやな気分になって外出し，記憶がなくなるまでお酒を飲んだとします。そのあとで，またやってしまったという罪障感でひどい気分を抱えます。しかし，そもそも最初に何があったのでしょう？　覚えていないこともよくあります。だから振り返ります。

　「えーっと。2日前はとてもうまくいっていて，長い間，繁華街には行っていませんでした。そのあと徹夜した日があったなぁ……その日に何があったかな？　実際のところ，普段と変わったことはないけど。うーん，そうだ，妻と口論したかも。でもまあ，いつものことだけど」

　ここでこのことを考えるためにほんの少し立ち止まり「妻との口論のあと，どのような感覚が残っていたのか？」「妻との口論のことを考えたとき，心の中に何が最初に浮かんでくるのか？」などを自分に問いかけます。立ち止まって，少し時間をとって考え，記憶を辿ります。そうすることで，妻が「あなたはお義父さんそっくり」と言ったときの顔を思い出しました。

　その父親がアルコール依存症で，自分の母親を苦しめていたとしたら，この妻の発言により，夫はひどく非難されたように感じます。それは一番感じたくないことなのです。子ども時代の体験の記憶は，痛みを伴いながら活性化され，脆くて傷つきやすい自分を引っ張りだします。配偶者からの拒絶は，承認欲求の引き金ともなります。子ども時代，子どもなら誰もが求める親からの承認と愛情を得ようして失敗し，父親から自尊心をひどく傷つけられ，軽蔑されたときから，この承認欲求が心の中に育ちはじめます。

　これらの感情は，強烈な怒りと恐怖に対する防衛反応を引き起こします。身体のシステムは，感じている苦痛と闘おうとし，「現在の状況」と「リンクしている過去の記憶」の両方から逃れようとします。しかし，憤りを抱えていることを自分に認めることができません。なぜなら，この憤りは自分を受け入れなかった父がもっていたものでもあり，父のようにはなりたくないと思っているからです。逃れることのできない家庭環境の中で悲鳴やどなり声にさらされてきたことで，恐怖もまた遮断されています。

　もはや今では，いろいろな選択肢をもっているはずの大人であるにもかかわ

らず，引き金によって，まさに子どもの頃に感じていたように感じてしまうことになります。その引き金は「妻の顔」で，連鎖的に「子どもの頃の弱い自分」が喚起され，親に気に入られようとし，そのあとで怒りと恐怖がわき，最終的には感情を遮断するのです。

　最初の感情を麻痺させ，それに続く反応を止め，他者の拒絶を引き起こしたことに対する自罰のために，飲酒に向かうのかもしれません。あるいは，怒りを抱えたときの，父親の典型的な反応を再演するという意味で，飲酒に向かうのかもしれません。アルコールが身体のシステムに影響を与えるときには，感覚をある程度低下させるので，飲酒は非常に曖昧な感覚を生じさせます。そのため，もはや何も感じなくなるのです。しかし，アルコールから醒めたとき，二日酔いや寝不足に加え，偶然にではなくまさしく「父親がしていたことと同じことをしてしまった」というとてつもない罪悪感のために，身体的な不快感でいっぱいになります。自動反応の連鎖が，逆説的に，最もいやなところへと導いてしまいます。

どうすればよいのか

　現在の感情状態が過去の感情状態につながっていることがわかったら，自分自身を評価することはやめて，その自動反応こそが問題なのだと理解することができます。その問題によって生じている苦しみはあまり変わらないかもしれませんが，そうすることで見通しをもって状況を変えていくことができます。そのためには，「反応の連鎖」を変化させていく必要があります。今では大人になっているわけですので，その状況から離れるゆとりをもつことができます。たとえば，口論が激しくなりすぎる前にやめることもできます。

　あるいは，こんな方法もあります。「そういう言葉を聞くと自分はどのように感じるのか」をパートナーに伝えるために話しあうのです。もしパートナーが，自分の言葉が相手を傷つけていたのだと気づけば，「自分たちは何を守ろうとしているのか」「問題はいったい何なのか」を理解しようとするでしょう。ここでは，正直な気持ちでいることが大事です。思っていることをちゃんと相手に伝えることによって，"免疫"がついて，他者を満足させなくてもよいのだと思えるようになります。このことは，自分を無力に感じることを防ぎ，傷

つきから保護し，他者が自分を傷つけることをやめさせ，自分で自分を傷つけるようなことをしないでいられるようになります。

　ほかにはこんなことも可能です。想像の中で，心の中の"無力で小さい子"の気持ちを聴いてあげ，"その子"が「なぜ常に他者を満足させなければならなかったのか」を理解するのです。

　ちゃんと立ち止まって，自分の中で活性化している感情が「過去の何とつながっているのか」を観察することに慣れてくると，「自分に起こっていること」を内省する能力が向上します。それにより，自動反応を意識してコントロールすることができるようになるのです。「自分を責めるのではなく理解する」という意志をもって，一定の距離を保ちつつ，自分を観察し，見通しをもって心の状態の変化を眺める能力は，それ自体が感情をコントロールするための強力な道具となります。このことに取り組んでいくと，その効果はゆっくりとですが，確実に現れます。

　同じ人であっても「反応の連鎖」は，かなりさまざまな様相を呈します。さまざまな引き金がいろいろな感情状態を活性化させますが，たいてい「頻繁に生じているもの」があります。それが，最初に取り組まなければならないものです。単純に，この"鍵"ひとつで変化が生じると期待すべきではありません。重要なことは，立ち止まって，自動反応について詳細に理解し，どのように過去の記憶にリンクされているのかを振り返ることです。

　「反応の連鎖」を認識できるようになると，症状にかかわらず，前述した感情状態のリストが役に立つでしょう。さらに同じ反応が生じない限り，自動反応による行動はすでに止まっているはずです。もし"振りつけのステップ"のひとつを修正したら，次のステップはもうすでに同じものにはならないのです。ある程度時間が経過しないと，大きな変化には気づかないものですが，状況の改善を求めるのであれば，責任をもって取り組まなければなりません。「（過去には）何も起こっていない」「それは重要なことではなかった」と思い込むことや，自分に対する後悔や怒りは，何の役にも立たないのです。

第6章
身体の声を聴く

ある種の記憶は，私たちの中に存在している。
心と身体はそれぞれ固有の性質をもっている。
オノレ・ド・バルザック

感情と身体の関係

感情制御における末梢神経系の役割

　生活の中の知恵のほうが神経科学の先を行っていることがよくあります。一般に「心労が多いと心臓が悪くなる」とか「腸には感じる力がある」などといわれています。心理学が思考と認知に関する研究を重視してきたのと同様に，長い間，神経系に関する研究は脳に焦点をあてていました。それによれば，認識が感情を生みだすということになります。実際には，認識は感じ方そのものにも影響を与えるのですが，このことは「内的状態を調整して外界に適応するプロセス」のごく一部に過ぎません。

　ステファン・ポージェス[*12]は，感情制御における末梢神経系の役割の重要性を説いてきました。感情状態と周囲の環境への適応反応は，身体と脳の間の流動的な相互作用によって，適切に調整されています。このシステムでは，末梢神経が2つの主要な領域，心臓と内臓，胸部と腹部をカバーしています。実際，消化器系に関連する神経構造との関連性は最近の研究でさらに重要になり，いくつかの複雑な機能は解明されはじめています。

　消化器系は，体内のほかの臓器よりも多くの神経終末をもちます。心理的状

---

*12　Porges の基本的な論文は，以下の書籍にまとめられている。
Porges, S. W. (2011) *The Polyvagal Theory: Neurophysiological Foundations of Emotions, Attachment, Communication, and Self-Regulation.* Norton.

況が胃と腸の機能に影響を与えることは，すでによく知られています。同様に，腸内フローラをも含む消化器系が，精神状態に影響を与える可能性があることも示されてきました。過敏性腸症候群は非常によくみられる病気ですが，この脳と身体のつながりとその不均衡に関連しているといわれています。[*13]

　もうひとつの非常に重要なシステムは，心臓です。心臓も多数の神経終末をもち，そしてその機能は，単に臓器に血液を送り込むということを超えています。特に心臓と呼吸との間の相互機能は，末梢神経系の調整を通して脳とつながります。休息しているときでさえ，心臓は規則的に鼓動し，心拍数は呼吸とともに変化します。もし心拍が柔軟に変動しなければ，感情や身体の状態は悪化するでしょう。これは心拍変動またはHRV[*14]と呼ばれ，同期が取れていないときには，改善のために訓練することができます。実際，HRVトレーニングは多くの医学的および心理的問題の治療において役立つことが実証されてきました。

自分と身体との関係性

　感情の状態に注意を向けるのと同じように，身体が示している情報に耳を傾けることもまた重要です。人生早期のあるいは長期にわたる逆境体験によって，自分の感情とその自動反応に苦しめられることになりますが，「身体とその感覚との葛藤」をも抱える可能性があります。子ども時代に愛情に満ちたスキンシップや「抱きしめてもらう」などの身体的な愛情体験がないと，のちに自分の身体とのつながりが希薄なものになってしまいます。その結果，自分の身体は喜びや幸せにつながるものではなく，問題やいらだちの源であるとみなされてしまうのです。心地よい身体感覚よりも不快な身体感覚に注意が向き，それ

---

*13　Marchantは，身体と心が互いにとのように影響しあうのかを，以下の書籍で述べている。おもしろく読みやすい本である。

Marchant, J. (2017) *Cure: A Journey into the Science of Mind over Body.* Broadbooks.

*14　HRVは心拍変動（Hearth Rate Variability）を表す。HRVとその臨床的応用に関する研究は，MossとSchafferの以下の書籍にまとめられている。

Moss, D. & Schaffer, F. (2016) *Foundations of Heart Rate Variability Biofeedback: A book Readings.* Association for Applied Psychophysiology and Biofeedback.

に気づくと，その身体感覚をどうやって調整すればよいのかわからないので，逆に不快感を強めることになってしまいます。

それに続いて起こりうることは，身体感覚を遮断してしまうということです。なぜなら，身体感覚を感じることを学んでこなかったとしたら，身体が示す信号は非常に強いので，それに耐えられなくなってしまうからです。一度身体との接続が失われると，不快があっても，そのことに気づけません。そのために，身体の状態を変えることができず，結果として身体的な病気になってしまいます。身体を遮断していると，たとえ痛みや不快感に気づけたとしても，この痛みと実際に今起こっていることとの関係を理解することも，過去に起こったことと結びつけることもできないのです。

他者との相互作用と身体

乳児と親の相互作用

前述したように，脳と身体との関係の基礎は，人生早期の数年の間に確立されます。赤ちゃんが泣いているときには，赤ちゃん自身は，自分に何が起こっているのかわからないし，自分では何もすることができません。「不快感に共鳴し，求めているものを理解してくれる」大人の存在に，赤ちゃんは依存しています。親は「ねんねの時間だよ。眠くなっちゃったね」とか「お腹空いちゃったね。はいはい，ミルクよ」などと声をかけることでしょう。この場合，赤ちゃんの身体のニーズを，大人が「適切に」汲みとっていることが前提になります。このような関わりの中で，赤ちゃんは自分に何が起こっているのかを理解し，自分の身体のニーズを満たすためにどうしたらよいかを徐々に学びます。また，お腹が空いても次の食事まで待つことや，睡眠などの生活リズムを一定に整えることなどにより，必要に応じて欲求の充足を遅らせることも学んでいるのです。

大人が赤ちゃんを理解できないとしたら，赤ちゃんも大人を理解できません。大人の関わりが混沌としたものであれば，赤ちゃんは自己を組織化するモデルというものをもつことができません。赤ちゃんのサインを大人が誤って解釈したなら，赤ちゃんは混乱します。たとえば，赤ちゃんが泣くたびに「泣きやま

せることを目的として」ミルクを与えたなら，赤ちゃんは不安をやわらげるために「食べ物に頼る」ことを学びます。子どものときに自分の側の不快を無視され，「たいしたことじゃない」と反応されたなら，自分の感情が「どのような感情で，どのような意味をもつのか」を学ぶことはできないのです。そうなると，激しい感情に襲われて打ちのめされてしまうような，よほどの状況にならない限り，自分の感情に注意を払わないようになるでしょう。

　子どもが体調を崩したときに，大人から「グズグズ言わないで」と言われたり，叱られたり，笑いものにされたりしたなら，単なる風邪による体調不良にも持ちこたえられなくなったり，あるいは反対に，具合が悪くても休めなくなったりするでしょう。子どもが病気になったときに，親が必要以上に強い不安を抱えたならば，子どもは病気に伴うすべてのことを，常に大きな不安とともに経験することになります。病気のとき以外には，日常的に親から適切なケアを与えられていない状況にあれば，情緒的な支えを必要とするときには，無意識のうちに病気になる傾向をもつでしょう。ある特定の状況下では常に，脳は，類似の過去の体験の中で自分の周囲の人がどのように反応したのかという“記録”を参照しにいくのです。

身体を拒絶する反応

　身体に困難を抱えれば，時に身体に対する拒絶反応が発達してしまいます。たとえば，もし大きな火傷を負ったなら，火傷の回復には時間がかかり，激しい痛みが伴うので，身体の感覚を遮断する必要が生じます。そのため，時が経っても「どのようにして身体の感覚を感じる能力を取り戻せばよいのか」がわからなくなってしまいます。また，何らかの身体的な問題や障害があって，そのために他者からバカにされるという体験をしていたとしたら，「自分の身体の有り様を自分で否定する」ことになるかもしれません。直接，身体に攻撃や虐待を受けてきた場合には，身体感覚とつながることは「恐怖，嫌悪，羞恥の感情を喚起させ，思い出したくないその状況の記憶を思い出させる」ことになります。

　身体に対する拒絶反応は，「自分を好きになれない」「自分には価値がないと思う」ということの表現でもあります。自分に対する劣等感，不全感，無価値

感，侮蔑感などでいっぱいになると，鏡で自分を見ることがいやになり，見ることができなくなることもあります。不快に陥ったとき，あるいは，鏡に写った姿に自分の中のいやな部分や嫌いな特徴が見えたとき，拒絶反応は起こります。必ず起こる場合もあれば，特定の場面だけで起こることもあります。時に，この状況は極端になることがあり，そういうときには自分を自分だと認識できなくなります。鏡に映っている自分を見ても，「私ではない」「自分だとは思わない」と感じます。

慢性ストレスと身体疾患

心理的問題なのか？　身体疾患なのか？

　心にとどめておくべきもうひとつの問題は，感情の点において深刻な衝撃を受け，そのまま慢性的なストレス状態にさらされると，その結果として，身体的な病気が発症する可能性があるということです。臓器を支配する自律神経系とさまざまな機能を調整するホルモンに対するストレスの影響については，感染から身を守る免疫系と同様に，多岐にわたる研究が行われてきました。ストレス状況はさまざまな病気を引き起こし，症状の経過に影響を与えます。身体的な困難を抱えたとき，そのことから生じる感情というものに目を向けず，その感情が生活や人間関係にどのように影響しているのかに配慮しないと，医学的な治療を何年行ったとしても，効果がないばかりか，短命につながるということがあるかもしれないのです。

　薬が効かないと，医者は「心理的問題」と言いますが，そう言われると，多くの人が不快な気持ちになります。身体の不快感や痛みは実際に存在しているのに，「心理的」という言葉は，「（症状がないのに訴える）心気症」とみなされていることを意味するからです。残念ながら医者というものは，心身症，転換性障害，身体表現性症状などのすべてに，心理的要因が重要な役割を果たしていることを，必ずしも適切に理解しているわけではありません。専門家が，このような患者さんに「異常ありません」と言うのはめずらしいことではないのですが，実際に体調が悪くて困っている人に対して失礼なことだといえるでしょう。

ACE研究が示したこと

　トラウマ体験から引き起こされる身体的問題は非常に多様です。数年前，数千人を対象に「子ども時代の逆境体験の影響」に関する研究（ACE研究）が行われました。逆境体験のうち4つ以上を体験した人々は，がんまたは心臓病にかかる可能性が2倍以上でした。医学的説明のつかない身体症状も多くみられ，逆境体験の数が多ければ多いほど，症状の数も多かったのです。トラウマの数が多い人ほど，喫煙が多く，太りすぎで，運動量が少なく，肺や腎臓の病気や骨折，その他の多くの健康上の問題を抱えていました。逆境体験がいろいろな病気の発症につながるその経路はさまざまですが，おそらくストレスの直接的な影響と，健康を守るための自己管理やきちんとした生活習慣の乏しさによるものといえるでしょう。前述したように，本来自分を大切にする方法は，子どもの頃に大切にされた経験から学びます。それは，自分の身体を大切にすること，感情を調整することに影響を与えるのです。

　いずれにせよ「何がどうして起こったのか」を見極めるときには，感情，認識，身体感覚を考慮する必要があります。心理的問題と医学的疾患の両方を理解し，治療は身体的側面と心理的側面の両方をカバーする必要があります。

身体とのつながりを回復する

　これまで身体感覚を心地よく感じたことがなく，身体感覚を表現する言語を認識してこなかったという可能性も十分にあります。また身体感覚は，感じたくない感覚や感情を反映している可能性があり，「忘れてしまいたい瞬間」や

＊15　ACE研究（The Adverse Childhood Experiences Study：子ども時代の逆境体験に関する研究）では，小児期や青年期におけるさまざまな逆境（身体的虐待，心理的虐待，性的虐待，ネグレクト，喪失，母親への暴力の目撃，同居する家族メンバーの誰かがアルコール依存症・薬物依存症・精神障害だった，または自殺したり投獄されたりした）が，どのように精神状態に影響するかを分析した。これらの逆境体験は，非常にさまざまなタイプの精神障害および身体疾患に累積的な影響を及ぼすことが科学的に示された。この研究成果に基づき，多くの出版物が刊行されている。
Bellis, M., Hughes, K., Hardcastle, K., Ashton, K., Ford, K., Quigg, Z., & Davies, A. (2017) The impact of adverse childhood experiences on health service use across the life course using a retrospective cohort study. *Journal of Health Services Research & Policy*, 22(3): 168-177.

「存在してほしくない自分の中の"部分"」を思い出させます。一般には，自分を苦しめている身体的な病気を克服するために力を尽くしていたとしても，この苦しみと現在または過去の不遇な状況との関係には気づかないものです。

　自分自身と和解していくプロセスには，身体とのつながりを回復することも含まれます。ここで述べてきたような状況では，なおのことです。感じること，その感覚を眺めること，そしてその感覚を表現する方法を再学習する必要があります。ポジティヴな感覚もネガティヴな感覚も，感情と思考の有り様によって変わります。明確な生物学的原因を伴う身体的な病気でさえ，さまざまな生活上の要因や内的な心理的プロセスによって，進行が早まったり，悪化したり，耐えがたい苦痛を与えたりする可能性があるのです。

どうすればよいのか

自分の身体感覚に気づく

　最初のステップは，気づいていることを静かに観察することです。最初は「何も感じない」と思うかもしれませんが，ちょっとの間，集中して感じてみましょう。

　「姿勢に意識を向けてみましょう」「どこに，どのように体重がかかっていますか？」「地面にくっついている足にかかっている圧力を感じてみてください」「一番温かく感じるのは，身体のどの部分ですか？　一番冷たく感じるのはどの部分ですか？」「緊張しているのはどこでしょう？　リラックスしているところはどこでしょう？」「一番重く感じるのは身体のどこでしょう？　一番軽く感じるのはどこでしょう？」「楽しいと感じるときの感覚をくわしく説明してみてください」「いやな感覚を引き起こすサインやそのサインの特徴に気づく必要があります。あらかじめラベルをつけたりせずに，良いものなのか悪いものなのか，何を意味しているのかなとも決めつけないで，感じているいろいろな感覚に意識を向けてみましょう。自由に感じるままに，そのままにしてみます」

　このように集中することで，これまで気づいていなかった感覚を発見し，自分が何を感じているのかをより深く理解できるようになります。身体の中に不

快感があることを自覚したときには，拳を握り締めたり，足を上下に動かして
みたりして，不快から逃れるために身体を動かすことを意識してみます。ただ
わずかな感覚に意識を向けて，感覚の流れに身を任せてみると，その感覚は変
化していき，不快感が減少したり消えたりすることもあります。

　あるいは，頭の中にある"思い"に注意を向けてみて，その"思い"が感覚
にどのような影響を与えているのかを考えてみます。たとえば「感じることなん
てできない。感覚なんてどこかに消えてほしい」「身体感覚とつながるなん
てことはやめたい」といつも思っているとしたら，結局は混乱して，鎮まるとこ
ろか不快感が増大してしまうことに気づくでしょう。

自分の身体感覚をいたわる

　身体とつながる経験は，自己への気づきを高めるとともに，幸福につながる
経験となるに違いありません。「自分の感覚とともに，ただ座ること」を学ぶ
ことが，その練習になります。不快に気づいたら，身体のどこでその不快を感
じるかを意識します。

　そして，そこに手を置きます。強く押したり，その感覚を払いのけようとし
たりしないで，いたわるようなつもりで手を置きます。仔犬や仔猫，あるいは
赤ちゃんなど，慈しみの感覚を引き起こすようなものを想像して，そこに手を
置いていることをイメージします。

　そして自分が，動物や赤ちゃんをいたわっているところ，「一人じゃない
よ」「大丈夫，よくなるよ」と辛抱強く語りかけているところを想像します。
不快な感覚は，時には長く続くものだということを踏まえて受け入れ，その感
覚を変えようとしたり，ないものにしようとしたり，抑え込んだり，イライラ
したりせずに，ありのままに，今ある感情とともに座るのです。

　リラクゼーションは，練習して到達することができる目標のようなもので
ありません。むしろ，回避や抑圧の防衛を使わずに，感覚に持ちこたえること
を学ぶこと，親が子どもを大切にするように，自分で自分の感覚を大切にする
ということなのです。

練習するための方法

落ち着いていて，今は不快を感じていないことがはっきりしているときに，心臓の上に手を置き，鼓動のリズムを知覚することに意識を向けることが，ある種の練習になります。

また，手を胸の上に置いて，呼吸の深さや速さを観察することもできます。もし呼吸が浅くて速い場合には，意識的に変化させることで，自分自身をコントロールすることができます。ゆっくりとした呼吸に関心を向けて，吸うときよりもゆっくりとはきだします。呼吸に意識を向けるときには，一生懸命やると緊張してしまうので，気軽に，自然な気持ちで行いましょう。そして，お腹に手を置き，お腹の感覚に意識を向け，呼吸のリズムでどのように動くのかを観察します。

不快な感覚の存在によって，「起こっていること」と内的プロセスとの間の無意識的な自動反応を理解することができます。第5章で説明した感情状態，およびこれから説明する防衛反応に加えて，これらのさまざまな心理的要因が連続して生じるので，こういうことが「起こっている」と十分に理解しない限り，自動反応はさらに活性化してしまいます。「自分に何が起きているのか」に気づけば気づくほど，感覚を修正する能力は高まります。

第7章
感情の制御を学ぶ

表出されない感情は決してなくなりはしない。
生き埋めにされた感情は，のちによりやっかいな形で出てくることになる。

ジークムント・フロイト

4人の少女と母親とのコミュニケーション

4人の少女が走りまわって遊んでいます。そこでつまずいて転んで，ひざを
すりむいてしまいました。

スザンナ

5歳のスザンナはひざから血が出ているのを見て，泣きながら家に帰りまし
た。スザンナの母は「あらあら，かわいそうに，痛かったね。こっちにおいで。
おひざをきれいにして，絆創膏をはろうね。はいはい，これはさすがに痛かっ
たね。こっちへ来て，ママのおひざに座って」とやさしく言います。すると，
まもなくスザンナは気分を持ち直し，また退屈して外に出て遊びに行きたくな
ります。もし母が「まだおひざ，痛い？」と聞いたら，おそらく「大丈夫」と
言って，外に飛びだしていくことでしょう。

マリア

マリアもひざから血を出して，家に帰りました。マリアの母はキッチンにい
ます。母は一日中，働きづめで疲れきっている様子です。マリアは，心の中で
「こんな怪我はたいしたことじゃないから，ママに迷惑かけちゃいけない」と
自分に言って聞かせます。母は，今やっている作業を終わらせることで手いっ
ぱいになっているので，娘の様子に気づかず，「手を洗ってきて。ほら，夕食

の時間よ」と言います。

ローラ

　ローラが泣きながら家に帰ると，泣き声を聞きつけたローラの母が，道路まで走って飛んできました。母はローラの泣き声を聞くと，何かすごく深刻なことが起こったのではないかという思いにとらわれてしまうのです。母はローラを見るなり，腕をつかみ，苦しそうに叫びます。「いったい何回注意すればいいの！　あなたのせいで，心臓が止まりそうよ！　さあ，家に入って」。ローラはうろたえて，まだ泣き続けています。母は「ほら，泣きやんで。このくらい何でもないことよ……泣くのをやめて。これ以上，ママを悲しませないで」と言います。

テレサ

　テレサは，転んでしまったことで，おびえて泣きやむことができずにいたので，家に帰れずにウロウロしていました。家に帰ると，「泣くんじゃない！　もっと痛い目にあいたいの⁉　転ぶなんてまったくドジなんだから。ちゃんと前を見て歩かなくちゃダメでしょ」と母に言われるからです。

心の基礎としての親子関係

　養育環境の良し悪しは，特別な出来事というより，こういった小さな日常のコミュニケーションと深く関係しています。自分と周りの世界を直感的にどう理解して，自己イメージを作りあげるのか，このことはまったく無意識のうちに，このような日常的な相互作用の影響を受けています。自分のことを心の中で「どう思うのか」，つまり，自分についての"ものの見方"は，親という重要な存在が「自分のことをどう見ていたのか」ということを"手本"とします。

---

*16　Siegel は，以下の著書の中で，養育者と子どもの相互作用と，脳の中における感情の発達との関係について，すばらしい説明をしている。どのように感情制御が学習されるのかについての読みやすい本である。
Siegel, D. J. (2012) *The Whole-Brain Child: 12 Revolutionary Strategies to Nurture Your Child's Developing Mind.* Random House.（森内薫訳（2012）『しあわせ育児の脳科学』早川書房）

このような子ども時代の親との関係性は，将来大人になってから，自分にとって重要な人と「どのような関係性を築くのか」ということに関する「テンプレート」になるのです。

　"基礎工事"が不十分であれば，完成した建物はグラグラします。だから，しっかりとした基礎を築くことからはじめることが必要です。問題を解決するためにさまざまな治療やセラピーを試みても，ちっとも変化できないということがよくあります。時にそれは，"屋根から下に向かって家を建てている"ことが原因で起こる問題です。自分で自分を慰めたり，感情を調節したりする方法は，少なくとも部分的であったとしても，ほかの課題に取り組む前に獲得されるべきで，そうすることで着実な変化が可能になります。

４つの愛着スタイル

　まずは，ここで述べた４人の少女のエピソードを通して，養育環境が精神機能にどのような影響を与えるのかをくわしく説明していきます。[＊訳注2]

スザンナ（安定型の愛着）

　スザンナは恵まれているといえます。"どのような家庭に生まれるか宝くじ"で，"安定型愛着スタイルの母という懸賞"があたったようなものです。親子の相互作用の詳細をみていきましょう。

　まず，スザンナの母は，スザンナが不快な気持ちになっているということをそのままに認めています。だから，実際にスザンナがどのように不快なのかをつかむことができます。このことは，おそらく「子どもがありのままの気持ちで泣く」ことができ，母も「子どもの泣き声に持ちこたえられる」ための条件でもあるでしょう。次に，母は怪我を見て，傷を洗い，気持ちを受け止め，手当てをします。子どもにとっては，絆創膏は「痛いとこにチュ！　まだ痛ければ，もう一度チュ！」という昔ながらの声かけとともに，[＊訳注3] 痛みを取ってくれる

＊訳注2　日本人の親子関係の特徴は，監訳者あとがきに解説した。
＊訳注3　日本では「痛いの，痛いの，飛んでいけー」がそれにあたる。

ものなのです。大人から「おいで。かわいそうに。おひざに座って」と言われ，遊び心のあるやりとりをしているうちに，心地よくなってきます。母に抱かれると，痛みは軽くなり，だんだんに泣きやんで，不快は消えていくのです。

　スザンナの母が「何をしたか」だけでなく，「何をしていないのか」に注目することも重要です。スザンナの母は，転んだこと自体を叱ったり責めたりしていません。過剰に心配しすぎることもなく，母自身の感情ではなく娘の感情に焦点をあてています。「娘が痛がって混乱している」という事実を無視していません。

　このような経験は，「自分がどのように感じているのか」を自覚し，落ち着いて自分の感情を評価し，感情を調整することを学ぶための"手本"になります。感情の制御とはこういうことなのです。感情を表出した結果，どういう反応が返ってくるのかということを通して，コントロールするために必要なリソースが開発されるのです。

　もしスザンナが繊細な気質をもっていて，普通の子に比べて，おびえや不安が強かったり，衝動性が高かったりしたとしても，それは問題にはなりません。なぜなら，ここで述べた基本的な関わりが親子関係に備わっていれば，成長するにつれて，うまく適応できるようになるからです。すべてが環境要因に依存しているというわけではありませんし，人はみんな特定の遺伝的素因をもっています。しかし今日では，それらの遺伝的素因が人格を形成していくにあたって，環境というものが大きく影響を与えることが明らかになっています。

マリア（回避型の愛着）

　では，マリアの場合はどうでしょう。マリアのケースでは，何かまずいことが起こったということではなくて，むしろ良質の感情制御を学ぶために必要なことが「何も起こらなかった」ということを見ていく必要があります。母は，単にあまりにも疲れているという理由で，叱ることも罰することもしていません。マリアに関して言えば「泣き叫んで，母の関心を得る」ことをしていません。この行動は典型的なパターンを示しています。この愛着スタイルは，「回避型」と呼ばれています。

　よくない体験をしたからと言って，すぐにトラウマになるわけではありませ

んが，自分の感覚というものに注意深く目を向ける感情のエネルギーがないと，感情について学ぶべき多くの機会を逃してしまうことになるでしょう。マリアは「『自分の気持ちを受け止めてもらいたい』という願いなどは重要なものではない」と自分に言い聞かせ，あたかも「そんな願いはそもそももっていない」かのようにふるまいます。マリアはおそらく「自立すること」「自分の感情を抑えること」，そして「困っているときにも他者を頼らないこと」を学ぶでしょう。

　人は他者の助けなしには生きられないので，これはマリアの大切な心理的サポートを奪ってしまうことになります。時には，一人でできることもあるでしょうが，誰かに頼れば，もっと楽にエネルギーを消耗せずに済むこともあるのです。常に他者の助けを受けることがなければ，遅かれ早かれ，精神的に消耗して心理的・身体的症状を発症するでしょう。「自分が感じていること」を理解するための手がかりがなければ，症状に気づいたとき「それが何を意味しているのか」「どこから生じているものなのか」を理解できないのです。

ローラ（とらわれ型の愛着）

　ローラの場合はどうでしょう？　ローラの母はローラのことをすごく心配しているので，理論上それはよいことではあるのですが，この感情が大きすぎると，メリットよりも問題が生じてしまいます。「とらわれ型」の愛着スタイルの家庭では，心配は愛情と同義とみなされます。ローラの母は，娘を心配すればするほど，娘を愛していると感じ，もし心配することをやめれば，よい母親ではなくなると考えています。時に，このメッセージはローラにも明確に伝わっており，ローラは常に心配される立場にいなければならず，親の幸せは「ローラ次第」と思わされています。部分的にはそういう側面もあるかもしれませんが，ほとんどの場合，情動的絆の強さゆえのゆがみが生じるといえるでしょう。

　第一に，心配は，密接すぎる関係をもたらします。それは不快感を生みだし，状況をさらに困難にする“BGM”のようなものです。一方では，過剰な負担から自由になりたいと思いながらも，また一方では，親のことを心配し，親の心配を取り除いてあげなければならないという“おなじみの習慣”や道徳的義務

に縛られてしまいます。絆というものはアンビバレンツで，近づきすぎると窒息してしまいます。こうした状況で育った人は，解決不可能なジレンマを感じることがよくあります。もし親と距離をとったら，自分は利己的で，愛してくれた人を愛さない悪い人間になってしまうけれども，もしとどまるとしたら，窒息してしまうというジレンマです。

　第二に，親が絶えず心配をしているという状況は，子どもの自信を育むための助けにはなりません。何をするときにも恐怖心を引き起こすことになるので，可能性を広げるような行動は大きく制限されてしまいます。ローラが次に友達と遊びに行くときのことを，ちょっと考えてみましょう。ローラは，前述した状況のあと，もう転ばないように，すごく注意するようになるでしょう。自転車に乗ったり，木に登ったり，一人で何かをすることを怖がるようになるかもしれません。自分が怪我をすることの心配にとどまらず，ほんのわずかなダメージであっても，感情面では"世界の終わり"であるかのような体験をすることになるので，状況に不釣り合いな恐怖の感覚を抱えることになります。加えて，どんなに軽い事故であったとしても，ローラは母を苦しめたという罪悪感をもつことになります。

　とらわれ型愛着スタイルの子どもたちは，親をどうやったら落ち着かせることができるかを考える傾向があります。なぜなら親は，安全基地であるはずであり，親の混乱は子どもにとってはきわめて危機的なものだからです。当たり前ですが，子どもが大人を落ち着かせるというのは，あべこべの世界です。ローラが大人になると，他者の不快感を過度に負担してしまう傾向をもちますが，実際のところ，それはまったく無意味です。なぜなら，大人は自分を調整する──ことを学ぶ──ことができるからです。自分を大切にできない人を大切にしたり，興奮している人を落ち着かせようとしたりすれば，欲求不満と絶望につながるだけかもしれません。

　このような「心配しすぎる家族」の子どもは，自主性が育ちません。「心配」は，強力な接着剤となり，容易に分離することができなくなるのです。適応するために，子どもたちはそのシステムを取り込んで，依存するようになります。一人で何かをしなければならないときには，大きな不安を感じ，そして常に大人を求めて探しまわります。この愛着パターンは大人になっても続き，

将来のさまざまな関係性を特徴づけることになります。自立した個人になることができず，孤独感，距離感，喪失感などに耐えられないでしょう。他者を自分の一部であるかのように感じ，他者なしには自分は存在しないと実感します。「彼なしに自分は存在できない」「あなたなしには死んでしまう」「彼がいなければ私は空っぽ」といったフレーズは，この感情的な依存を反映しています。他者の存在なしに自分自身というものをイメージすることができなければ，どのような関係性もうまくいきません。この感覚がある限り，あらゆる問題は解決不可能に思えてしまいます。

　この愛着パターンをもっていたとしても，距離を置くことができる人たちもいますが，それには感情的な代償が伴います。短期的には，「とらわれ型」の愛着の絆によりうまくやっていくことは困難なので，距離を置くという選択をすることができます。しかし，目に見えない糸につながれていて，たとえば「電話をかけなかった」「訪問しなかった」「心配していなかった」などの場面で，罪悪感が引きだされてしまうのです。多くの場合，この罪悪感を避けるために，たとえば「ホテルに着くなり母親に電話をする」といった要求に従うことになります。その一方で同時に「40歳も過ぎたのに，母親と一緒にチェックインしなければならないなんて！」と怒りがわきます。人間関係においては，自分に近づいてくる人の様子には非常に過敏になる一方で，内的には依存の気持ちと葛藤し，その気持ちを否認したり拒絶したりします。

　しかしながら，この3番目の愛着パターンの最も問題となる点は，一見ポジティヴに見える言葉のやりとりの部分なのです。「さあおいで。泣かないで。このくらい何でもないことよ」という言い方で，母親はローラの不快感を収めようとしています。しかしながら，この言い方は，不快感は重要なものではなくて，何でもないと感じなければならないというサブリミナル（識閾下の）メッセージを伝えてしまうのです。感覚に気づいて立ち止まることができないと，その感覚は処理されずに，内側に蓄積されることになります。感情を認知するという最初のステップがなければ，後半の調節のプロセスを実行することができないのです。

テレサ（無秩序型の愛着）

　最後に，テレサのケースをみてみましょう。テレサは，転んでしまったことで，恐怖を感じています。おそらく，家でこのあと何が起きるのかを予測しているからです。テレサの母親は脅しを使います。慰めてほしいはずの場所に，脅威の源があるのです。恐怖と愛着が混ざりあうと，関係性はパラドックス（逆説）に直面するので，崩壊してしまいます。[*17]

　前章で述べたように，人間は単体で発達する種ではなく，家庭という関係性の中で発達するものなので，愛着システムは，生命を保護することを目的とした生物学的本能なのです。子どもは，環境から身を守る方策をもっていない存在であるがゆえに，その機能を代行する親と強い愛着の絆でつながっています。しかしこのシステムは，"安全の源"としての親のために設計されているものであって，"危険の源"となる親のためには設計されていないのです。身体的・感情的な攻撃を消化することはできません。

　攻撃といった要因がなかったとしても，脅威を与える親は"保護の源"とはみなされません。したがって，家庭の中にほかに攻撃的ではない人が何人かいたとしても，被害から守ることができない場合には，その人たちも安全な愛着対象として機能することはできません。愛着の機能は満たされず，保護は常に非常に複雑な関係性に関連づけられることになります。一方で，愛情に満たされていないというそのニーズを反映して，「見捨てられている」「自分は愛され

＊17　MainとSolomonは，無秩序型と呼ばれる愛着不全のサブタイプを定義した。Mainによると，無秩序型の愛着では，愛着対象を知覚することにより，おびえの反応が引きだされるという。この行動は，養育者側の内的な引き金によって予期せずに起こるので，この説明不能という特性が子どもに警告を与えるようになる。養育者の姿は，保護を求める場所であると同時に，この無秩序型の反応に示されるような警告の対象にもなってしまうのである。以下を参照のこと。

Main, M. & Solomon, J. (1986) Discovery of a new, insecure-disorganized/disoriented attachment pattern. In T. B. Brazelton & M. Yogman (Eds.), *Affective Development in Infancy*, pp.95-124, Ablex.
Main, M. & Hesse, E. (1990) Parents' unresolved traumatic experiences are related to infant disorganized attachment status: Is frightened and/or frightening parental behavior the linking mechanism? In M.T. Greenberg, D. Cicchetti & E.M. Cummings (Eds.), *Attachment in the Preschool Years*, pp.161-181, University of Chicago Press.

ない」「自分には価値がない」などと感じるようになります。第5章で述べた
こういった感覚は，さまざまな感情面での欠損を引き起こします。これらの感
覚は，他者や自分自身とつながるときに引き起こされる防衛反応に取って代わ
ります。精神的なプロセスは解離され，心はバラバラになってしまうでしょう。

どうすればよいのか

自分に問いかけてみる

　では「大人になったときに自分自身を大切にすることができるか」というこ
とに対して，これらの幼少期の学びがどのように反映されるのかをみていきま
しょう。いくつかの要因を特定することができます。

　自分を傷つけるようなことをしているかどうか。心の中で自分自身を否定し
ているかどうか。常に自分に対して批判的かどうか。害があることがわかって
いるのにしてしまうことがあるかどうか。間違いを犯した自分自身に怒りを感
じるかどうか。自分の身体を大切にしているかどうか。必要なときに助けを求
めるかどうか。他者からの支援を受け入れるかどうか。何らかの活動や肯定的
な関係を求めるかどうか。自分に対する肯定的なフィードバックを心地よく感
じるかどうか。自分の欲求を把握して，それを他者の欲求と同様に重要なもの
だとみなすことができるかどうか。自分の欲求を満たすことができるかどうか。
他者を大切にすることと自分を大切にすることとのバランスが取れているかど
うか。他者に尽くすとき，心の奥底で——無意識に——何らかの報いや感謝を
期待しているかどうか。

自分を大切にする

　これらはすべて，どのように自分を大切にするのかということと関係してい
ます。この点において問題がある場合には，こんなふうに自問してみましょう。
「自分で自分に対してひどい扱いをしている人は，気分を改善するために何が
できるだろう？」このことは，あらゆることの基礎になります。

　たとえどんなに労力が伴うものだとしても，「自分自身を大切にすること」
を学ぶために努力がなされなければなりません。問題を解決するためには，最

初のステップとして「その問題がどのようにして育ってきたものなのか」を，「評価」せずに「理解」することが必要です。「自分で自分を扱う方法は，親が自分を扱った方法と，どのように似ているでしょう？　それをまだ続けたいですか？」今ではもう大人になっているのですから，自分で決めることができます。自分を扱う方法を変えることは単純なプロセスではありませんが，しかし，エネルギーを注ぐことができるなら可能なのです。自分自身の内的なプロセスに気づくことが，第一歩になります。

第8章
私ではない私——断片化されるアイデンティティ

自分自身と闘うことはできない。なぜなら，敗者は一人だから。

マリオ・バルガス・リョサ

相互作用の中で形成されるアイデンティティ

「私は誰なのか」ということをちゃんと深いレベルでわかっている人のまなざしのもとで育つ経験がなければ，自分自身を認識する方法は最初からゆがめられてしまいます。受け入れることができない人格の側面が存在するのは，育てた人がその側面を無視したり抑圧したりしたからです。大人になったとき，その側面は意識の外側で作動してしまい，制御することができなくなります。これらの側面が活性化してしまうと，それらを自分の一部として認めることができず，自分がなぜそんなふうに感じたり，考えたり，行動したりするのかがわからなくなります。そういうときには「それは私ではない。私に何の関係もないし，私の性格とも何の関係もない」と知覚するでしょう。

アイデンティティ，すなわち「自分を誰だと思うのか」に関する定義は，人生早期の"鏡のような関係性"の中で学習され，その後の人生における"重要な人"との相互作用の中で形成されていきます。自分が感情を表出したときに，一緒に生活している人の顔に拒絶を見たなら，この拒絶は内在化されてしまうでしょう。もし感情があふれてくるたびにこの経験が繰り返されたならば，その感情状態に対する拒絶が生じ，自分に対する拒絶もまた繰り返されることになります。

人格の"部分"が自己に同定されない場合とは多少の違いがありますが，弱さと怒りに関連した側面において，このことは頻繁に起こります。いくつか例[*18]

を示します。

弱さや傷つきやすさを嫌悪する理由

弱さへの嫌悪

「時々，無力で無防備，そういう言葉で示されるような感覚に陥る。私はちゃんと強い人間なので，どうしてそんなふうに感じるのかはわからない。職場では，困難な状況に直面しても，まったく問題ない。でも時々，バカみたいにとても悲しくなる。そんなふうに感じることが，本当にいやだ」

承認されなかった悲しみ

　もし子どものときに母親が抑うつ状態にあれば，悲しみを共有することはできないでしょう。悲しみを隠したり，避けたり，うずめたり，否定したりすることになります。悲しみがきちんと認識され，慰めを受ける経験がなければ，"開くことのない門で堰き止められた川"のようになります。誰も見ていないときには泣けるかもしれませんが，泣くと，脳はその状態を母親の悲しみと結びつけてしまいます。大切な親の悲しみを見るのは，子どもにとっては恐ろしいことです。悲しみを抱えた人は，自分の痛みでいっぱいになっているため，子どもの感情を受容するゆとりがありません。物質的なレベルでは子どもを養育する機能を果たしており「何ら不足しているものはない」という状態にあったとしても，「子どもの感情に合わせて共感する」ことができない状態になってしまうのです。悲しみは，人を自分自身の中に引きこもらせ，他者との距離をとらせてしまうので，関係性に依存せずには生存できない子どもにとっては耐えがたいものとなります。

＊18　van der Hart, Nijenhuis, Steele は，人格がバラバラになる性質を記述するために，人格の構造的解離の概念を定義した。彼らはまた，過去の影響を取り除き，これまでとは異なる未来を生きていくためには，自分に起こったことと，それが現在の適応方略に与えている影響について理解することが重要だと指摘している。以下の書籍を参考のこと。

van der Hart, O., Nijenhuis, E., & Steele, K. (2006) *The Haunted Self: Structural Dissociation and the Treatment of Chronic Traumatization.* Norton.

もし子どものときに，悲しみを統合し，受け入れ，調整する方法を誰も教えてくれなかったならば，悲しみを感じることを避けたり，自分自身の中にうずめてしまったりするでしょう。しかし，感じること，見つめること，表出することを許されない感情は，永遠に私たちの中に残るのです。悲しみに関連する記憶は切り離され，そしてバラバラになって処理できないものになります。自分の中の“部分”が，際限のない悲しみを抱えることになるのですが，そのことに気づかずにいられるよう，心の奥深くに閉じ込めてしまいます。この悲しみの“部分”は，その他の経験と混ざりあうことで力を与えられたり，その後の人生の中で支えとなってくれた人との感情的な交流を体験したりする機会がないので，育つことができません。心の奥深くには，存在を否定された“悲しい子ども”が存在しています。

悲しみを抱えた“部分”

　この“部分”との断絶がきわめて強い場合には，その存在に気づかないかもしれません。時々激しい悲しみに気づくだけで，その悲しみがどこからきたものなのかわかりません。その悲しみには，子ども時代に感じていた諦めや孤独感が伴うでしょう。誰にも慰めてもらえず世話をしてもらえない子どものように無力を感じます。「自分は，変化し，決断し，必要なものを見つけることができる大人である」と自分をみなすことができず，自分のことを“小さい”と感じます。まだ“過去のその場所”にとどまっている状態です。自分の「この“部分”を救うこと」「それを再統合すること」そして「悲しみを抱える方法を学ぶこと」によってのみ，悲しみから解き放たれ，そして最終的に「今，ここ」に生きることが実際にできるようになるのです。

　ここで述べたことは「弱さ」や「傷つきやすさ」を遮断する場合の，ほんの1例に過ぎません。自分の「いやな部分」が，生い立ちの中にルーツをもっているということの1例であって，そのほかにもいろいろな可能性があります。もし上記の例に類似したことが起こっているなら，過去の何がつながっているのかを理解することが重要です。

怒りを嫌悪する理由

怒りへの嫌悪

「まるで自分ではないような反応が起こる。まったく自分がやったこととは思えない。特に，自分が愛している人に対してひどい状態になる。それで非常にいやな気分になるが，その反応は，きつく巻かれたコイルのようで，そういうことが起こらないようにすることも，止めることもできない。あたかも怒りが自分をコントロールしているような感じで，それがはじまると，他の人を挑発さえして，すべてを爆破してしまう。これは，私とは関係のないところで起こってしまっている。実際，私はこれまで多くの暴力を経験してきたので，暴力は嫌いだ」

親に対するアンビバレンツな思い

　自分や周囲に対して，"重要な人"が身体的な暴力をふるったり，暴力的な言葉をぶつけたりすることを目撃する体験は，怒りを調整する方法を変えてしまいます。怒り，憤り，激昂などは同じ種類の感情ですが，外界の危害から身を守ろうとするときに本能的な闘争反応として機能します。

　もし主たる養育者や愛着対象となる人（両親，パートナー，のちには自分の子どもたち）から攻撃を受けたなら，愛着と防御の反応が同時に引き起こされるので，適応のシステムは崩壊します。2つの反応が，親密な関係性の中で交互に入れ替わることになるからです。人生の出発点がこのようなものであれば，人格の統合的な発達は不可能になります。子どもは，親との絆を求めるので，このような場合には，怒りを脇に置く必要性が生じます。なぜなら，そうしなければ親との絆を結べないからです。その瞬間にわかっていることは「生存のために必要な安全を得るためには，その人が必要だ」ということだけです。怒りを感じている状態にあれば，この人が情緒的なレベルで自分にとって"重要な人"だとは思えません。このような親に対しては，2つの相反する反応が生じます。「私にはあなたの保護が必要ですが，あなたを恐れています。私はあなたが必要ですが，あなたが嫌いです」。そして，この2面性が他者との関係

性を経験する方法になってしまうのです。他者との親密性に対して深刻なアンビバレンツを抱えることにつながり，親密になればなるほど，恐怖を感じ，反対の行動をとり，嫌悪を感じてしまうのです。

子どもの欲求を抱えた"部分"

「無秩序型の愛着」は，非常に複雑で矛盾に満ちています。愛情と保護を求める欲求が，その関係性の中で満たされることはなく，たとえ満たされたとしても，健全な関係とはいえない状態にあります。「両親やパートナーなしには生きられない」とか「自立した日常生活を送ることができない」と感じるときに出てくる自分の中の"部分"は，子どものときの欲求に固着した状態にあります。さらに，この"部分"を消そうとして拒絶し，遮断しているために，その存在に気づかないでいることもあります。感情的な欲求を否定し，「自分には誰も必要ない」と思い込んでいます。いずれにせよ"内面の子ども"は心の中に残ります。

　興味深いことに，認識されていない"部分"ほど，人生の決定に重要な影響を与えます。たとえば，この非常に初歩的で子どもっぽい愛情欲求からパートナーを選択するということはよくあることで，大人の"部分"が「この関係はうまくいかないかもしれない」と感じていても，そのサインを無視してしまうのです。このことは，あたかも経験から学ぶことができないかのように，「よく似た経歴をもつ暴力的な人と何度も繰り返し関係をもってしまう」といったことがなぜ起こるのか，理由を説明してくれます。ともかく，経験から学ぶことができるのは，大人の"部分"だけなのです。愛情を必要としている"子ども"は，その他の記憶や心から遮断されて「見たくもないもの」とみなされてきたために，学び，成長し，発達することができずきたのです。もしその"子ども"にパートナーを選ばせれば，自分にとってのなじみの範囲の中で，愛情や結びつきに関連して最初に学んだ"型"，つまり「一緒に育った人」と同じような人を探すことになるのです。

制御できない怒り

　また一方で，怒りはほかの記憶のネットワークともつながります。この観点

に立つと，被害に対する警告のサインというものに目が向きます。

　自分の中のこの“部分”は，愛着対象に対して深い憎しみと恨みを感じている可能性があります。怒りは，自分自身や愛するものを保護し守る能力と深く関係しているのですが，怒りには不快が伴います。なぜなら，自分の反応の中にある何かが，愛着対象からの攻撃を思い出させるからです。同じようにはなりたくないので「こんなふうになりたくない」と自分自身に言い聞かせてきたはずです。しかし，身体がどう反応し，何を感じるのかを決めることはできません。怒りを感じることが理にかなっているときには，当然のこととして怒りを感じます。だから，怒りを抱えている側面は活性化されてしまうのですが，怒りを感じている“部分”を自分の一部だと感じられないために，それを拒絶することになり，そのために制御することができなくなります。怒りの“部分”を内側に押し込めようとしてしまうので，この怒りのエネルギーにアクセスしてしっかりと踏ん張り，言うべきことを言い，自分にとって大切なことのために闘うことができないのです。

　矛盾と脅威に満ちた養育環境にあれば，心は別の道を辿ることもあります。被害者と加害者しかいない極端な世界で成長したなら，生存本能は加害者の側がより安全な場所だとみなすようになります。被害者側にいること，憤りや恨みにとらわれること，とりわけ不正を正すことや強いと思うものと争うことを拒絶します。自分の中の弱さや，痛みやそれに対する共感というものを否定します。そうすることが，感情的に破綻することを避ける唯一の方法なので，誰かに依存したくないのです。誰も信用せず，親密な関係を築かず，支配的，権力的，管理的な関係の中でのみ他者と関わることになります。

拒絶された“部分”の暴走

「これは私ではない」という感覚

　乳幼児期の“無秩序型の愛着”が示す筋書きによれば，いずれにしても，精神機能がバラバラになる度合いは極端なものになります。拒絶された“部分”は，敵意の部分であろうが弱さの部分であろうが，背面に存在しており，多かれ少なかれ，その存在に気づくことになるでしょう。しかし，これらの隠され

た"部分"は，内面にいる"愛に飢えた無力な子ども"と"防御的・保護的な怒り"の両方であり，その両方が重要な役割を果たしています。認識されていないこれらの"部分"から何らかの精神的プロセスが生じても，それを自分の感覚，思考，行動とはみなしません。「これは私ではない」「何かが私をコントロールしている」「私は自分自身がわからない」と思います。「こんなのは自分ではない」と思いますが，真実は「感じ，考え，行動するのは唯一自分だけだ」ということです。

親を投影している"部分"

前述したように，自分で拒絶しているその"部分"は，人生における"重要な人物"に類似していることがよくあります。それゆえに，その"部分"に対する自分の反応は，過去のその"重要な人物"に対する反応と関係しています。たとえば，夫から虐待され，父親の暴力から子どもを守ることができなかった弱い母親に憤りを抱えていれば，自分の中の"弱い部分"をも拒絶してしまうかもしれません。過去に痛みや弱さや悲しみの中にいる人を見てきた場合，どういうわけか，その経験と自分自身の痛み，弱さ，悲しみが，別のものとしては識別されないのです。自分自身の怒りを受け入れて，"対立を好まない穏やかな人"でいることもできなくなります。常に自分を過剰にコントロールしようとしているのに，時々突然コントロールを失い，制御不能なほどに爆発してしまいます。このことが起こると，その怒りは，子どもの頃に記憶されたその人物の最も強烈な怒りと似たものとなり，同じようにふるまう自分自身を見ることは痛みに満ちた許されざる経験となるでしょう。

解離する自己

削除したいこれらの"部分"が，常に外在化するとは限りません。怒りは内在化され，冷徹な自己批判や，自分のものとはみなされない思考や内面の声に変わる可能性があります。この"部分"に対する拒絶のレベルや，その"部分"がやがて行動を支配する程度や，その結果生じる複雑な様相は，非常に多様なものとなります。時には，文字どおり，2人の異なる人物がいるかのように感じ，一方の精神状態にある間に起こったことを，もう一方の状態では思い

出せないといったことが起こりえます。もし人格がバラバラになる度合いが大きい状態にあるならば，多くの異なる感情や反応の切り替えが可能となり，そのために自分とは全然違う矛盾した考えに閉口してしまうようなことが起こったり，自分が実際に何を考え，感じ，望んでいるかがわからなくなったりします。

人生は"解くことのできないパズル"になりうるのです。両立できないものを両立する方法が見つからなければ，心は，次に示す"両極端"のどちらかを選択することになります（第18章）。

ひとつの可能性は，"感情のジェットコースター"とともに生きることです。その場合，激しくて制御不能な感情反応が交互に起こりますが，それらの感情反応はそれぞれ非常に異なる性質をもっています。この場合，自己認識も劇的に変化するので「自分は誰なのか」がわからなくなります。その時々で行動は非常に矛盾したものとなるため，状況によっては完全に別人のように見えます。

両極端のもうひとつの可能性は，これらの反応を知覚さえできないほどに抑え込み，常に厳格なコントロールを自分自身に課すことです。鍵をかけられてしまった人格のこの"部分"は沈黙していますが，エネルギーの大部分を消費してしまうか，外に押しだしてしまいます。それらは理解できない衝動，思考，声，感情，または感覚として現れます。これらの症状は，外的要因や遺伝的要因，あるいは未知の要因によって引き起こされる病気からきているのではないかと考えますが，心理的な要因につなげて考えようとはせず，実際のところそう考えることには抵抗が生じるので，人生という物語とどうつながっているのかはわからなくなってしまいます。

第9章
内面の声——自分自身と対話する

> 決断はすべて，頭の中にいる4〜5人によってなされているが，
> その声は見逃されてしまうこともある。
> 尊大な態度だとその声を聴くことはできないが，
> 聴こうとしさえすれば，その存在に気づく。
>
> エリック・バーン

感情の調整を行うための内的対話

親との関係性の反映としての内的対話

　人はみな，内面で対話をしています。何が起こっていて，何を感じていて，何を考えているのか，自分自身に語りかけています。この内的対話は，感情状態の調整に深く関係します。理性的な部分と感情的な部分との内的対話を通して，適切な決断がなされるのです。

　内面で自分自身と対話するときに語られる内容のほとんどは「これまで自分が誰かに言われてきたこと」や「ほかの人の行動に対して自分が言ってきたこと」で構成されます。自分を育てた人や，その後の人生において重要な役割を果たした人との重要な関係性が反映されるのです。

　ひざをすりむいた少女たちを思い出してみてください（第7章）。大人になった彼女たちが「大変な失敗をしてしまった場面」を想像してみましょう。

　スザンナは，安定した愛着の中で育ちました。彼女は「失敗しちゃった！どうしよう，まずいな……でもよく考えて，それが最善だと思ってやったこと。さあ，なんとかしなくちゃ。きっとちゃんと乗り越えられる。このことで，よい勉強になったと思おう」と自分に語りかけることでしょう。

　マリアは「こんなこと，たいした問題じゃないから，ちっとも気にしないよ」と自分に語りかけるかもしれません。そのあとで頭痛がはじまり，その問

題に対処するにあたって，どんどん頭痛は強くなっていきます。しかし，起こったことと頭痛とを結びつけることはないので，単に鎮痛剤で頭痛を治めようとします。

　ローラは，心配しすぎる母のもとで育ちました。彼女は，今起こっていることに対してだけではなく，起こりうる可能性のあることすべてや，自分がどれだけ他者に迷惑をかけているかということを考えて，ひどく取り乱すでしょう。

　最後にテレサです。彼女は，間違った決断をしたことに対して自分を責め，「おまえはクズだ。何をやってもうまくいかない。すべておまえのせいだ」と何度も何度も自分に語りかけるでしょう。もちろん，彼女はこの問題を友達に話したりしません。話して，友達から励ましの言葉をもらったとしても，まったくそれを聞こうとはしないでしょう。彼女は自分を救う方法も，他者から助けてもらう方法も知らないのです。このことは，最初に生じた「失敗」よりも，もっと多くの問題や困りごとを生みだします。テレサは，スザンナのように「健全な罪悪感」に持ちこたえられないので，「失敗から学ぶ」ことが難しくなり，同じような失敗を何度も繰り返してしまうことにもなりかねません。

対立する“部分”の内的対話

　この例から，それぞれが使用する内的対話のモデルが，過去に失敗したときに経験した外的なモデルに基づいて生成されていることがわかります。この子たちが身体的・心理的・性的な虐待，いじめ，喪失などの重大なトラウマを経験した場合には，事態はさらに複雑になりうるのです。テレサのように「無秩序型の愛着」で育った子どもの場合には，トラウマが累積されれば，第8章で述べた精神の“断片化”が大きなものになってしまいます。

　内部の対立のレベルは急激に上昇し，自分にとって益のあることかどうかに意識を向けている人格の“部分”と，攻撃に対する防御反応を担っている人格の“部分”は相容れないものとなってしまうでしょう。自分の人格のいくつかの側面を拒絶するレベルは，さらに大きなものになります。“怒りの部分”は，虐待を許し，虐待する人に愛情を求める自分の中の“弱い部分”に対して激怒するでしょう。

"部分"間の断絶と人格の解離

　特に，愛着対象であるべき人から大きな被害を受けている場合には，その被害を与えた人に対する封印されてきた怒りのすべてが，その"怒りの部分"に吸収されています。怒りを感じている人との間に愛着の絆を結ぶことは不可能ですが，子どもにとって愛着の絆を形成しないという選択肢は現実としてありえません。それゆえに，愛着対象に怒りを抱える状況にあれば，「特定の記憶のネットワーク間の接続が行われない」ということが起こります。「世話をしてくれている人が自分を傷つけた人である」という事実を，心は理解できないのです。ゆえに，状況ごとに，個別の"部屋"が形成されることになります。それにより「その人を慕い求めている状況では，その人への怒りをないことにする」ことができ，「その人への怒りを感じる状況では，その人が自分にとって重要な存在であることを忘れてしまう」ことができるようになります。

　これらの記憶のネットワークは，統合されないまま機能しているため，心の中に2つの別々の領域を発達させます。その人とのつながりを求めながら，一方では不信感を抱きます。「必死に愛情を求める／一人でいることはできない」モードから，「常に戦闘状態にある／誰も必要ない」モードへと切り替えることができるのです。それぞれの側面がもっている自分自身についての認識は，根本的に異なるものとなります。それぞれの側面が別々にいろいろな人と関わる場合もあれば，同じ人に対して愛情を示したり敵意を示したりするという「ちぐはぐな反応」になる場合もあります。それはまるで，瞬間ごとに，別の自己，別の"部分"が出てきたかのようです。このように人格の2つの側面は，かなりの自律性と複雑性をもつ"部分"を形成し，最終的には2つの心がパラレルに存在するかのように機能します。統合されていない側面がたったひとつであったとしても，意識的な制御をはるかに超えてしまうでしょう。前述したように（第8章），一方の側面が，所定の時間，行動をコントロールできる場合もありますし，内面においてのみ知覚されている場合もあります。

　このことはいろいろな形で現れます。「身を守るための怒り」を4番目の少女の例で考えてみましょう（第7章）。

解離がもたらす "声" と "部分"

テレサの解離が生まれるプロセス

　テレサ（第7章）は，自分がいやな気持ちになったとき，両親から日常的に適切な反応を得られなかっただけではなく，数年間いじめにもあっていました。もちろん，彼女は家では決してこのことを言いませんでした。なぜなら，ひざをすりむいただけでもひどく混乱する母が，本当に大きなことに対して，どう反応するのか，想像できなかったからです。彼女は両親が自分を保護してくれると期待することができず，むしろ自分で自分を守らなければならないと思っていました。そのために，身体は「身を守るための怒り」を遮断し，家庭でも学校でも，虐待されるような場面に直面したときには，その怒り反応を積極的に分離するようになりました。分離された側面は，彼女に恐怖を与えることになります。彼女は怒りを経験すると，自分がまるで母のように反応していると感じるので，決して母のようにはなりたくないと思っていました。だから，彼女は従順な子どもになり，すべてを正しく行おうとし，怒りを誘発されないように，叱られたときには視線を下げました。

　怒りは蓄積され，遮断されて "壁" に囲まれます。虐待の記憶は同じ "部屋" に保存されて，独自の連携のネットワークをもちます。テレサの心の中のこの "部屋" は，怒り反応のサインを察知するとすぐに逃走するよう促します。怒りにつながる思考，感情，行動は，その都度，抑え込まれます。本能的かつ自動的な遮断により，生じてくるものを感じないようにしていると，その状態が人格の複雑な "部分" を形成していくことになります。

　小学校が終わり，彼女にいやがらせをした同級生がいなくなったとき，テレサは頭の中に "声" を聞きはじめます。これらの "声" はテレサの心の反対側からやってくるものですが，それは彼女自身の考え以外の何ものでもないのです。しかし，それらは解離されていて，彼女にとっては異質なものとなり，それらを自分のものであると識別することはできません。声や思考として経験されるその "部分" を自分が拒絶することになります。

"声" の訴えが意味すること

「"声"を聞く」ことは，比較的一般的な現象であり，精神障害や脳障害のある患者さんだけに発生するわけではありません。もちろん，それが起こった場合，問題を的確に診断できる精神科医のところに行くことが重要です。なぜなら「声を聞く」ことは，根底にさまざまな医学的・神経学的な要因がある場合，あるいは精神障害がある場合があり，これらの各状態像の治療法は違うからです。

しかし，このような原因があてはまらないことも多いので，その場合には"声"は，単に過去に経験してきたトラウマ体験の結果であるかもしれません。このタイプの"声"の特性はさまざまです。それらは，頭の内側または外側の"声"として，あるいは，自分のものとは思えないような思考として，明確に知覚されるかもしれません。"声"には，育ててくれた人たちとの関係性が反映されており，これらの"声"を心の一部とみなす場合もあれば，外部の実体に帰す場合もあります。

たとえば，暴力的な父というモデルを再現する攻撃的な"声"は，内部にいる怪物や悪魔として知覚される可能性があります。時には，その"声"やその"部分"に合ったイメージが，身体の外にあるかのように思うことさえあります。このことは「狂っている」ことを意味するものではありません。それは，それらの"声"や思考が「どこからきているものなのかを理解する必要がある」ことと，「自分の内側にあるすべてのものと和解しなければならない」ことの根拠を示しているに過ぎません。

"部分" の対立がもたらす苦しみ

断片化が顕著な場合には，自分自身の内部にさまざまな"部分"を感じることでしょう。それらの"部分"は，自分を内的な"声"として表現することもあればしないこともあり，さまざまな特性で表現されます。これらの"部分"は，異なる年齢状態を示し，いろいろな感情や，人生における重要な人やその他の要因を反映します。しばしば，これらの複数の状態像の間には対立が存在し，それがエネルギーを消費させ，多くの問題を引き起こします。

「自分は誰なのか」に関する複数の側面の間にある内的な対立は，複雑性ト

ラウマを経験した人々がもつ特徴です。折りあいをつけたり，ましてや一緒に存在したりすることなどはありえないと思うような多くの側面を抱えています。世話をしてくれるべき人，自分のことをほかの誰よりも重要だとみなすべき人が，自分に最大の害を与えた人だということは，受け入れられないことなのです。裏切りは，信頼を置いている人から受ける痛みなので，人間にとって最も破壊的なものになります（第1章）。それは，内面を破壊し，他者を信頼する能力そのものを大きく変えてしまいます。心はもとに戻せないほどに分裂してしまうのです。

"部分"をまとめていく

"部分"のもつ役割に注目する

　これらの"部分"をもう一度まとめていくことが，回復のプロセスの第一歩となります。それらはみな価値のあるものなのです。強い憎しみに満ちた"声"は，自分の一部とみなすことが最も困難で，拒絶の度合いが強い"部分"ですが，その"声"がもつ役割に目を向けたならば，同意が得られるようになります。

　「心を閉ざす必要があった状況」が終わってさえしまえば，そこで生じた断片を見渡して，望ましい形にまとめることができます。これらのバラバラな側面のすべてがまとまることで，「自分は誰なのか」についての新しい定義が生まれます。それは完全でゆるぎないものです。対立していた複数の側面を受け入れることによって，自分を傷つけ，放置してきた人と同じようにはならないということが可能になります。むしろ，拒絶してきた側面を消化することにより，"手本"としてきた人に似ることはなく，本当に自分らしくなっていくのです。

　"敵対的で批判的な部分"は「身を守る役割」をもちます。たとえば「ちゃんと怒りを抱えることで，ぐらつかずにいられる」ことを学び，「ちゃんといやだと言う」「外の世界から身を守る」「自分にとって重要なものを取り返す」ときに役立ちます。当初これらは，「攻撃的で押しつけがましく支配的な人物」を"手本"として獲得されたものかもしれませんが，受け入れて統合して

しまえば，進化させることが可能です。このような"部分"は，最初にそれを作った人とは関係なしに，現在の自分に役立つように機能させられるのです。

"部分"間の内的対話がはじまるとき

「今は安全だ」と感じられる状況では，"小さくて傷つきやすい部分"が，ほかの"部分"とつながることができるようになるので，「傷つきやすい自分」を感じやすくなります。"怒りの部分"がその"弱い部分"と対立してしまうと，"内面の子ども"が「無力で無防備な幼少期に虐待的状況に甘んじてきたこと」で，"怒りの部分"から責め立てられることが起こってしまうので，そのようにならないことが大切です。このことは「子どものときの状況」を自己の内部で再現することにほかなりません。その脚本を書き直す必要があるのです。

心が完全に断片化されていると，複数の種類の内的"部分"を体験することになるでしょう。これらの"部分"は，一定の期間や特定の記憶に関連していたり，「自分にとって重要な人が行っていただろうこと」の再現だったり，「自分がそうありたいこと」の表現であったりします。いずれにせよ，象徴的な意味をもつことは明らかです。

自分には関係ないように思われる"部分"があったり，自分の経験とのつながりがみられなかったりする場合であっても，心の中に過去の全体というものを置きながら，新しい視点で眺めてみると，必ず最後には意味がみえてきます。

たとえば，人生が変わる前の「昔の自分がどうだったのか」をみせてくれる"部分"，すなわち"子どもの自分"に出会うことがあります。時には，自分が今でも「ワクワクしている少女」であるかのように感じることもあれば，その"声"を頭の中で聞くこともあります。どういうわけか，心というものは，とうに失っていると思っていたものであっても，長年「自分はこうだ」と思ってきた状態を保持しているものなのです。

実際に起こったことの記憶を否定したり，「自分は病気ではない」とか「自分には問題はない」と主張したりする"部分"があるかもしれません。成長する過程において"戦争状態"の中を生きてきたなら，あたかも「何も起こっていない」かのように，あるいは「自分には関係ない」かのようにふるまうこと

は適応的な反応です。

　ある特定の"部分"は，育ちを妨げるようなことが起こったその時期の年齢や時を表します。時が流れているのに，その"部分"はあたかも"そのとき"にとどまり動けなくなっているかのようです。起こったことの記憶，その困難やそれに伴う感情は，遮断された状態の記憶のネットワークに貯蔵されることになるので，"その状態"につながったときにだけアクセス可能になるのです。その表現の形は，心の中の"声"や思考や衝動であるかどうかには関係なく，必ず意味があります。

　回復への道においては，内側に抱えてきたすべてのものと和解しなければなりません。最初，その"部分"が異質で異常なものに見えていたならそれだけ，その側面と和解するプロセスは重要なものになるといえるでしょう。

どうすればよいのか

内的対話を促す自分への問いかけ

　もちろん，それぞれの"部分"の健全な機能や，聞こえてくる"声"や思考や衝動の背後にある意味を見つけることは，簡単なことではありません。しかし，自分と対話するにあたって役立つ問いかけがあります。以下にいくつかの事例を示します。

　1．頭の中にある"声"や考え，あるいは内部に感じるその"部分"は，誰に似ていますか？　これまで"手本"にしてきたものを放棄して，「同じことを違う方法でやってみる」というふうに進化することは可能でしょうか？

　頭の中で元夫が自分を罵る"声"が聞こえる。元夫から繰り返し虐待を受けてきたから。でも，自分が「今していること」についても，その"声"は罵ってきて，聞こえてくるのは，記憶の中の「かつて言われた言葉」だけではない。その"声"は私を「役立たず」と呼び，怒りに満ちた強く，硬く，権威主義的な声で「おまえには価値がない」と言ってくる。その"声"は元夫に似ているけど，言っているのは元夫ではなく，自分だと思う。腕力の強さは，自分の中

にだけ抱えて，それを他者に向けたりしないなら，それ自体が悪いものではないのかもしれない。でも，かつて元夫と一緒にいたときには常に脅威を感じていたので，"声"を聞けば恐怖に襲われてしまう。だから，それを受け入れることは難しい。

　でも，その"声"は自分の心の中にあるものなので，元夫のことを思い出さないようにして，この反応が"最初に作られたときの型"とは"別の型"に入れ直すことはできるかもしれない。自分の側につれてきて，自分とつながることはできる。

　　2．どのような感情が，その"部分"を支配していますか？　人間の感情には幅があります。その感情を少しずつ感じてみると，どのような感じがしますか？　感じてみることで，どのような変化が生じるでしょう？

　「死ぬべきだ」という考えが襲ってくる。実際にそうしたいわけではないので，その衝動と闘わなければならない。それは"小さな少女"の感情だった。

　その子がどのような様子なのかを想像してみると，彼女は7歳で羞恥心を感じてうなだれていた。7歳のときに何が起こったのか，思い出して考えてみた。その段階では，近隣の住人による2件の性的虐待事件があったことがわかった。このことはこれまで誰にも話したことはなく，今では自分に「たいして重大なことじゃない」と語りかけていた。いずれにしても，その記憶に関連する何らかの感覚がほかにもまだあるのかどうかを確認してみなければならない。考えることをやめて，中立の立場に立って，しばらくの間，この7歳の少女を観察して「何を感じているのか」に集中してみた。

　しばらくすると，羞恥心の感覚を感じはじめ，そして最初に，この"少女"のまなざしから逃げたいという衝動にかられた。しかし，羞恥心はそれ自体としては悪いものではないこと，その当時少女だった自分は「小さかったので，どうしたらよいかわからなかった」こと，そのとき感じたのは「少女にとってはとてつもなく不安だった」ことが，今ならわかる。このような秘密を抱えることは，とてつもなく深い苦悩であったに違いない。羞恥心から逃れたいと思うのは当たり前で，その羞恥心は多くの恐怖と不快につながっていた。

　今ではもう"大人"なので，あたかも「誰かがその少女に起こったことをはじめて理解してあげた」かのように，このときの感覚にもう一度つながり，理

解してあげることができた。そして「少女にはまったく何の問題もなく，そういうことをした男が悪いのであり，少女に非はない」と伝えた。「羞恥心の感覚は過去の記憶から出てきたものだ」と意識したら，頭をあげてしっかり前を向くことができた。その感覚を抱えるために，過去の記憶に戻って他者にそのことを話し，「たいしたことではない」と思っていた現在の思いから離れて，古い記憶に風を通し，そうすることで関連して出てくる感覚を洗い流した。「汚い」「悪い」などの感覚を生じさせるような思い込みや思考が出てきたが，これらの思い込みは記憶の一部であること，それらが現れるのは普通のことだと自分に語りかけた。

　これまであらゆる感覚を埋葬してきたために，「消えてしまいたい」という願いが生まれていたことがわかった。そう理解することで，すべてが意味をもち，落ち着きを取り戻した。本当には「死にたい」とは思っていない。人生の非常に絶望的な瞬間にそう感じただけで，ある"部分"がその体験の中に閉じ込められていたのだ。幸いなことに死なずにいられたし，今，修復することができた。その閉じ込められていた"部分"を救出し，すでに事態が変わっている「現在」に連れてくることができる。過去に同様の状況に直面していたとしても，「現在」は状況がまったく異なり，すべてが変化している。大人になっていて，賢くなっているので，自分を守ることができる。そしてさらに，自分を理解してくれると思う人に，ごく普通に，この体験を話すことができた。そして，古い感覚は消えていった。

　　3．心の中に下りていき，その"部分"や思考や声のイメージを紙に描いてみましょう。どのようなことに気づきますか？　この"部分"は何を求めていたように感じますか？　どのようにしたら，その"部分"に──要するに自分自身に──求めているものを与えることができるでしょうか？

　"声"には形がない。「何もできないだろう」とか「役立たず」とかささやくだけ。何かをしようとすると，いつもそこにいて邪魔をする。このことを考えながら，一枚の紙に，心に浮かんだ最初のものを描いてみた。たいてい，それはミミズみたいな，明確には意味のないものになる。

　この感覚はどこかなじみがあるものなので，以前にも感じたことがあるかど

うか思い出してみた。心は中学校に飛んでいって，長い間自分をいじめていた子どもたちのことを思い出した。いじめによって身動きを封じ込められ，何もできず，勉強もできなくなった。試験では，頭が真っ白になり，ほとんどすべての科目で成績は悪かった。家では，何が起こっているのか，誰も気づいてくれなかった。親はただ怠けているだけだと思って，もっと圧力をかけてきた。ミミズのように，役に立たない，取るに足りないという感覚は，中学校時代ずっと変わらないものだった。

しばらくしてその状況を乗り越え，学校が変わり，高校では何もなかったかのようにふるまうことができた。それまでとはまったく違う行動をして，友達のタイプも180度変わった。中学校のときの行動パターンは背後に下がっていたが，消えてはいなかった。その後の人生で多くの体験をして，多くのことを達成し「できる自分」を感じられるようになっていた。

しかし，小さなミミズは，背後に残っている自分の"部分"を表象していた。心のその"部分"は，あたかも「自分が人生で達成してきたこと」に気づいていないかのようだった。なぜなら，変化が速すぎて，その"部分"が成長する時間がなかったからだ。自分が描いた絵を見て，その感情に支配されていたときの自分について考えた。そして，自分には多くのことができるということ，能力があるということ，そして人生のすべてがそうだったわけではないということを思い出した。最初に描いたものの周りに，「できる自分」であることを教えてくれた人たちとその経験も描いてみた。少しずつ絵が変化していくと，内的な感覚も変化していった。

その当時，自分が求めていたのは「ものがわかっている大人に『起こっていること』を理解してもらい，『あなたは大丈夫，きっと乗り越えられるよ』と励ましてもらい，ちゃんと守ってもらうこと」だった。当時はそんなことは不可能だったけれども，「今」感情を修復することができたと思う。

4．衝動的な"部分"が引き起こす衝動的な行動によって困惑させられないことが大事です。衝動は，否定的な結果をもたらすかもしれませんが，本当は何を求めているのでしょうか？　どうすれば，問題を起こさずに求めているものを得ることができますか？

自分の衝動的な"部分"は，"声"や思考の中でも最悪なもの。大声をあげ

るから，困惑してしまい，その声を聞くと恐怖に陥る。この"部分"は，自分を破壊しようとする内なる"怪物"のようなもので，無理やり悪いことをするように強要してくる存在だ。でも，それが自分自身の一部であることはわかっている。そこから何か益のあるものが生じることは想像しがたいが，それは自分の心の一部なので，何か自分の生存にとって必要なものであるには違いない。身体のシステムはそれを維持して，何らかの理由でまだそこにいるのだから。何年もの間，それを相手に闘い続けてきたが，闘いが激しくなればなるほど，さらに悪いことが起こってしまう。表面上の恐ろしい行為を超えて，その背後にあるものに向きあわなければならない。

　その"部分"が，何を言っているのかをよく聞いて，毎日日記に書いてみた。山ほどの侮辱的な言葉を通して言いたいことは，今一緒に暮らしている「妻に対する警告」だとわかった。妻との関係には問題があるが，怒りの爆発が頻繁に起こるのは自分のせいだと思っている。その"部分"が自分を支配してしまうと，自分を制御することができないのだ。時には，誰かを攻撃してしまわないように，壁を殴ることもある。その状態にはまると，「支配したい，押しつぶしたい」と思うだけで，他者への愛は感じなくなってしまう。

　しかし，怒りの爆発の前に起こっていること，その反応の連鎖について振り返ってみた。最も耐えがたい問題は，「私が何をすべきなのか」について妻が口出ししてくることだとわかった。正直なところ，どういうわけか自分で口論を誘発しているようなものなのだが，私は常にすべてをギリギリまでやらないでいたり，「忘れて」いたりするために，妻は「やらなくちゃダメだということ」を私に思い出させようとして繰り返し言ってきて，それで私はますますイライラしてしまう。"雪崩"がいったんはじまれば止められないようなものだ。このような感覚を以前にも感じたことがあるかって？

　私の母は非常に支配的な女性で，残酷で独裁主義者だった。母に叩かれたときには，母の目に憎しみを感じ，完全に制御不能に見えた。大人になってからは，母に負けずと向きあって，母の背中を叩いたことがある。母からの攻撃を止める唯一の方法は，同じ暴力で対応することだった。ある意味，私が妻を怒らせることは，結果として，妻が強引で無愛想な態度になるように私が仕向けているようなものでもあり，あたかも妻に過去と同じ台本を押しつけて，母の

代役を引き受けさせているようなものでもある。心は不思議なもので，いつものなじみのコースに流されていくのだ。それはあたかも「別の結末になるように引き返すと，逆に同じ結末に向かってしまう」ようなもの。

　10代の頃，あふれる怒りが自分を守った。そしてある意味，それによりすべてを止めることができた。蓄積された痛みのすべてが制御不能な反応を引き起こしたが，怒りが消えるまで痛みは消えない。今ではそのことに気づき，自分を理解するために立ち止まることにした。

　実際，最大の痛みは叩かれたことではなく，母から感じた愛の欠如だった。怒りは母との唯一のつながりだったので，怒りにしがみついていた。しかし今，愛する妻と一緒に暮らす中で，どうやったら同じパターンに戻らないでいられるのかがわからなかった。最初に親との愛着の絆が作られたときのその雛形に，もうはまりたくない。

　自分の内面の"怪物"を理解して，内面に何があるのかをよくみてみた。そして，痛みを抱え，ひどい情緒的な剥奪を受けたことを認めることができた。そこから，変わりはじめた。自動的に生じる反応を止めることができ，意識して"手綱"を取れるようになった。一連のトラブルは，自分がきちんと責任を果たしていないことからはじまっていた。だから，妻が自分を非難する根拠をもたないように，責任を果たすことに焦点を合わせた。また，妻が私にものを言いたいときに「私がどのように言ってほしいのか」について相談したので，妻の言い方にそれほどイライラしなくなり，妻の言うことを受け入れられるようになった。私たちは過去の経験を共有し，そのことがどのように影響を与えていたのかを話しあった。お互いに忍耐強くなり，今も変化に向けて努力している。

"部分" の目指すところは共通

　自分を圧倒してくる思考，声，衝動など，心の中に何がわいてこようとも，それを追いやるのではなく，むしろ耳を傾け，自分がどのように感じているのかに注目します。そして「自分は誰なのか」に関わるあらゆる側面とそのニュアンスを理解することを学ぶ必要があります。時には，気づきを統制したり否定したりすることに意識が向くので，自分を理解して自分と対話するためにど

うやって立ち止まればよいのかわからなくなります。だから，表面上の行動にふりまわされないようにすることが重要です。なぜなら，通常「物事は外側に見えているものとは違う」ことが多いからです。

　長い間対立を抱えていた"部分"との対話を行っていくときには，「開かれた状態でいること」「よく聴くこと」が重要です。そして，当時の年齢に戻って言い争いをしてしまうような場合には，「現在」に戻る必要があります。偏見を超えて，思い込みに疑問を投げかけなければなりません（第17章）。共通の目標を達成するために協力するチームを形成すれば，最大の敵は盟友になります（第10章）。自分の頭の中にあるものはすべて自分のものなのだということを忘れなければ，自分の内部にあるものとの協働は比較的たやすいものです。かなり異質で不快な側面でさえ，すべてが広い意味での"私たち"なのです。

　いつか，これらの"部分"のすべてが，実は"同じ船に乗っている"ことを理解し，そして互いに舵を取りあって争っているために，船が円を描いて同じところを航行していることを知るでしょう。最初はわからないかもしれませんが，人間は常に集団の幸福と意味のある関係性を確立するよう方向づけられているものなので，深いところでの目標は共通だといずれ理解できます。すべきことはたくさんあるので，そこに到達することが重要です。

専門家による心理療法の必要性

　この章を読んで，自分にもあてはまるところがあると認識し，自分の中に多くの"部分"があると感じたなら，「自分は誰なのか」を定義するための闘い，すなわちここで説明してきたこのプロセスを，特定の専門家の助けなしに行うことは困難でしょう。健康な人たちに囲まれているとしたら，もちろんそれは重要なサポート資源になります。しかし，変化したいと決意したら，変化を生みだすための"鍵"が必要です。心理療法は，追加のリソースであって，他者の存在の重要性や有用性を否定するものではありません。しかし，ここで述べたプロセスを行っていくためには必須となります。

第10章
自分と自分の闘いに勝つのは誰なのか？

世界は大きいから，自分の心を大きくすることを学んだ。
だから，矛盾を受け入れる余地がある。
マキシーン・ホン・キングストン

内面における対立を超える

ナンセンスな対立と二者択一

右手と左手との闘いがあるとしたら，それは意味をなすでしょうか？ 片手より両手のほうが，多くのことができます。それなのに，可能性を制限してしまうのはなぜでしょう？ 「弱い存在である」ことと「自分を守る力がある」ことのどちらか一方をとろうとするのはなぜでしょう？ 理性的な"部分"のほうが感情的な"部分"よりもよいと決めつけるのはなぜでしょう？ もし全部の色がそろっているパレットがあるとしたら，特定の色をいくつか選ぶことに何か意味があるでしょうか？ でも，そうすることが逆効果であるばかりか不可能なことだと気づかずに，人はそんなふうに行動してしまうものなのです。

自分の中の"部分"がどのようなものであろうと，それを"ないものにする"ことはできません。なぜなら，それはまさにここにあり，自分の一部だからです。"自分ではない"ように感じる側面を，取り除いたり，拒絶したり，避けたり，埋葬したり，麻痺させたりしようとすると，それは逆説的に，自分が求めているものとは反対の方向につながってしまいます。その"部分"が自分自身の中にとどまることで，成長し，別のバージョンに進化する可能性を自分で妨げてしまいます。もしかたくなに古いバージョンのまま機能し続ければ，難なく取り扱えるような状況に直面したときにも，対応できないままにとどまってしまいます。"自分"であるために必要なものを回復し，束縛から自由に

なり，進化することによってのみ，探し求めている変化が可能になるのです。

　前述したように，人格の特定の側面を拒絶してしまう場合，生育史の中の"重要な人"との関係性にその起源をもつことが多いといえます。人は，かつて他者に自分が扱われてきたように自分を扱うのです。しかし，ひとたび自分に対するイメージが内在化されてしまえば，それは自分の"ものの見方"となり，「その問題がもともとどういうふうに育ってきたものなのか」という経緯には目が向かなくなります。単純に言えばこういうことなので，違う感じ方をすることはできないものなのです。

　内面における対立は，ジレンマ[*19]以外の何ものでもありません。正反対のもののどちらかを選択するというのは間違いです。別の言い方をすれば，アルファベット全部を使って書く代わりに，AかZの文字どちらかを選ぶことに執着しているようなものです。すべての文字が必要なのであって，「Aか？　Zか？」に対する答えがないことは明白です。解決策は「Aか？　Zか？」という質問そのものを変えることです。

嫌いな"部分"へのいたわり

　自分にこんなふうに質問してみましょう。「嫌っているこの"部分"のよいところは何でしょうか？」この質問に答えることは不可能に思えるかもしれませんが，内面の深いところには必ず何らかの「よさ」があります。その"部分"がもともと最初に生みだされたときには，健全さを維持するための機能を担っていたはずだからです。だから今，それが存在しています。最初の反応パターンの型は，当時一緒に住んでいた人に適応するために作られたものですが，その後はその"部分"がその型に収まるように自分でそれを維持してきたので

[*19]　認知分析療法（Cognitive-Analytic Psychotherapy）は，精神分析に基づく精神力動論と認知療法が統合されたものである。このアプローチの概念のひとつは，問題をトラップ（物事を逆により複雑にしてしまうような解決），ジレンマ（正反対にあるものどちらかを選択するという過ち），障害（改善しようとする努力の足を引っ張るもの）として理解する。このセラピーのもうひとつの興味深い概念は，どのようにして自分の精神状態が他者の補完的な反応や，時には関係性の循環（相互役割）を引き起こすのかということに関するものである。このアプローチについての専門家向けの書籍を以下に記す。

Ryle, A. & Kerr, I. B. (2001) *Introducing Cognitive Analytic Therapy: Principles and Practice.* Wiley.

す。自分の中に対立が起こるのは，その"部分"に対する拒絶があるからで，対立が起こることで，その"部分"が"成長すること"を妨げてしまっています。その"部分"は粘土でできているようなもので，対立さえなければ，その形を変えることができます。だから，まさにその"部分"が"成長すること"を援助しなければならないのです。

　そのためにはどうすればよいのでしょう？　それは，非常に単純でもあり複雑でもあります。なぜなら，成長し，発達し，最善を尽くすために，自分の中のすべての"部分"が同じものを必要としているからです。それは「無条件の愛のもとに見守られる」ことです。誰かが自分を——まさに言葉のその深い意味において——"見てくれる"こと，きちんとした枠組みの中で受け入れてくれること，そして「自分は誰で，誰であろうとしているのか」を理解できることは，欠かすことができません。それゆえに，新しい目で自分の中のそれぞれの"部分"を見つめ，理解し，いたわり，受け入れることができれば，たとえ「きわめて異質だ」と感じていたものでさえ，統合することが可能になり，進化することができます。大人になれば，自分で自分に向けるまなざしだけを意識すればよいのです。

健全なあり方にも共通する３つの"部分"

１．攻撃的な"部分"

　たとえばもし，受け入れがたいほどの激怒により暴走し，怒りが自分を支配してしまうようなことがたびたび起こり，自分を侮辱し「やりたくないこと」を無理にさせようとする攻撃的な"声"が頭の中に聞こえるのであれば，最初にこの怒りの"部分"には「正当な存在理由がある」ことを理解し，それが育ってきたプロセスに目を向けることが必要です。この"部分"が何をモデルとしてそうすることを学んできたのかについて，振り返ってみます。人生の最初から感情が遮断されていた場合には，ずっとこのことに気づけずにきているので，同じような状況を繰り返し何度も経験してきています。ですから，このような激怒がどのようにして内部に継続的に蓄積されてきたのかは，あとになってからはじめてわかることかもしれません。

複雑な環境で育った人はこう言います。「もちろん，私はそのときは子ども
で，何もできなかった。……しかし，これまでずっとこんなふうに爆発を繰り
返してきたので，自分を許せない」。忘れてはならないことは，怒りは「受け
入れられない限り，統合されない」ということです。自分の怒りを受け入れら
れなければ，「怒りが自分を守るために適切に機能する」ことは実現しません。

　怒りの激しさゆえにコントロールを失ったり，自傷することで怒りを飲み込
んだりしている場合，それは怒りと対立している状態であり，怒りとチームを
組んでいることにはならないので，怒りは自分に味方してくれません。怒りを
感じることが当然で，それが健全な反応である場合であっても，常に怒りを抑
え込もうとすれば，長時間ネガティヴな状況に耐えることは可能です。そして，
怒りの暴走を恐れて，怒ることを避けようとするかもしれません。あるいは，
葛藤に耐えられず，葛藤状況をどう扱えばよいのかがわからないために，そも
そも問題を解決しようとしないかもしれません。または，他者の怒りを恐れる
ために，自分の怒りを引っ込めてしまうかもしれません。しかし，そのような
表現されない怒りが毎日蓄積していくと，最後にはコントロールを失って暴走
してしまうか，身体の病気になるほどの内的な緊張状態を作りだしてしまうで
しょう。

　この反応のパターンを変更するためには，新しいモデルが必要です。怒って
いるけれども，必要に応じて安定している人，混乱せずにコントロールを失わ
ない人を知っているはずです。そういう人をモデルにするのです。そういう人
たちは，「いやだ」と言うことができ，他者が自分を傷つけようとするときに
自分を守る方法を知っています。不適切なモデルに縛られるのではなく，怒り
を感じていても機能することができる人をモデルとして学ぶのです。そうする
と，この怒り感情は自分の味方になり，自分を保護してくれるようになります。
"怒りはもともと自分を守るために存在している"というその機能を取り戻し，
自分の利益のために怒りを使うことができると，怒りがもつ最善の役割を発揮
できるようになります。このような怒りは，自分の外側で制御不能になる有害
な怒りとは大きく異なるものです。自分の怒りをちゃんと自分のものとして感
じることができます。

2．弱い“部分”

　同様に，人生の中で経験してきた苦しみや悲しみを抱えている弱い“部分”とも和解することができます。つらさのすべてを感じていると前に進めないので，この“部分”は切り離される必要があったのです。この“部分”は，過去の“重要な人”の痛みを思い出させるかもしれません。自分が抱える痛みと他者が抱える痛みを両立させることは困難です。だから，この感覚をどう扱い，その感覚を使って何をすればよいのかがわからなかったのです。

　弱い“部分”を自分の外側に置いてしまうことによって生じる問題は，「誰にも本当の自分を見せることができず，本当の意味で他者とつながることができない」ということです。もし誰にも本当の自分を見せず，誰とも深いつながりをもとうとしなければ，誰からも傷つけられることはないので，「そのほうがよい」と思っているとしたら，実際には，ほかの誰よりも自分で自分を傷つけていることになります。自分で自分の“空気”を奪い，自分を保護するために建てた建物の中で窒息してしまうことになります。人が体験する出来事のうちで最も破壊的なのは，間違いなく，人生で出会う大切な人から自分の欲求を理解してもらえないことです。深いつながりの欠如は，深く自分を傷つけるものであり，自分自身を他者から切り離し，孤立させることによって，内面的には——逆説的に——同じような結果に行き着いてしまいます。

　もう一度，健全なあり方を振り返ってみましょう。人は「好きになった人に裏切られる」ことが，もしかしたら起こるかもしれないと思っていても，他者とのつながりを求めるものです。人は，人生がもたらす痛みを受け入れることができるのです。痛みが消えるまで，自分でその痛みをなだめて，そして前に進みます。もし育った環境に問題があれば，実際のところ，健全なあり方として参考にできるモデルをもてなかったのでしょうが，「今，知っている人の中に」そのモデルを見つけることはできます。その人たちから，弱い“部分”を立て直して，受け入れる方法を学ぶことができるのです。

3．保護役割をもつ“部分”

　無秩序な愛着型の関係性の中では，子どもたちは安定を得られないので，何らかの統制感を得ようとします。彼らは，親と同じように攻撃的になる可能性

もありますが，代わりに自分が親を保護する役割をとることに一生懸命になることもあります。親が慢性的に病気を抱えていたり，不安状態あるいは抑うつ状態にあったりして，子どものニーズを満たせないときに，このことはよく起こります。この状況では，子どもたちは保護する役割に自分を置くことで適応しようとします。このような子どもたちは，常に"保護役割"の観点から他者と関わることになり，その他のほとんどの関係性においても同じパターンを繰り返すことになります。

　もし自分の中にこのパターンがあることを認識するなら，おそらくそれは高度に発達した"保護役割"といえるでしょう。自分の欲求にはほとんど注意を払わずに，他者に献身します。世話をされるよりも，他者の世話することのほうが，より快適であると感じるかもしれませんが，内面には，子どもなら誰もが欲する愛，注目，満足というものに対する満たされざる憧れが残っています。今では，自分の"保護役割"を求めてくるような人に常に囲まれ，世話をし，注目を与える側でいることが多いので，自分自身が愛情と注目を受けることはほとんどないかもしれません。さらに，誰かから援助されたり世話をされたりするような場面では，もともとそのようなポジションに置かれることに慣れていないため，不快に感じて，不信感をもち，援助を受けることを拒絶してしまうかもしれません。

　"保護役割"としてしか他者との関係性を築けないことは，（たとえそのように見えたとしても）十分に良好な関係性ではなく，本当の意味での「健全な他者との関係性」の代替に過ぎないという点で問題です。他者との関係において主体性を維持するためには，自己調整し，自分を大切にする力が内在化されている必要がありますが，良好な愛着のもとで育つことが難しかった場合には，それが内在化されておらず，他者の世話をしていなければ自分を無力に感じてしまうのです。もしこのような内的システムの修復に取り組んでいかないとしたら，実際のところ，どうやって別の方法で自分を定義すればよいのかがわからない状態になってしまいます。

　他者を操作するような行動パターンがあるとすると，おそらく非常に発達した"保護役割をもつ部分"を抱えていることになりますが，普通，これは"拒絶される部分"にはなりません。このような方法で適応してきた人にとって，

その"部分"は，実際に親になったとき，親役割を担うことになります。しかしその場合には，通常「消耗してしまう」という問題が起こります。なぜなら，他者から頼まれたことや，頼まれた以上のことをして，他者を満足させることに一生懸命なあまり，自分自身の欲求に目が向かないからです。感情のレベルでは，もっている以上のエネルギーを消費してしまいます。

　どこかで何かが間違っていると気づくと，そのときには本当に消耗している状態なので，他者への関わりのレベルを少し下げることができるかもしれません。しかしながら，"保護役割"の行動パターンは背景にあり続けるので，「自分を他者に完全に捧げなければならない」という強い信念を持ち続け，その結果，他者から期待した反応をしてもらえないと混乱することになります。自分自身の欲求のほとんどを諦め，否定し，ないことにして，他者のために犠牲を払い続けるので，怒りが生じます。

　もし立ち止まって心の奥底にある怒りに気づいたならば，"保護役割"で適応することが不可能になり，その無意識の怒りは，恨み，苦しみ，不満に変わるかもしれません。そのことに気づかないでいると，本当は「感謝してほしい」と思っているのに，その人のことを逆に責めてしまうでしょう。たとえば，せっかく会いにきてくれたのに「会いに来る回数が少ない」と不満を言ってしまうといった具合です。何も言わなくても，そのそぶりから人を遠ざけてしまうでしょう。そぶりというものは，隠そうとすればするほど，不満をもっているというメッセージを伝えてしまうものです。だからこのような場合，本当の意味での感謝といたわりの気持ちを受けることにはつながらず，もし他者から感謝が表明されたとしたら，それは自発的なものではなく，強制されたものになってしまいます。みんなが"蜘蛛の巣"にからめとられていて，動けば動くほどからまってしまうのです。

どうすればよいのか

３つの"部分"の方向性だけを変化させる

　これらの３つ——攻撃性・弱さ・保護役割——の"部分"の存在を認識したなら，この３つをそのまま残して，方向性だけを変化させるという方法で進化

することができます。

　怒りは，自分の内面に対して要求したり攻撃したりすることをやめなければなりません。脆くて弱いということで自分を侮辱することや，追い立てられるように他者の世話をすることもやめましょう。自分に危害を加えるような人から自分を保護したり，自分に必要なものを得るために闘ったりするという役割を果たすことができるように，怒りは外側に向けます。一方で“保護役割”は内側に向いていなければいけません。それにより，自分をもっといたわり，自分の欲求を満たすことができます。

　このように方向性を変えることで，痛みは減少し，情緒的剥奪感も消えます。これまで以上に自分を守ることができるので，さらなる被害は予防されるでしょう。以上みてきたとおり，健全なシステムも同じ“部分”で構成されているので，ただ違う使い方ができるようにアレンジすればよいのです。

“部分”の「意味のある機能」の発見

　こういったことはすべて，とても複雑で微妙なものですが，内面の“部分”が対立している場合には，さまざまな反応があります。その反応の状態としては，拒絶，恐れ，怒り，羞恥心などがあります。しかし，どの場合においてもプロセスは同じです。嫌っている“部分”が何であろうと，進化するための機会は，目に見えなくとも，常に存在しています。肺や心臓なしに生きようとするならば身体が存在しえないように，内側にもっているすべての“部分”を統合しなければ，完全ではないのです。それぞれの臓器には，ほかの部分が代わることのできない重要な機能があります。心理的なレベルでも同じことがいえます。自分の中にありながら，隠され，拒否され，認識さえされない“部分”がもっている機能にきちんと目を向けることは，健康に生きるために不可欠です。

　差違をもつ側面は，対立のためにあるのではなく，相互補完するためにあるのです。互いのバランスが重要です。人格のすべての側面が重要な要素なのであり，複数が組みあわされることで，内面の機能と行動を調整しているのです。それぞれの“部分”は，現実とはまったく別の要素，過去の断片，そして現在起こっていることで構成されています。それぞれの“部分”が「意味のある機

能」をもっています。

"部分" によるチームの編成

この "部分" の「意味のある機能」を発見し，利用可能なものにし，対立を協働へ，闘いを交渉へと導き，互いに競争するのではなく，チームを編成するようにしなければなりません。それは「どうやったら，力，エネルギー，資源を増やせるか」という問題であり，「分割して切り捨てる」という問題ではないのです。

道路の分岐点でどちらの道に行けばよいのかわからないときに，各 "部分" がそれぞれ反対の方向に引っ張っていったら，まったく何の解決にもいたりません。どう進めばよいのかわからない場合には，一度座って，すべての "部分" で考えを共有し，アドバイスしあい，もし自分たちだけでは不十分であれば，他者に助けを求めたり，解決するために必要な "道具" を探したりすることが必要でしょう。ひとたび戦略が決まれば，すべての "部分" が協力しあって，同じ方向に向かって進むことができます。このことができるようになるために時間を費やすこと，それは決して無駄な時間ではありません。このように，自分の中の "部分" がチームとして協力できるようになれば，必要なときにはスムーズにその機能を発揮できるようになるのです。

第11章
自分を守るということ

> もし持っている道具が唯一ハンマーだけだとしたら，
> すべてのものを釘のように扱うことになるだろう。
> アブラハム・マズロー

"自分を守るシステム"

動物の生存戦略

　うさぎと猫をお腹を上にして寝かせたなら，まったく異なる反応を見ることができます。人を脅威とみなさない猫は，お腹をなでて可愛がると，すっかりリラックスし，ゴロゴロと喉を鳴らし，身体に触れられていることを喜んでいる反応を示します。うさぎは対照的に，まったく動かなくなり，足は固まり，目はうつろになります。静止して硬直し，リラックスはしていない，ある種のトランス様状態に入ってしまいます。

　なぜそのような違いがあるのでしょうか？　うさぎは草食動物で，食物連鎖においては一番下の位置にいる存在です。自然界において，うさぎは"餌"なのです。第2章で説明したように，死んだふりをすることは，捕食者の興味を失わせるために役立つことなので，脅威を感じると静止するのです。お腹を上にして寝かせられれば，それはうさぎにとっては容易に脅威となるため，この反応が起こります。「恐怖」のおかげで，慎重に注意深く行動することが可能になり，その"戦略"によって生きのびてくることができたのです。クマのような巨体やライオンのような牙をもっていないうさぎのような動物にとって，全速力で逃げることを可能にする「恐怖」や，捕獲されたら「動かなくなる能力」は，種の保存を可能にするために効果的な本能だったのです。巨大で凶暴な恐竜には，このような幸運がなかったといえます。

一方で，猫は捕食者であり，飼い猫であっても，捕食反応を維持し続けています。猫は，愛玩動物として可愛がらせてくれますが，それは猫が歯と爪をもっていて，その使い方をよくわかっているからなのです。もし近づいてくる人が「脅威」だと知覚したら，猫は歯と爪をむきだして"武器"を誇示します。飼い主や家族と一緒にいるときは，触れると気持ちのよいふわふわした小さな肉球の中に爪を隠しています。気持ちよさそうにゴロゴロと喉を鳴らすモードから，ミリ秒単位で，引っかいたり噛みついたりするモードにシフトできます。だから猫は，総じていつも安全だと思えるのです。猫は自分を守れると十分にわかっているので，"お腹を上にして寝る"というような無防備な姿勢をとれるのです。

人間の生存戦略としての"遮断"

人間は，人間が現れるより前に存在していたすべての種を引き継いだ子孫であるといえます。人間の脳は，爬虫類や下等の哺乳類・霊長類と同じように反応します。このため，本能に基づく神経システムの活性化により，"自分を守るシステム"がさまざまな形で作動するようになりました。この"自分を守るシステム"は，脅威をどのように知覚し，種特有の状況の中でどのように身を守ってきたのかということに左右されます。

人は子どものときには，"うさぎ"のように機能する以外の選択肢はありません。子どもは大人のように成長しておらず，強さも権威ももちあわせていません。家庭や学校以外には，行くところも頼れるところもありません。自己管理や感情制御の点において，身体的にも感情的にも自分の力で満足できる状態になるには，とても長い時間がかかります。家庭や学校で攻撃を向けられたとしたら「動かなくなる」「感覚を麻痺させる」そして「従順になる」という反応が，身を守るための最良の選択肢だと"身体"は非常によくわかっています。うさぎがライオンと戦うことに何か意味があるでしょうか？ それは考えられないことなので，本能的に神経システムはこの選択肢を除外します。

人間の中には"猫"もいます。しかし人間には，大人のように反応する基盤が，すでに神経システムの中に根づいているのです。それゆえに，たとえ闘争反応が活性化されたとしても，気づく前に本能的に遮断されます。敵意や攻撃

にさらされたときに，身体的にも感情的にも怒りが遮断されることがあるのは
このためです。同様に，恐怖や逃走反応も活性化されるとすぐに遮断されます。
子ども時代，あるいは戦場や誘拐などの状況で，身体的にも感情的にも逃げ場
がなければ，たとえ自動的に"自分を守る反応"が活性化されたとしても，そ
の状況下では役に立たないので，その反応は気づく間もなく抑圧されてしまう
ことになるのです。

　逆境にあった人がその状況下で逃げたり闘ったりしなかったことを，時に責
める人たちが多くいますが，だからこの事実に注目することが重要なのです。
もし自分が不利な状況下にあれば，本能的な"自分を守るシステム"が作動し
ないからと言って，弱者であるということにはなりません。人間という種とそ
れ以前に存在していたすべての種の"知恵"によって，ただ反応しているに過
ぎません。大人になっていないのに「大人ではない」ことで，大人になるだけ
の時間が経っていないのに「成長していない」ことで，自分を責めることは意
味をなしません。

　闘争－逃走反応は，永遠に遮断されてしまう可能性があります。困難な状況
が終わっていたとしても，人生の別の場面で，同様の出来事に直面して，同じ
ような反応が活性化されるようなことがあれば，その活性化が「昔の遮断反
応」の引き金となってしまいます。他者が困ったことを言ってくるようなとき，
ちゃんと闘ったり，「いやだ」と言ったりして，ゆるがずに対応することが，
すでにできるようになっていたとしても，遮断システムのために，反応できな
くなったり，反応することに恐怖を感じてしまったりするようになります。パ
ートナーを変えたり，別の仕事を見つけたり，両親から距離をとったり，他者
とつながったりすることができますが，あたかも選択肢のないまだ小さな子ど
もであるかのように，これらの関係性の中の"囚人"になってしまいます。自
分を守ることはできても，守られていないと感じてしまいます。

認知の発達した「人間」の苦しみ

　人間の脳は，ほかの種にはない「深く考える能力」というものを高度に発達
させました。自分に何が起こっているのかについて考えることができ，本能的
にプログラムされたもの以上の反応を試みることができます。しかし，脅威に

さらされているときには，考える時間などなく，原初的な自動反応に戻るのです。それは「生きるか死ぬか」という問題です。時に理性的な側面は，深刻で継続的なトラウマ状況において，「反応できなかったこと」を批判したり，「起こってしまったこと」で自分を責めたり，「遮断反応を克服すべきだ」とプレッシャーをかけたりして，反対の方向に働くことがあります。"結び目"をほどこうとしているときにそのようにすることは，"結び目"をより固くしてしまうようなものです。

　子どものときの愛着の関係に問題があると，のちの人生において，「感情や行動について深く考える能力」は大きく影響を受けるでしょう。洗練された神経システムを備えた人間は，自分を守るために，はるかに手の込んだ反応を生みだしたのです。心は，たとえ自分自身の中にあるものであったとしても"脅威"と知覚すれば，常にそれから自分を守ろうとします。脅威や敵意に満ちた環境で長い時間を過ごし，その中で成長すると，ダメージを中和するための多くのメカニズムが開発されます。それにより永遠に防衛的になったり，必要な反応をかたくなに遮断したりすることになります。いずれも，それぞれの状況に即した適切な方法で自分を守ることにはなりません。しかし，たとえこれらのシステムが間違ったときに，間違った場所で，あるいはその状況に対し不相応な方法で活性化されたとしても，それらはなお，本質的には"自分を守るシステム"であるのです。人生の中のある時期，それは最良で唯一の可能性だったといえます。

"自分を守るシステム"としてのさまざまな反応

　自分を守る方法としてのさまざまな反応を，以下に概観してみます。いくつかは，遮断されているにもかかわらず引き金となってしまう本能的な防衛反応です。ほかのものは，自分の気持ちに直面できないときや，対人関係に基づく危険から自分を防衛することができないときに代用されるものです。前述しましたが，これらの反応が，さまざまな外的な引き金または内的な感情状態によって，どのように活性化されうるのかということを理解し，自己への気づきを促すことが重要です。これらの防衛反応は前述した連鎖の一部ですが，これら

は中核的な感覚ではなく，むしろそれらに対する反応です。以下に具体例をあげます。

1．自分を唯一無二の存在だと思う

「私には他者がもっていない価値がある」「私は，あるがまま本当のことを言う唯一の人間だ」「私は，物事や他人のことを気にかけている唯一の人間だ」「私は正しいことを行うことができる唯一の人間だ」。こんなふうに言うことは社会的には不適切なので，時々しか言わない。しかし，人はみんな自己中心的で，誰も他者のことを気にかけず，そういう人たちには価値がないと思うと，無意識に「自分は例外で，世界の中でも数少ない人のうちの一人だ」と考えてしまう。

2．他者にすべての責任があると考える

私に起こったすべてのことに対する責任は，世界にある。人は私を理解する必要があり，私を支援しなければならない。私が必要とするとき，そこにいなければならない。私がそれを要求したかのようにではなく，むしろそれが正義であるかのように，そして，私が出会うすべての人が，これまで私が否定されてきたものを私に与える義務があるかのように。声に出すか出さないかは別として，私は他者をよく観察して，他者が私に対して間違った扱い方をするかどうかに注意を向けている。

3．すべてを支配する

私は他人と競い勝利する感覚を楽しむ。競争中毒なので，2位になることはビリと同じこと。人間関係においても，支配しリードする側でなければならない。力をもつとき，この世で最高の気持ちになる。私は他者を導くにふさわしい人間だと思う。しかし，このことが評価される場面では，時に表には出さずに，自分のことをそうだとは認めないこともある。

4．優越意識

他者はいつも信用してくれないが，私はいくつかの点で他者よりもはるかに優れている。そのため，時に人は私をねたむ。私よりはるかに価値のない人が，私より優位な立場にあることは悩みの種だが，それは不適切なことなので，たいてい何も言わない。私は，他者が失敗するとそれについて批評する傾向があ

るので，私よりもものを知らない能力の低い人たちの中では間接的に目立っているかもしれない。人は，誰かの欠点を見つけたら，気づかないうちに欠点をあばこうとするものだ。

5．誰も信用しない

私は常に，他者は私を失望させるものだと思っている。私はその小さな気配も見逃さない。その気配を見つけるとすぐに，その人を完全に排除して，私のネガティヴな予測が正しいことを確かめる。時に私は，予想される裏切りの証拠を探したり，他者を試してみたりする。私の中ではスキャナーが絶えず作動していて，リラックスしたり警戒を緩めたりすることは決してない。すべての人には悪意があると思うので，頼れる人は誰もいない。

6．服従する

対立や仕返しや見捨てられることを避けたいので，他者に判断をゆだね，自分が望まないことであっても受け入れるようにしている。他者から要求をぶつけられれば，常に譲歩する。何かを押しつけられたら，黙って相手を喜ばせようとする。対立するのはいやなので，周囲が求めることをして，たとえ賛成していない意見でもそれを支持する。自分が実際に考えていることは信用せず，誰かの視点に立つようにする。

7．犠牲になる

自分自身を犠牲にすることによって他者のニーズを満たすことが，私の優先事項だ。最も重要なことは，他者の幸福であり，その苦しみを予防すること。自分の利益のために何かをしたり，他者を気遣わなかったりすることは，自己中心的だと思う。他者を幸せにするために必要なことは何でもする。他者の幸福は私の責任であり，自分のニーズは二の次であるべきで，重要ではない。

8．自分がすべてをやらなければ気が済まない

私が担当すれば，事が前に進むと確信している。私がすべてをコントロールしない限り，物事は成し遂げられず，お粗末なものとなる。他者に仕事の指導をしてもよいことはないので，結局はすべてを自分でする必要がある。他者がどのようにするのか心配することのほうが，自分でするよりはるかにやっかいだ。

9．自分自身をコントロールする

　自分の気持ちや思考や行動を絶えずコントロールすべきだ。感情を封印するか，さもなければ自分自身に腹を立てる。もしすべてをコントロールすることをやめたら，混乱に陥り，圧倒されてしまうことになる。どのような犠牲を払ってでも，そんなことは避けなければならない。感じるべきこと，あるいは感じるべきではないことを自分で決める。それ以外に方法はない。自分の気持ちを押しつぶし，欲求を消し去り，それらを心の中へ押し込める。すべてのことがコントロール下にあり，予測可能であることが必要で，そうすることで何を予期すべきなのかがわかる。不確かなものにはうまく対処できないので，不確かなものを避けるのだ。

10．倒れるまで自分を追いつめる

　私は自分自身に過度のプレッシャーをかけてしまう。わずかなミスにも耐えられないので，常にベストを尽くす。しなければならないことはすべて，自分自身の欲求より上位にあり，できる限りの最高水準で行おうとする。完璧にすべてのことをうまくやらなければならない。どれだけうまくやったとしても，決して十分ではなく，もっともっと努力し続けなければならなくなる。そして結局，疲れ果てて倒れてしまう。高い水準を維持することは不可能なときもあるが，水準を下げることは私には受け入れがたい。

11．間違いを許せない

　「ミスを犯したり失敗したりした人がその責を負うべきではない」という考えを受け入れられない。義務を果たさない人に対して，非常に腹が立つ。間違ったことをすることに耐えられない。不正や手抜きは我慢ならない。そういう状況を見逃すことを拒否する。悪いことをする人がそれに値する仕打ちを受ければうれしくなり，常にそうあるべきだと思う。

12．外界を遮断する

　近づきすぎることで傷つけられることがないように，私は誰も通り抜けられない壁で遮断する。他者が私に影響を与えないようにするために壁を作る。私は誰の問題にも関与しないし，自分のことを知らせることもない。壁は多くのツールからなる。他者を拒絶したり，私に近づこうとする意図を疑ったりして，他者を遠ざけるためのさまざまな方法を実行する。個人的な質問には耳を閉ざ

し，人を自分に近づけないようにする。私は常に距離を保ち，表面的な関係性を維持し，もしより親密な関係性になれば，その関係性を終わらせて立ち去る。距離をとって世界を眺め，隅で生きていく。

13. 他者を攻撃する

私は積極的に反応する。他者に飛びかかって攻撃する。批判したり，侮辱したり，わめいたりする。傷つける言葉を言ったり，もはや私を不快にさせる人とは話をしないといった非暴力的な反応もする。どのような形であろうと，私が受けたダメージに対する反応として，あるいは，これから受けるダメージに対して先手を打って回避するために，他者を傷つける。時には，他者からつけいられないようにするために，先に攻撃する。相手の態度に迷惑や脅威を感じるときにも攻撃する。その反応は非常に早いので，時には何が引き金なのかに気づくこともない。

14. 自分を批判する

私は心の中で，いやな気持ちを抱えている自分を責め立てる。自分がすることや考えることで自分を批判する。時には，自分が世界に存在していることに対して罪悪感をもつ。もし他者が私を責めたり評価したりしたら耐えられない。それは私にとっては恐ろしいことだが，最も冷酷な批判は自分自身の中からやってくるのだ。

15. 周りの人の世話ばかりする

私は他者の世話に夢中になっていると，とても気分がよい。他者の世話をすることは，私にとっては自然なことで「これが私」と感じる。多くの関係性において，私はこの役割に徹する。みんな私に感謝しないし，結局は疲れ果てることがわかっているけれども，この行動傾向を変えられない。自分のことをまず心配するといった行動をとることはとても困難で，具合が悪くて全然大丈夫じゃない状態でほかに選択肢がないようなときでさえ，そうはできない。誰も私がしてあげたことに感謝せず，ありがとうと言ってもくれないと，時には傷ついてしまう。

16. 悪い状態にとどまり続ける

気分が悪くてイライラしているときに，誰かが助けてくれようとして励ましてくれると，「私がどれほどひどい状態なのか，ちっともわかっていない」と

誤解してしまう。助けてくれようとしている人を押しのけることになる。私が私であることは変えられないし，この状況でうまくいくことはないので，変わろうなどとは考えない。自分・他者・世界についての考えには確信がある。この確信は私を不快にさせるけれども，私は自分が正しいと信じているので，変わろうとは思わない。気分がよくなりそうなことについて考えようとすると，そう思うことで不快になる。それはまるで自分がよい気分になることを自分に許していないようなもので，変わることを恐れているか，自分には変わる権利がないと思っているかのようだ。あとでガッカリしないためには，きっとよいことがあると思い違いをしないほうがよい。状況がよくなっているときでさえ，「角を曲がれば何か悪いことが起こる」と思ってしまう。

17. 本音ではなくふりをする

私の表情は，心の中で感じていることを反映していない。「このように表現するはずだ」「このように表現するよう期待されている」と思うことを表情で示す。自分の感情は隠すようにしているので，誰も私の思いやニーズを理解することはできない。自分の行動を「なされるべきだと思うこと」に合うように，あるいは単に普通に見えるように調整する。時には「どう感じたらよいのか」がわからないので，無意識のうちに他者の行動を参考にする。

18. 常に不満をぐちる

私の考えは，私に起こった「悪いこと」や他者が「過去に私にしたこと」を中心にぐるぐるまわる。絶えず問題についての考えが頭をめぐり，常に終わりのないループから逃れられず，決して結論に到達することはない。困難な状況について考え，あるかもしれない解決策については考えない。誰かが私を困らせるようなことを言っていると，そのあとでその状況が絶えず私の頭の中でぐるぐると再生される。私は自分の不幸を悔やみ続ける。

19. どのようなことにも耐える

私はできる人間なので，すべてのことを引き受ける傾向がある。私は強く，決して他者に頼らない。私はあらゆる状況において自律的に機能している。助けを求めることは好まない。その負担がどんなに重くても，一人で抱える。助けは何も必要ない。

20. 理想化する

私は常に，他者や自分の問題解決能力や自分がどのような人間かということについて，非常に肯定的なイメージをもっている。周囲の人たちや物事，そして自分自身は，みんなそうあってほしいように存在している。私の人生に関係する人たちに弱点や欠点があるかもしれないと認識することは難しい。私の"脳内バージョン"と現実を一致させるために，現実を変える。時に私は，すべてのものがあるべき姿で存在する"自分だけの惑星の住人"になる。私の世界には，別バージョンの人たちが住んでいて，彼らは私が望むようにふるまう。私が欲していた家族はその"惑星"に住んでいて，そこにはいつも夢の仕事と心からの親友，本当に友達と言える人たちがいる。私は一日中，理想の世界と現実とを比較しながら過ごす。現実の状況では不可能な「理論上の解決策」で問題を解決し，「困難がなく，すべてのことが容易な未来」にいる自分自身を想像する。

21. 感覚を麻痺させる

私は，他者が同じ状況で感じるようなことを感じない。時々，私は感情が消えたり，次第に存在しなくなったりするのを感じる。私は，肉体的にも感情的にも痛みに気づくことがなく，痛みは突然，自然に自動的に消えてしまう。時にはまったく感覚をもっていないかのようだ。内側で麻痺機能が作動しないときには，自分で思考や記憶を遮断して感じないようにする。私はこれを，酒や薬物や麻薬を摂取することで行う。過剰に活動することや，あらゆる注意の集中を要求される危険行為によって，自分自身から気をそらす。

22. やるべきことを回避する

私を悩ませたり脅かしたりするもの，自分が対処できないと思うものは避ける。時には最後の1分になり，ほかの選択肢がなくなるまで放置する。私はありとあらゆる言い訳をする。言い訳はすべて同じで，内面の深いところでは自分自身を欺いていることは知っているが，私はできない理由としてその言い訳を使う。心の中で「私にはできない」と言い，本当にできないのかどうかを実際にチェックすることなく，文字どおりできないと思い込む。あるいはまた，より緊急なものや優先順位の高いものを見つけて，その問題に対処しないで済む理由を見出す。意識的に物事を避けたり，あるいは精神的・身体的な病気に

なったりして，それをしないで済むための正当な口実を得る。

23. 諦める

時々，諦めて降参してしまい，そのことでさらに落ち込むことがある。私は自分がしていることに気づいているけれども，止めることができない。落ち込みの連鎖がはじまると，手綱を失い，引きずられるままになってしまう。私は心の中で「できない」とつぶやき，それを疑うことなく信じ込む。たとえ自分にとってよいことや必要なことであったとしても，「そんなふうには感じない」と思い込み，唯一可能な選択肢は「その瞬間にしたいことをするだけ」と決めつける。そうすることに伴う否定的な結果は振り返らず，ただそうする以外にはないと自分に言い聞かせ，なすがままになる。両手を"ブレーキ"から外して"ソリ"の上に身を任せる。ゴツゴツとした岩にぶつかっても，そのままぶつかり続ける。諦めることは，無意味な闘いをするよりも痛みが少ないと思う。闘う価値はない。

適応的関係につながらない反応

ここに示した反応のいくつかは，本能的防衛のメカニズムです。攻撃は"闘争"の防衛に，回避は"逃走"の防衛に関連していて，服従は，対抗することが不可能な場合には，唯一の生存戦略となります。ほかに選択肢がない状況では，感情の麻痺によって痛みに耐えられるようになります。"餌"にされてしまうような弱い立場にあるうさぎがトランス様状態を示すことを思い出してください。これらの反応は「脅威を知覚したときの生存戦略に関する反応」であり，多くの動物に存在します。これらのシステムの活性化は，通常，瞬時にかつ自動的に生じ，何が起こっているのかを意識的に認識するよりもずっと前に起こります。

その他の例では，本能的防衛は外部からくるものに対する防御の手段というよりはむしろ，感情制御のメカニズムとして理解可能です。たとえば感情を管理するために利用されています。そのうちのいくつかは"保護役割"を行う補償のシステムで，「保護されていることを感じる愛着の絆」の欠如と関連しています。

これらすべてに共通していることは，これらの反応が実際の制御や，他者や

周囲との適応的な関係につながらないシステムであるということです。スペアタイヤのように，それらは緊急システムとしては受け入れ可能ですが，しばしば実際の緊急事態が終わったあとにも活性化し続け，自動反応を引き起こして永遠に続くループを生みだしてしまいます。たとえば，前述のとおり，逃走は，ドアが開いているときにはうさぎにとって優れた保護となりえますが，もし餌をくれる人や助けてくれる人から逃げるということになれば，逃走すること自体が問題を生んでしまいます。人間も同様で，回避は，困難を恐れて避けることでさらに困難が増してしまうという心理的メカニズムなのです。

社会的文脈の中で正当化される反応

　ここに示した反応は，自動的ですが意識化されています。内側からあふれてくる好ましくない理解できない気持ちとして認識し，感じることができます。前述したように（第10章），他者を世話する傾向は，自分が個人として自分をどのように定義するのかということの一部でもあります。この役割と完全に適合する職業または社会的な状況を探すことも可能です。さらに，文化的なレベルでいうと，寛容さや利他主義には肯定的な意味合いがあります。「最終的に，感謝や互恵を期待してしまっているのではないか」ということを受け入れるのは難しいかもしれません。なぜなら，それは「最初から感謝や互恵を求めていた」ということを意味してしまうからです。しかしながら，世話をした人から感謝を示されないときに感じる失望は，ともかくも「感謝してほしかった」という思いを暗に示しています。

　同様のことが，社会的・道徳的な価値に関して，ほかのシステムにおいても発生する可能性があります。たとえば，支配的で競争的であることは，ビジネス界においては肯定的な価値をもちます。トップにいるという感覚を楽しむことは，弁護士にとっては財産になります。もしストリートギャングや学校の問題児グループの一員であったなら，攻撃的であることが仲間集団の中心的ポジションを与えてくれるでしょう。政党においては，厳しい態度は強いイデオロギー的信念として認められます。宗教上の集団においては，他者の世話をしたり自己犠牲を払ったりすることは，道徳的な目標とみなされるでしょう。

　自分たちがもつ認識や基準，各家庭の中にある暗黙のルールのもとでは，あ

る種の適応様式が不健康なものであると理解して受け入れることが困難になるのです。しかしながら，そのことを自分で認識できるということがとても重要です。「意識されていないもの」のほうが「明確に知覚しているもの」よりも，はるかに強力に影響を与えているということを覚えておいてください。存在していることを知っているものだけしか，変えることはできないのです。

どうすればよいのか

「耐えられないと思うこと」に気づく

　もしこのように思い違いをしているとしたら，どうやってそのことに気づけるのでしょう？　他者に対して「耐えられない」と思うことについて考えると，間接的に気づくことができます。普通，人はさまざまな選択肢の中から特定の行動を選択しています。しかしながら，他者や自分自身の中に「耐えられない」と感じるような特徴を見出すとき，それはほとんどの場合，自分自身の過去の出来事と有り様に関係しています。不合理だとわかっているのに収まらない拒否感は，何らかの内的世界を表しているのです。

　たとえば，人が他者を批判し，悪い評判を立てたりする場面は不快なもので，それによって動揺が続き，繰り返し以前の出来事を考えてしまうということが起こります。興味深いことに，こういうときには，心の中で「私はバカ。私には何の価値もない。私のやることはすべてが間違い。私は失敗作」と自分自身を批判してしまっています。つまり，他者からの批判が内面に刺さると，共鳴板のように倍増してしまうのです。最も冷酷な批評は自分の内部にあるのですが，外部からくるものにしか気づきません。内的な心理プロセスにおいて，接近しすぎたものは遮断されるのです。

"自分を守るシステム" 反応の健全な機能を見つける

　それにもかかわらず，この章に述べたすべての反応の中には，肯定的な側面が潜在しています。自分が他者よりも優位だと感じることは，深層の「過小評価されている感覚」を補うことができるからであり，それゆえにこの反応が開発されてきたともいえます。対処可能な状況に対するコントロールはよいので

すが，感情のようにもともと「コントロールされること」に向かないものや，予期しない出来事や状況といった「コントロールを超えるようなもの」に対してもコントロールしようとすれば問題が生じます。

このように，人間の反応というものは，100％不適応なものはなく，常に健康な機能をもっているものなのです。その健全な機能を見つけ，反応を調整することが目標です。反応が極端で，制御不能で，文脈から逸脱しているときに問題が起こります。メンタルヘルスの基本は，バランスと柔軟性です。応用可能で柔軟な行動レパートリーをもつことで，効果的に状況に対処できる能力は大きくなります。

自分に問いかける

したがって，自分の中にある何らかの"自分を守るシステム"を見つけるために，自分に対して次の質問をしてみましょう。

①何から自分を守っていますか？

②こんなふうに自分を守ることをどこで学びましたか？

③この方法は，実際のところ，今，自分を守ることになっていますか？

④この状況で，何が自分にとってよりよい助けになるでしょうか？

⑤自分が使っている"自分を守るシステム"はどこでどのように役立っていますか？　そして，どのように再利用可能でしょうか？

感情状態の説明のところで述べたように（第5章），人間には機能のない反応はありません。また，反応には良いも悪いもありません。特定の状況に直面するにあたって，単に最適でバランスと効率のよい反応であることだけが必要とされるのです。ハンマーは釘を打つためには最も効率のよい道具ですが，ハンマーで板を切ることはできません。もし"自分を守るシステム"のバランスが悪く，状況に合っておらず，何もしないほうがましな状態であるなら，そのことをしっかり振り返り，自動反応を変えていかなければなりません。

そのためには，気づきを高めるプロセスを通して，見通しをもつことが必要です。そうすることで，新しい可能性に踏みだすことができます。

第12章

柔軟性と行動力の回復

> 行動だけを信じなさい。
> 生活は，言葉ではなく出来事のレベルで生じている。
> 行動を信じなさい。
>
> アルフレッド・アドラー

つらい出来事から回復する力

同じ災害にあった村人たちのその後

次に示すのは，かつて火災によって森や畑を焼き尽くされ，崩壊してしまった村のお話です。4人の村人は，食べていく手段もないまま，村に残り，町役場の援助でかろうじて生きのびていました。あるとき，小さな子どもを連れた家族が村を通りかかりました。両親が村人と話している間，子どもはあたりを走りまわっていました。しばらくするとその子は，種や小枝の袋を4つ持って現れ，村人に1つずつ渡しました。そして「これをもう一度植えると，きっと作物が育つよ」と言いました。

1人目の村人は，「現状を解決する方法などない」と考えていたので，家に帰るとその袋を捨ててしまいました。なぜなら，子どもの空想は彼の不幸を思い出させたからです。2人目の村人は，種をすべて鳥に与えました。その鳥は，こんな生活の中でも大切に思える唯一の仲間でもありました。3人目の村人は，その種が「現状の改善をもたらすかもしれない」という強い思いで，一つひとついねいに種を植え，毎日たっぷり水を与えました。4人目の村人は「これまでに失ってきたもの」についてよく考え，気楽に種を植え，時々水やりをしました。同時に，彼は政府から受けられる援助資金を探しだし，その援助で家を修復したり，森に木を植えたりしていました。

春がきたとき，3人目と4人目の村人の庭で種が発芽しました。1人目と2人目の村人はそれを見ると，彼らの幸運をうらやみ，さらにいっそう自分の運命に失望しました。いくつかの苗木は木に成長しました。過去に破壊し尽くされた場所に，木が大きく成長していく様子を見ることは，村人に希望を与え，気分を変え，暮らしを通常の状態に戻す助けとなりました。しかし3人目の村人は，このことを喜べませんでした。なぜなら，状況は「いくらか」よくなっているにもかかわらず「十分だ」とは思えないことで，目標をどんどん高くしてハードに働いていたため，常に不安を抱えて憔悴していたのです。ちっぽけな種の袋を最大限に利用できたのは，明らかに4人目の村人だけでした。

「学習性無力感」という反応

　長期にわたるトラウマ体験は，しばしば「学習性無力感[20]」と命名された感情状態をもたらします。動物実験において，餌を求めて扉を通ろうとするたびに電気ショックを与えると，その動物は餌を求めて入らないようになります。もはや電気ショックが与えられない状況になったとしても，二度と扉を通り抜けることはありません。

　同様に人間も，ひどいトラウマ体験にさらされると，のちに状況が改善してさまざまな選択肢の可能性が生まれたとしても，それをどのように活用していけばよいのかわからなくなってしまうものなのです。やってみることもなく諦め，うまくいくはずはないと考え，治癒すれば病気のときよりもっと悪くなると思い込みます。受け身になり，新しい選択肢を探そうとしない傾向がよく起こります。行動レパートリーは限られ，リスクを冒さず，ほかの可能性を試さず，一種の諦め状態に陥ります。

＊20　Seligmanは1975年に，学習性無力感の現象を定義した。当初この現象は，避けられない痛みや負の刺激に繰り返しさらされている動物に生じることが報告された。このような体験をするとその後，実際には動くことが可能な新たな状況に置かれても，身体は逃避したり回避したりする方法がわからない状態になる。その状況では，負の刺激を受け入れるしかなく，コントロール不能であることを学習し，逃避を試みることもせずに諦めてしまう。この反応はうつやその他の精神障害に関連する。

Seligman, M. (1975) *Helplessness: On Depression, Development, and Death.* Freeman/Times Books.

自発性と創造性の本来の育ち

　自発性や創造性というものは，健康な育ちがあってはじめて獲得されるものです。これらは生来的に備わっている特性であると思われがちですが，豊かな自発性や創造性は，自主性と安全がともに尊重される安定した愛着の関係性の中でのみ育ちます。

　安全と保護を感じている幼児は，自由に周囲を探索し，独創的に遊び，いろいろなことを試します。そして時々，安全基地である親のもとに戻り，親に甘えることで安心すると，再び周囲の世界を探索することに興味を向け，思いきり遊びます。親が子どもの遊びや楽しみを共有してくれることによって，子どもの興味はどんどん増します。そして，必要なときには，親が一貫した適切な方法で子どもを制御し保護してくれるので，子どもは何も考えずに思いきり遊べるのです。

　育つ環境が不適切なものであれば，"被害対応モード"が作動します。行動のレパートリーは制限され，常にその状況で知りうる最善の方法のみが選択され，すべてをコントロール下に置くためのシステムが使われます。「創造的」であるためには，そのような状況ではもてないエネルギーが必要とされるので，それは"贅沢"なものとなります。状況に応じて適切な制御を与えてくれる大人が存在していなければ，子どもは自分で「潜在的な危険を見逃さないために環境をこまかくチェック」し「生じる感情をコントロール下に置く」ために，すべてのエネルギーを費やすことになるのです。

回復することが困難な理由

　このような自動反応が生じてしまうと，それは単に影響を受けるということ以上の体験となります。あたかも自分の一部が分離して，その一部だけが生存しているかのようになり，自分で自分の行動を観察するようになるでしょう。「そうすることが自分にとって益のあることなのか」「ほかの選択肢はないのか」などを考えることはありません。「意思決定プロセス」も「実践的な解決策」もありません。あたかもすべてのことが別の時間・別の場所ですでに計画されていたかのように，ただ自動操縦を続けるだけです。

　変化するためには，手動によるコントロールを回復し，新しい選択肢に心を

132

開くことが必要です。しかし，そのためには「長年硬直していた筋肉をリハビリする」のと同じような困難が伴います。筋肉をストレッチすることは，それまでの身体の習慣に反するので，筋肉の機能が回復するまでの間，身体を動かすとある程度の痛みが伴います。初期の段階では，効果よりも苦痛を感じますが，数ヵ月続けてみると成果が出て楽になります。

　こういうことは，「よくなりたい」と思っている患者さんにとっては簡単なことであっても，劣悪な対人関係の中を生きてきた人の場合には困難が伴います。過去に大きな苦痛を経験してきたことによって，"苦痛を感じない反応"が作動してしまうからです。健康を求めて変化するための努力には価値がありますが，時間経過の中で「不快感はより確実で決定的な方法で解消されてしまう」ので，心の中では「今ここ」で起きている苦痛を「過去の」ほかの苦痛と区別することができず，「こんなことに価値はない」と思ってしまうのです。

　また，一日中ベッドにいたいようなときでも，「強制的に」セラピーに行ったり，何かをしたり，自信がなくても誰かと関わったりしなければなりません。この自分に強制する方法は「したくないのに強制されてやっていた過去の記憶」の引き金として機能してしまい，それゆえに，今は——役に立つはずなのに——自分で自分に何も「強制しない」ことになってしまいます。

　もし幼少期に，子どもが必要とする関心や愛情を周囲の人が与えられなかったなら，それが個人的な事情や病気のためだったのか，あるいは意図的で故意だったのかには関係なく，「自分自身の大切な欲求を無視してしまう傾向」を結果的に内在化してしまいます。愛情の欲求は残っているけれども，自分でもそれを無視したり，結果として他者の拒絶や無視を強めることになるような行動をとったりします。モデルとして取り入れるべき周囲の人が健康的でなかったために，適切に自分を大切にする方法や，自分の感情状態を感じて調整する能力が，欠如したり，うまく機能しなかったりするのです。そのため，自分を救うために変化することが可能になっても，そのことを優先しては考えられないのです。

どうすればよいのか

変化するために"実験"してみる

　この観点に立つと，トラウマを負う環境で育ってきた人がその問題と向きあうプロセスにおいては，"実験"のような試みを取り入れる必要があります。自分を変えようとすることが自然に起こることはほとんどないため，最初は「強制的に」はじめなければなりません。

　ちょうどジムに行きはじめたときと同じで，最初は身体が凝り固まっていたりゆがんでいたりするので，運動することをつらく感じます。おそらく，かろうじてストレッチができる程度で，ちょっと押されただけでも，筋肉は痛み，最初の1週間は筋肉痛で大変なことになるでしょう。しかし続けていくと，数ヵ月後には，運動すると気分がよくなることを体感し，疲れにくくなり，うまく身体が動くようになります。覚えたての動作にも慣れて，さらに複雑な運動に挑戦できるようになります。

　どんなにひどいと感じようとも，いかに不運のせいにしようとも，当時と同じことをし続ければ，「同じように感じる」ことが続いてしまいます。50回挑戦して望む結果が得られないなら，51回目の試みも成功しないでしょう。しかしなぜか人間には，同じ失敗を繰り返したり，同じ方略を使い続けたりするという，"驚くべき能力"があるのです。なぜなら，そうすることが「問題の解決にならない」とすでに何度も経験していたとしても，「そんなことは気にせず」に，「そうすることが必要」で，「そうしなければならず」「それ以外に方法はない」と思ってしまうからです。

　しかし，ほかの選択肢を考えることのほうが有意義でしょう。たとえば，自分を不当に扱う人を非難することはできますが，それでも相変わらず同じことが繰り返されます。だから，何かを試してみましょう。でも，いつもと同じ方法ではダメです。何かほかの選択肢を試してみて，どのような結果になるかをみてみましょう。もし何か違うことをやってみたら，状況がよくなったり，少なくとも少しはましになったりすることに気づくはずです。もしうまくいかなくても，まったく問題ありません。なぜなら，失敗をすることで学ぶことがで

きるからです。重要なのは「何回も何回も同じ失敗をしないこと」です。

　変化を目指すときには，「違和感」を認識することが重要です。以下に示す"実験"課題は，不合理で非論理的に見えるかもしれませんが，「見かけ」よりも中長期的な結果が重要なのだということを覚えておいてください。もちろん，問題の解決のために，その課題が役立つものである必要があります。

"計画的な孤独"実験

　たとえば，「孤独に耐えられない」という問題を抱えているとしたら，いつもは誰かと一緒にしていたちょっとしたことをあえて一人でやってみるという"計画的な孤独"の実験をしてみます。

　一人でいることが不快な人は，ほかに選択肢がなくなるまでこの実験を避ける傾向がありますが，この方法には重要な副産物があります。ある人たちは，自分が一人であることを避けられないことに気づくと，耐えがたく感じ，孤独感を避けるためにあらゆること——時には自分にとって益のないことも含めて——をするでしょう。またある人たちは，他者に常にそこにいてくれるようプレッシャーをかけることになるので，関係性がいつも以上により複雑なものになるでしょう。このタイプの違いを見極めて，一人でできる日常の仕事を計画したり，そのプロセスを変えてみたりして，一人でいるときの感情に慣れる機会を与え，それが「普通の状態」で楽に感じられるようにします。経験的には，その仕事は不慣れなものであったほうがよい結果を導きます。それは，一番凝っている筋肉をストレッチするようなものです。

　たとえば，映画を「一人で」観に行ってみます。映画鑑賞は，ほとんどの時間をその映像に集中するため，仲間を必要としない活動です。カフェやレストランに「一人で」行ってみると，仲間のいないほかの人たちのさまざまな様子をみることができるでしょう。最初は不快かもしれませんが，孤独から逃げようとせずに，しばらくそれを感じてみます。

　きっと「孤独」や「見捨てられ感」や「無力感」を味わった過去，おそらく人生早期の記憶とつながるでしょう。しかし，それは現在の状況とはまったく異なります。大人になれば，子どもにとって「愛されないことや守ってもらえないことやサポートを得られない経験」が大きな困難であったと理解すること

はできますが，そのことと「大人として自分で自分を満足させられる」という肯定的側面とは一線を画しています。

　一人でいること自体はネガティヴなことではありませんし，実際のところ，時には楽しいものでもあります。そうなれるためには，人生早期の「最悪の孤独感」と「その感覚とのリンク」を解除する必要があります。そして，そこから否定的な意味を除いて，それを日常の状況に「もう一度関連づける」のです。それにより，当時自分が置かれていた環境を理解することになりますが，「今はまったく異なる人生の段階にいる」ことにも気づきます。

"靴下置きっぱなし"実験

　もうひとつの実験課題は，奇妙に聞こえるかもしれませんが，「片方の靴下を置きっぱなしにすること」です。もしあらゆることをコントロールし，すべてをきちんとしたいという傾向が強ければ，「片方の靴下を置きっぱなしにする」必要があります。「脱ぎっぱなしの丸まった靴下」を目立つ場所に置きます。もしこの課題をすごく不快に感じるなら，間違いなくそれをする必要があるということです。靴下の片割れを家に置きっぱなしにし，ずっとあとになって，その存在をもはや意識しなくなるまで，それを動かしません。その間，日を追って「脱ぎっぱなしの片方の靴下」を見ては，それを数分間観察し，"不快感"を意識してみると，「あらゆることをコントロールしなくてはいけないという思い」から自分が解放されていく感覚に慣れていくことに気づくでしょう。

　よくあることではありますが，このように「何かが起こったり」「物事が道からそれたり」したときに，柔軟に受け入れる能力というものが広がるのです。

柔軟性の回復のために

　より大胆に創造性とユーモアを導入することによって，柔軟性の感覚を強くすることができます。そうであっても，筋肉をストレッチするときと同じように，少し不快が生じることが予想されます。なぜなら，それは少し不快なときにうまく機能するからです。重要なことは，初日ですべてのエネルギーを使い果たして何ヵ月もの間諦めてしまうことになるような，「野心的すぎて不可能

な実験課題」は計画しないことです。

　これらの実験は，村人たちの「種の物語」に似ています。種をまけばまくほど，秋に収穫できる量は増えます。結果はすぐには出ません。なぜなら，種は発芽しなければならず，植物は成長するために時間が必要だからです。もし，ある村人のように，そんなことは無意味でうまくいかないと思い，試みることを諦めてしまうならば，チャンスを否定してしまうことになります。もし肯定的な結果をすぐに得るために，自分を追いつめて必死に努力するなら，エネルギーが枯渇してしまって苦しみ，失敗しやすくなってしまうでしょう。結果にかかわらず，“実験”してみることが重要なのです。なぜなら「病理的な自動反応による繰り返し」とは異なるすべてのことが柔軟性を高めるからです。

　トラウマを負ったあとに柔軟性がなくなる状態を改善するためには，身体が凝り固まっているときと同じように，“ストレッチや腕立て伏せなどの運動計画”と根気が必要になります。「すべてのことは運命と原理に依存しているので，できることは何もない」という思い込みを心の中に抱いているなら，そもそも何も試さないでしょうし，その結果，何も得られないでしょう。これは，学習性無力感の「実験用マウス」が抱いた気持ちと同じですが，重要な違いは，人間は「実験用マウス」ではないということです。何が起きるのかについての見通しをもち，何が起きているのかを理解し，自分の感覚に気づき，起こっていることに支配されません。もし多くの選択肢があることについて考える能力があるなら，この場合，直感が向かう方向には行かないでしょう。直感は，もはや存在していない状況，あるいはほかの条件下での状況を予防するために，ある時期にプログラムされたものだと知っているからです。

第13章
"弱い自分"を受け入れる

とげがひとつ刺さったからと言って，薔薇のすべてを憎むのはバカげている。
ひとつの夢がかなわなかったからと言って，夢を全部諦めるのも同じだ。
アントワーヌ・ド・サン＝テグジュペリ

親密な関係性を築くことの困難

どうやって自分を守るのか

猫とうさぎの話を思い出してください（第11章）。お腹をなでると，猫とうさぎがどのように反応するのかということを振り返ってみましょう。前述したように，猫は触られるままになり，可愛がられていることを最大限楽しみます。なぜなら，猫は自分には爪があることを知っていて，人間の反応よりも先に爪を使うことができるからです。猫は危険にさらされても，同時に自分を守れることがわかっています。猫はきちんと自分を守れることを知っているからこそ，人間に弱みを見せることができるのです。

他者との関わりの中で，「自分の弱みをひとつの個性として体験することができる能力」を取り戻せれば，恐怖を感じたり防衛的になったりすることなく，親密な人間関係を築くことが可能になります。このことは，生存するうえで重要な人間関係の中でダメージを与えられてきた人にとっては，そしてとりわけそのダメージが人生早期の人間関係と関わっている場合には，とてつもなく大きな挑戦となります。もし大人になってから再び信頼している人からダメージを受けるようなことがあれば，その人をもう一度信頼する価値があるかどうかを問い直すことができます。「深い関係にならなければ，傷つけられることから自分を守ることができる」と信じることは合理的に思えるかもしれませんが，関係性から引きこもってしまうことは自分で自分に大きなダメージを与えてし

まいます。このとき，自分もダメージを与える側になっているのです。

回避は解決にならない

サッカーに情熱を傾けてきたのに，フィールドで大怪我をしたというような場合を想像してみてください。回復したあとに何をすべきでしょう？　二度とサッカーをしないとしたら，同じように怪我をすることを今後避けられますが，大好きなことをやめてしまうことになるので，サッカーが与えてくれていたポジティヴな感情を永遠に失ってしまいます。別の例を示します。チョコレートケーキが大好きな人が，ケーキを喉に詰まらせてあやうく死にそうになり，とても怖い思いをしたとします。二度とこのようなことが起こらないように，大好きなデザートを永遠に諦めるでしょうか？　死なないようにするために，食べることをやめたりするでしょうか？

論理上は，こういうふうに何かをやめることで自分を守ることはできません。なぜなら，歩けば常に，つまずいたり転んだりする可能性があるからです。一日中家にいたとしても，敷物につまずきます。サッカー場には行かないとしても，電信柱にぶつかってしまうかもしれません。ケーキを喉に詰まらせなかったとしても，にんじんを詰まらせるかもしれません。何かをしないということは，実際に自分を守るためというより，おまじない的なものであり，効果はありません。問題は，疑うことなしに「サッカーは危険だ」「チョコレートケーキは有害だ」という考えを受け入れてしまうことなのです。

しかしながら，実際にはここに示した例のようなことが頻繁に起こります。自動車事故を起こしたことのある人たちの多くはもはや運転をしませんし，牡蠣を食べて病気になった人は二度と牡蠣を食べません。短期間で人生の危機を乗り越え，その状況に対処するためには，少しずつ自分の中に安全感を取り戻す必要があります。偶然にダメージを受けた出来事を避けること自体は現実的であり無害ですが，不必要に自分に制限を与えてしまうことにもなります。

「傷を癒やすことで自分を守れるようになる」ことを知る

「自分にプレッシャーやダメージを与えない人の腕の中で，弱さや穏やかさを感じること」の心地よさを知らず，対人関係における安全感や「守られてい

る感覚」を感じたことがない場合には，状況はさらに複雑になります。

　親が病気やトラウマを抱えていたり，混沌としていて予測不能な状況であったり，深刻な愛着の問題があったりして，家庭に多くの問題がある場合には，「弱いこと」は「深刻なダメージを受けること」と同義になりえます。このような状況で育てば，「弱いことは決して悪いことではなく，危険を意味するわけではない」と思えるためには，信じることが要求されます。なぜなら，経験はこのことに反する証拠ばかりを示しているからです。

　しかしながら，人間はみな内面の深いところではつながることへの強い欲求をもっており，好むと好まざるとにかかわらず，そのことが行動に影響を与え続けます。他者とのつながりを必要としないと言うことは，呼吸する必要がないと言うようなものです。時に空気は汚れていることもありますが，呼吸しないという選択肢はないのです。

　「誰かの前で“弱さ”をみせて安心感を得る能力」は取り戻せると知ることが大事です。そのためには「傷を癒すことで自分を守れるようになる」と信じる必要があります。もちろん，それはそれほど簡単なことではありません。傷を癒すということは，「傷がそこにある」ということ，「終わったと思っていても，リンクしている記憶の深いところに不安定な痛みがいまだに存在する」ということを認めることを意味します。傷を消毒して空気にさらすことが必要です。

　そのためには，傷を癒し，痛みを最小限に抑える方法を知っている専門家に頼ることも必要です。自分で自分を守れると感じられるようになるためには，環境が与える危険性を再評価し，本能的な防御反応から解放され，機能していない“自分を守るシステム”（第11章）を放棄し，健康的な反応を習得し，それが第二の性質になるまで，何度も何度も繰り返し練習する必要があるのです。

セラピーを受けるうえでの困難

セラピーへの抵抗感
　このことを達成するためには，変化が必要です。しかし，トラウマは硬直性を導き，硬直したシステムにおいては通常，自発的な変化は起こらないという

ことを覚えておかなければなりません。継続的に努力し続けることが必要なうえ，“手本”となるべき健全なモデルがなかったり，すっかり失われていたりするため，簡単ではありません。それゆえに，計画的にセラピーを組み立てる必要がありますが，良くなったり悪くなったりしながら結果を得るまでには通常長期間を要します。ここに2つ目の困難があります。

　不健康な方法でしか自分をケアすることができず，他者に不信感を抱く傾向が強く，対人関係に困難を抱えている人は，そもそもセラピーに取り組むこと自体が非常に難しいのです。重篤なトラウマを経験した人の多くは，助けを求めることなく，トラウマから逃れることもできずに，何年もの間苦しんでいます。自分が「感じていること」を重視しないので，「何が起こったのか」はそれほど重要ではなく，「それは終わったこと」で「前進しなければならない」と自分に言い聞かせてしまっています。

　ひざをすりむいた子ども（第7章）に「おいで。こんなの何でもないでしょう。泣かないの」と言った母のことを覚えていますか？　そのような環境で育った人は，常に前を向き，決して振り返りません。助けてもらったことはないし，助けてもらうことでかえってうまくいかない経験ばかりをしてきたので，強くなること，すべてを自分で行うことを自分に課してしまいます。いずれにせよ，誰にも助けを求めないことに慣れていて，常にそうあるべきだと信じています。

　このような人たちは「セラピーは痛みを与えるだけで，よいことは何もない」と思いがちなので，セラピーによって過去を引っかきまわされることを恐れるかもしれません。セラピストを信頼することも不可能かもしれません。彼らは，担当になったセラピストの欠点を見つけては，ほんの少しでも意見の相違があると「誤解された」「ひどい扱いを受けた」と思うかもしれません。彼らは，変化をひどく恐れ，将来に対してまったく期待をもつことができず，「セラピーは役に立たない」と思い込んでいるので，どのような方法であっても，試そうともせずに拒絶してしまいます。また，大きな罪悪感を抱いている場合には「自分にはよくなる価値などない」と思っているかもしれませんし，あるいは失望することを恐れている場合には「この状況から抜けだすという期待をもたないほうがよい」と思っているかもしれません。それはまるで，扉が

開いていても食物を求めない「実験用マウス」のようです。もはや試すこともなく，はじめる前に諦めてしまうのです。

セラピストとの関係性に投影される過去

　セラピーを受けようと決心してからも，さまざまな困難が生じます。主たるトラウマは人間関係に起因するものであり，そして心理療法というものは「患者とセラピストの関係を通して生じる変化のプロセス」であるといえます。ですから，セラピーは「自分の最も弱い側面を他者の前にさらけだして，その人を信じる」という人間関係の中で行われます。これはまさに，その人が援助を求めている問題そのものであり，また逆説的に，それを解決するためにその人が克服しなければならない問題なのです。このことは終始，論理的であるべき治療プロセスに多くの複雑な状況を引き起こします。セラピストは忍耐強く，患者さんが必要とするだけの時間を与えなければなりません。

　反対に，長期間にわたる非生産的なセラピーにはまる人たちもいます。彼らは，自分一人では「本物の関係性」を築くことはできないと思い込んでいるので，このセラピストとの関係性にしがみつきます。それは彼らにとって重要な関係性ではあるものの，「現実の生活の中にある関係性」ではないのです。彼らは自分の状況を変えるために努力することなく「自分の状態がどれほど悪いのか」を証明してくれる人としてセラピストを利用するかもしれません。心の底にある「セラピーなんて効果はない」という思いから，セラピストを疑い，試してみることもなくあらゆる提案に反対して，「みんな役立たず」と次々セラピストを拒否し，自分は「深刻すぎるから解決できないケースなのだ」と主張することにすべてのエネルギーを費やしてしまうかもしれません。このようなケースでは，その患者さんの中にある内的葛藤が治療関係に伝播します。このことは，その人にある種のコントロール感を与えますが，同時に，生産的な目標をもつことから遠ざけられて，自分の人生そのものに対するコントロール感を取り戻すことが妨げられてしまうことになります。

親密な関係性への恐怖

過去の体験からの影響

　セラピーで起こることとはまた別に，対人関係トラウマに苦しむ人は，一般に親密さというものに恐怖を感じています。彼らは，誰も信用しなかったり，見返りとして絶対的な忠誠を期待したり，子どもの頃に拒否されたものすべてを求めようとしたりするので，友達を作ったり関係性を維持したりすることがしばしば困難です。

　相手の間違いを許すことができなかったり，絶対的かつ無条件の献身や無限の寛大さといった，大人同士の関係性に普通は期待しないものを求めたりするので，情緒的な絆を確立することが難しいのです。さらに，過去に近しい関係性の中で大きなダメージを受けている場合には，関係性が近くなるとアラームが作動しはじめてしまいます。拒否されることや距離をとられることに過敏になり，「相手に心を開いてドアを開けたことがある」というまさにその感覚が，本能的にドアを閉めるよう導くのです。

恋愛関係において活性化してしまう愛着システム

　恋愛関係は，友達関係よりもさらに難しい課題です。パートナーとの関係においては，愛情の領域について過去に学んできたことが関わるので，愛着システムが活性化してしまいます。

　さまざまなシナリオがありえます。「パートナーをもつことに消極的になる」「関係性が近くなり親密になると自己破壊的になる」「過剰に依存したり過剰に保護したりする反応を繰り返す」「極端に依存的な関係に陥る傾向がある」。この最後の状況は，そのことが自分たちにとって有益であろうと有害であろうと，相手が望むことは何でもしてあげるという関係に導くでしょう。そのほかには，相手に絶え間なく愛情を求めることにより，最終的に相手を消耗させてしまうということも起こります。

　満たされていない情緒的ニーズは過去からきているものなので，その記憶に取り組むことなしには，もはや一方がどれほど愛情を与えても満足することは

ないのです。

わが子をもつことへの迷い

　幼少期に困難を体験した人や，パートナーとの関係におけるトラウマ体験を
もつ人の多くが，子どもをもつことに対して躊躇します。彼らは，子どもに与
えてしまうダメージをよく知っているので，潜在的に子どもを育てることはで
きないと感じるのです。過去の自分の親の愛着スタイルが，自分が子どもを育
てるときの愛着スタイルに反映されるというのは事実ですが，しかし，幼少期
に困難を抱えていた人の多くが，自分の子どもをちゃんと育てています。避け
られない問題は，子どもを育てるためにどうすべきかを知るために「脳が自分
の幼少期の体験の記憶を参照してしまう」ということだけです。過去の経験は，
「参考にしたいこと」や「したくないこと」を知るために使うことができます。
　よくあることではありますが，「自分は親とは違う」と示そうとして，「親が
したこと」と正反対のことをすることがあります。ご存じのとおり，極端なこ
とはよくないので，極端な場合は問題です。しかし，自分の行動の傾向がどこ
からきているのかを認識して，変える努力をすれば，自分のときとは違うやり
方で関わることができます。自分自身の方法で子どもを育てることができるの
です。

どうすればよいのか

"弱い自分" のまま他者とともにいる能力の回復

　「関係性に困難がある」と認識することは，それを修正するために不可欠で
す。回復するためには「"弱い" 自分のまま他者とともにいる能力」を取り戻
し，友達やパートナー，子どもたちと親密なつながりを築くことが重要になり
ます。しかしながら，深刻な被害を受けている場合には，他者とつながるシス
テムを復元することに伴う複雑さというものにきちんと目を向けなければなり
ません。
　正直にかつ現実感をもって，また同時に，「自分で選んだわけではない困
難」を抱えたことで自分を責めたり，現状を諦めたりせずに，自分の問題を見

つめれば，人生でこれまでにない特別な経験をすることになります。それは他者との深いつながりから生まれます。たとえ，そう思うことに不安を感じたとしても，これ以上に価値のあるものはないのです。

「傷ついても修復できる」ことを知る

　傷を治そうとするときには，他者とつながることによる危険は避けられません。しかし，たとえもし再び傷つくことがあったとしても，その傷も永遠のものではありません。自分をさらせば傷つく可能性がありますが，"自分を守るシステム"が最適に機能していれば，ダメージが広範囲に及ぶことはなく，治癒にも時間がかからないということは真実です。「傷に触れることによって痛みがやがて治まる」ということは，経験から知っています。得るもの——他者との関係が改善すること——と失うもの——より自分を大切にして自分を守ることが難しくなること——を検討すれば，努力する価値のあることがわかるでしょう。

第14章
責任を引き受ける

　　　人生で最良の老年期には，自分の問題は自分のものだということがわかる。
　　　決して母親や生態学者や大統領のせいにしたりはしない。
　　　自分が自分の運命を支配していることを認識する。

アルバート・エリス

怒りの暴走に対する「責任」と「罪悪感」

自動反応を「変える責任」

　物事を考えたり感じたりしないことの利点は「行動に対する責任を引き受けないでいられる」ことです。あとになってから自分を責め，その結果起こることの代償を支払うかもしれませんが，もし「自分が変わる責任」を引き受けないなら，反動として「罪悪感」が生じます。そして問題は，次のような悪循環により大きくなります。怒りが爆発するとひどく気分が悪くなり，絶えず内面に苦悩を抱え，絶望感が生じ，落ち込んでしまいます。この感情状態は，不快感を蓄積させ，最終的にはまた新たな感情爆発を引き起こすのです。

　時に，自分の行動の結果生じた問題に対して「起こってしまったことは仕方ない」と言い訳をします。他者に「自分の性格はわかっているはずだから，ひどいことを言ったとしても，そういうつもりじゃないってことを汲みとってほしい」と求めます。そういうつもりではないのに，怒りの爆発を避けることが・できません。これらの自動反応は「まだ統合されていないために意識的な統制下にない」のは事実ですが，「それを変えようとするかどうかは自分次第」ということもまた事実です。自分の言動には，衝動的なものや予測不能なものがあったとしても，責任が生じます。このことは「自分がしてしまったことで自分を苦しめなければならない」ことを意味してはいません。そう思うことは，

問題を解決しないばかりか，実際のところ，さらに悪化させてしまいます。本当の意味での「責任」とは，「問題を受け入れて改善しようとすること」です。もし一人ではできないなら，周囲がそう願っているとおりに，助けを求めるべきです。そのことがどんなに難しいとしても，他者の援助を受け入れる必要があります。

健全な「罪悪感」を機能させる

「責任」をとることは，「罪悪感」とうまくつきあうことを意味します。自分に非のない罪を負わなければならないような場合には，「罪悪感」は不相応なものとなり，「責任」には苦しみが伴います。自分に本当に非があるときには，「罪悪感」は相応なものとしてそこに存在します。それはあたかも，上司が親切に「君の仕事は不十分だ」と指摘してくれるようなものです。もし上司の言うことは正しいと思うなら，すぐに改善するでしょう。「罪悪感」がなければ，「どのようにすればミスが続くのか」を気にかけることもないでしょう。

過去の関係性の中で学習した「責任」の所在

大人が決して自分の行動に対する「責任」をとらず，自分の非を認めず，罪を受け入れないというような家庭で育つ子どももいます。宙に浮いているその「責任」は，常にその影響を受けることになる子どもが，しばしば引き受けることになります。さらにいうと，もし誰かが明確に大人を責めた場合には，子どもが引き受ける傾向は増すことになります。その子どもが大人になると，他者の行動に対する「責任」を負い続けることになるかもしれません。もし重要な存在であるパートナーが絶えず自分を責めるといったことがあれば，疑うことなく自分に罪があると思い込むことになります。

子ども時代またはパートナーとの関係におけるこのような家庭背景は，必ずしも暴力に関連するものとは限りません。常に自分が正しいと過度な確信をもっている人や，すでに決定したことであるかのように一方的に自分の意見を押しつけてくる人とともに暮らすということは，周囲の人から安全を奪い，不確実感をもたせることになります。独裁的，批評的，要求的，完璧主義的なパーソナリティは同様の影響をもたらします。いずれにしても，思いどおりになら

なかったときには，他者が「責任」をとらなければならなくなります。

　このように，家庭の中にある極端な状況もまた，極端な適応のメカニズムにつながります。一方では，やるべきことをしなかったことに対する「罪悪感」を抱えて，絶えず自分を責めてしまいます。しかしまた一方では，問題を解決することに対する「責任」を拒絶し，自分を変えるためのセラピーに行くことを拒否し，「誰も必要ない」「自分の問題については話したくない」「すでに起こったことに対する解決法はない」と主張します。両極端の場合が存在しますが，不快を訴え続けても何も変わりません。

どうすればよいのか

「言い方」を変えてみる

　自分と他者の両者にとってネガティヴな適応パターンが定着していて，時の経過の中で変化せず，さらに悪化しているようであれば，「変わる」ために何かをしなければならないことは明らかです。状況がポジティヴに変化することを期待して同じことをし続けることに意味はありません。

　頭の中をめぐるのは，変わらないでいるための理由と山ほどの言い訳です。「変化などできない」「そんな強さはない」「この状況ではほかの選択肢はない」「もうやれることは全部やってきた」「他者が変わるべき」と言い続けているかもしれません。言い訳のリストはいくらでもあり，言い訳すればするほど，それが疑う余地のない真実であるかのように思えてきます。

　最初に挑戦する必要があることは，"言い方"を修正することです。「できない」の代わりに「難しい」と言うこともできるし，「やりたくない」と言うこともできます。「できない」のかどうか疑ってみれば，考え直すことができます。たとえば「『できない』から散歩に行かない」という場合でも，別のタイミングでは，犬を散歩に連れて行ったり，締切までに書類を提出したり，病院の予約時間を守ったりしているものです。もしそういうことができているなら，日常生活に戻るために，朝は決まった時間に起きて，一日中家にいてふさぎ込まないように近くの公園に行くことは可能です。

　もしかなり落ち込んでいる状態ならば，そんなに多くのことはできないでし

ょうが，自分に残っているわずかなエネルギーで「何をするのか」は自分の決断です。自分で自分の「責任」を引き受けようとするなら，「何もかもできないと言うこと」をやめましょう。何かを「しない」と決める場合には，「しないことを選択した」と言います。

「不満に支配されている」ことに気づく

「責任」を負わない態度のもうひとつは，不満に支配されることです。もし不満だらけになれば，心の中にとどめておいたとしても，確実に"罠"にはまりこんでしまいます。物事がうまくいっているときでさえ，探す気になれば不満の種は見つかります。その日の最悪の瞬間，自分にひどい対応をした人や嫌いな人についての詳細，過去の最悪の出来事などをピックアップして心の中で反芻すれば，不満でいっぱいになります。物事の否定的な側面に注目してしまうと，自分の役割やすべきことに目が向きません。加えていうと，この状況に対処するために必要な力をつけることに焦点をあてるのではなく，——もう一度——自分を"無力"な立場に置いてしまうことになります。誤解や虐待などの苦しみの感情を生みだす非生産的な不満は，状況を変えてはくれません。

不思議なことに，こういう態度のもとには耐えがたい強烈な「罪悪感」があるのですが，普通そのことには気づきません。だから一般に，すべての問題に対して，他者や世界にその過失や責任を投影してしまうのです。「100％その問題は自分の外にある」と考えるなら，解決は手の届かないものになってしまいます。

人生において，解決が困難と思われる問題がすべて同時に起こったようなときには，不満に費やす時間はしばしば無駄な時間になります。もちろん，時々ストレスを発散できることはよいことであり，「何でもない顔をすること」は必ずしも生産的ではありません。両極端がよくないということを覚えておきましょう。

「もはや大人になっている」ことを自覚する

「責任」をとることの失敗は，「子ども時代の反応パターンにとどまっている」ことから生じます。子どものときは無力でしたし，パートナーから傷つけ

られる関係性にあれば，どうしたら自分を守れるのかわからなくなっています。「保護もなく無力だ」としても，自分の感情状態にとどまって「実際に感じていることについて考える」ことはできます。

　もともと育った環境に選択肢がなかったので，現在の状況においても，すべてが同じだと思い込んで，自己決定をしない。うまくいきそうもないことをして，やはりうまくいかないとすぐに，「できることは何もない」といういつもの思い込みを再確認して諦めてしまう――それはあたかも「まだ小さくて無力で，自分のために立ちあがることができない存在」のままであるかのようです。

　このことは，人生の初期段階においては真実でしたが，大人になってからは，物事は大きく異なっています。「誰かがやってきて救ってくれる」と期待しても，たいていうまくいきません。友達やパートナーや育てている子どもといった他者に，「運命から自分を守り救ってくれるはずだ」と期待すれば，その行動は「そのライフステージに」合わないものとなります。もはや子どもではないのに，子どものような行動をとってしまうということです。子どもの発達段階に対応するはずの行動パターンは，現在の状況に適合しないのです。

自分で自分を大事にする

　前述してきたように，人は成長する過程の中で，周囲との関わりを通して制御といたわりのモデルを内在化し，その結果，セルフケアと自己制御のシステムを発達させます。大人になると，外部から入ってくるものは常に内部のフィルターを通過します。

　もし感情を制御できずに，自分自身をネグレクトし，厳しすぎるほどに自己批判したり，自分に腹を立てたりして，「本当の意味で感情を制御するためにすべきこと」をしないなら，他者の温かいふるまいが内面の深いところに届くことはないでしょう。「自分で自分を大事にするシステム」が構築されている場合にのみ，他者から大事にされることで自分のニーズを満たすことができるのです。そうでなければ，他者からの慰めや励ましの言葉によって，みずからかけているプレッシャーや，自分の不快感情に対する自責感が中和されることはありません。もし感情が意識化されていないなら，他者の関わりにより気持ちが落ち着くことはないのです。なぜなら――乳児の場合とは違って――他者

は内部の制御システムに直接アクセスできないからです。

　もし怒りが内側に向けられたならば，自分を守るシステムは機能せず，自分にさらなるダメージを与えてしまいます。内的世界にアクセスする鍵をもち，その再構築に積極的に関与できるのは，自分だけなのです。自己制御があってはじめて，外部からの利益を得ることができます。自己制御は，感情状態を維持する方法を強化してくれる唯一のものなのです。

　自分で「責任」を引き受けることなしに，自己制御の力の回復はありません。すべてを改善してくれる薬はありませんし，足りないものを満たしてくれる人もいないし，ないモチベーションを与えてくれる仕事や，突然何かが自分を救ってくれるということもありません。いつかチャンスがやってくると思うことは無意味です。自分自身と闘うことなく，可能な努力をすることが重要なのです。

「罪悪感」と"友達"になる

　「責任」を引き受けることについて考えるならば，そのこと自体が元気を回復させます。それは，たとえどんなにその道が困難であろうとも，自分の人生をコントロールできるということを意味しています。もはや自分の人生は，他者の手の中にはありません。自分でコントロールするのです。怖いと思うのは当然です。なぜなら，間違うこともプロセスの一部ではあるものの，辿るべき道を決断したことに対する「責任」を引き受けることは，よくない方向にいく可能性もあるということを意味しているからです。

　他者から加害を受けた場合や，問題の根源を運命だとみなしている場合には，ある意味，その責任の所在は明らかです。しかしながら，変わろうとすることが難しくなってしまう場合があります。自分の行動の結果ではない「罪悪感」という重荷をすでに背負っている場合には，あたかも「追加の責任」を自分に課すかのように感じてしまうからです。

　ここで「罪悪感」は"友達"だということ（第3章）を思い出してみましょう。不公平で不適切な「責任」についての話ではなく，過失に相応な「罪悪感」は，改善を導き，より現実的で効果的な方法を試みることを促してくれます。もし，現実原則に従わず，自分や他者の目からみて明らかにミスがあった

ときに活性化する健全な「罪悪感」をもっていないなら,「変わる」ことはできません。「罪悪感」は,自己中心的になったり無責任な行動をとったりすることから守ってくれます。

　自分を苦しめることなく問題を見つめ「しなくてはならないことがある」と思う必要があります。加えるなら「気持ちが行動を促す」ことが不可欠なのです。やってみたことが効果的かどうかは問題ではありません。なぜなら,ご存じのとおり,結果を得るまでにはたくさんの試みが必要だからです。

第15章
"大人の自分"が車を運転する

自分とは行動であり，まさに行動が自分を変える。

エドゥアルド・ガレアーノ

すでに大人になっていることに気づくことの重要性

大人には選択肢がある

人は，子ども時代の経験や困難な出来事から生じる多くの感情や感覚に縛られてしまいます。そして大人になっても，自分や世界に対する特定の思い込みに縛られて身動きがとれなくなります（第17章）。生後１年の間に問題が起こると，成長するうえで必要な能力はかなりの制限を受けます。乳児は，世話をしてくれる人が，自分に起こっていることに気づき，その状況を改善してくれると信じるしかありません。もし親が，乳児の状態に気づかず，何もしてくれなかったとしても，乳児にはほかの選択肢はないのです。しかし，今ではすでに大人になっています。大人には，常に選択肢があります。

「どのような選択肢があるのかわからない」と思うかもしれません。時に，「選択肢としてありえないこと」を考えてしまうことも多いものです。「自分を悩ませる人がまったくいない無人島に引っ越す」というアイディアによって問題を解決しようとしたらどうでしょう？　億万長者ではないですし，実際に無人島を所有しているわけではないので，その現実に気づくと，さらに絶望してしまいます。現実的な変化をもたらすような，中長期的に実行可能な小さな解決策を考えることは，たしかに難しいものです。

また，選択肢があるということはわかっているけれども，無力感を抱えているために，「自分には何もできない」状況にはまってしまうことがあります

（第12章）。この感覚は，子ども時代には絶対的なものですが，「今ここ」において，状況は過去と同じではないと認識する必要があります。自分が生まれた原家族との関係は続きますが，もはや子どもではなく，大人なのです。相変わらず同じ問題を抱えた関係性が維持されるとしても，そこに参加する必要はなく，何もせずに変化を待つのです。自分は"大人"で"運転席に座っている"ことに気づいたなら，ものの見方は急速に変わります。「問題の解決は自分次第だ」と知り，"ハンドル"を握り，責任を引き受けなければなりません（第14章）。

　この最後の一文を読むと不快に思うかもしれませんが，前に進むためには必要なことです。おそらく「そんなの不公平。どうして私次第なの？　周りの人たちこそが，私に対する関わりを改善すべきでしょう。親や夫や上司や子どもたちが私をこんなふうに扱っているままで，よくなることなんかできるの？」と思うことでしょう。この質問の答えは「できる」です。周囲の人はそのままでも，自分の状態がよくなることは可能です。幸運なことに，あらゆる関係性において，常に50％は修正することができるのです。50％の変化は，事を動かすのに十分な余地を与えてくれます。

　「でもどうやって？　母は今でも私を子ども扱いしているのに」と思う人もいるかもしれません。ここで，「自分は今では大人なのだ」と思い出さなければなりません。つまり，親が自分を子どものように扱ったとしても，自分はもはや子どもではないということです。子ども時代の感情がいまだたくさん残っていると気づいたとしても，内面に封印されてきた"子ども"には母と話をさせずに，"大人の自分"だけが母と会話をすることにしてみると，いつもとはまったく違う会話になるでしょう。時を超えて，もし過去の問題に取り組み，当時から現在までいまだに活性化している感覚を解消することができたら，背景にあるその不快はなくなり，まったく違うふうに感じるようになります。しかし，変化はその前からはじまります。助手席に座り，誰かがどこかに連れていってくれるのを待つのをやめると，変化がはじまるのです。

空想に救われてきたのは"子ども"

　長期間劣悪な環境に耐えていれば，時に，解決に導いてくれる救世主や，3

つの願いをかなえる『魔法のランプ』の「ジーニー」がきてくれるという夢を思い描きます。「本当はこの家の子ではなくて，本当の親が突然現れて，別の国に引っ越す」などと空想するかもしれません。「過去に得られなかったすべてのものを与えてくれるような愛がいつかきっと見つかる」「過去に得られなかったすべてのものをわが子が与えてくれる」「夢は必ず実現する」と想像することで問題を解決しようとします。とりわけ子ども時代には，空想による逃避が可能です。空想は，変えられないことから逃れるための強い味方なのです。しかしながら，大人になってすでに変わることができるのに，救われるのを待つ立場にとどまってしまいます。

　実際のところ，本当の解決策は「ある日，目を覚ますとすべてのものが変わっていた」というような劇的なものではありません。しかし，具体的で現実的なほんの小さな何かをすることはできます。無数の小さな変化が世界を動かすのです。そのためには，ものの見方を変えなければなりません。

どうすればよいのか

「自分にとって益のあること」を優先する

　最初にすべきことは，「自分はすでに大人になっていて，自分で決断することができ，運転席にいるのは自分なのだ」と受け入れることです。次には，自分が進むべき道を明確にすることです。自分の生命を握っている立場の重要な人物が，健全な方法で関わってくれなかったとしたら，誰かのせいにしたり，過剰に要求したり，諦めてしまったりするそのスタイルを，同じように自分の内部にたやすく再現してしまいます。

　そのスタイルを見極めるために，自分にとっての優先順位を確認してみましょう。気分が悪いときには「気分がよくなること」が論理的には最優先であるべきです。もし「気分が悪いまま」であるならば，すべてのことがうまくまわりません。「自分にとって益のあること」の優先順位が低く，その代わりに「すべきこと」「他者が必要としていること」「周囲から期待されていること」が優先されているかもしれません。もちろん時には一定の責任を果たさなければならず，他者を優先することはよいことであり適応的でもあります。しかし

常に，「自分にとって益のあること」を最後にして，気分が悪くても「よくなりたいと思わない」ような場合には，それは問題です。とりわけ気分が悪いときや，元気のエネルギーが消耗してしまっているようなときは，「自分にとって益のあること」が優先されるべきです。それは，「ほかの優先順位を下げることができる」ということをも意味します。

　時に，「自分にとって益のあること」が，そもそも優先順位のリストにあがっていないことさえあります。「自分にとって益のあるものを求めることは，利己的なことなので，そんな考えをもってはいけない」と思っている場合です。おそらく深いところで，「自分は幸せには値しない」とか「幸せになることは決してできない」と思っています。さらに悪いことに，よくあることではあるのですが，偶然によいことが起こったときでさえ，それを無効化して，ぶち壊してしまうのです。「自分にとって益のあること」を求めないとしたら，あるいは，よいことが起こったときにそれを感じることを自分に認めないなら，「自分は大丈夫」とどうやって感じることができるのでしょう？

　それゆえに，自分に対する問いかけを修正してみると変わることができます。「今日は外出する気分ではないけれど……それは私にとって益のあることだろうか？」と自分に問いかけます。すぐに答えを出さず立ち止まって，時間をかけて考えてみます。カーテンを閉めた部屋のベッドにいた日の気分と比較して，たっぷり散歩をした日は帰宅したときにどのように感じたのかについて，何度も何度も繰り返し考えてみます。「好きかどうか」も考慮すべきではありますが，「益のあることかどうか」のほうが重要です。落ち込んで参ってしまっているときには，身体が求めることをすることが必ずしも状況を改善させるとは限らない場合もあります。

　そうではありますが，散歩すれば解決するというものでもありません。落ち込んでいる人がいたら，周囲の人は元気を出すよう励まして，もとどおりにやるべきことをやるよう促します。この論法でいくと，あたかも「気分がよいかのようにふるまえば，気分がよくなる」ということになります。この関わりは，ひざをすりむいたときに「おいで。泣かないで。たいしたことじゃないでしょう」と反応した母親（第7章）と同じ関わりです。前述したように，これは感情を扱うための最良の方法ではありません。時に，自分のためにできる最良な

ことは，まさに「何もしないこと」である場合があります。「期待に応えて他者を喜ばせるために」あるいは「そうすることになっているから」という理由で外出したりはしませんが，その代わり「休むことが自分にとって益のあることだから」外出しないで家にいることにするのです。調子がよいときと同じレベルで行動することを自分に強いてしまうと，夕方には消耗してしまい，翌朝にはさらに悪化してしまうことがわかっている場合には，そうすることが正しいのです。こう考えれば，「何もしないこと」が自分にとって最良だということになります。

内的対話を変える練習をする

「自分にとって益のあること」は何かという問いは，外的な行動についてだけではなく，心の中にも適用できます。後者は目に見えませんが，より重要です。心は決して沈黙しているわけではないのですが，時に，絶えず行われている自分自身との対話に気づいていないことがあります。自分が「何をしているのか」「何を考えているのか」「どのように感じているのか」，絶えず自分との対話があります。この内的対話は，感情の制御という点でとても重要であり，前述してきたように（第9章），感情状態の減衰器や促進器として，あるいはその強度を増幅する共鳴板として機能します。よくなるためにすべきことの基本は，この内的対話に気づき，そこに変化を加えることです。自動スイッチを手動に切り替え，無意識的な対話ではなく，自分に役立つ対話になるよう意識を向ける必要があります。

この変化を生じさせるためには，もう一度ちゃんと自分の心と向きあわなければなりません。問題がどこにあるか理解することは不可欠ですが，それは最初のステップに過ぎません。自分自身と対話する新しい方法が内在化されて自然にできるようになるまで，繰り返し定期的に練習する必要があります。しばらくはこのことに十分に意識を向けてみて，うまくいっているかどうかを確かめるようにします。

この内的対話の練習は，一連の問いかけで構成されます。常にこの順番で自分に問いかけなければなりません。たとえ答えがわかっていたとしても，毎回そのたびに，自分に問いかけ，そして答えなければなりません。何度も何度も

繰り返しこの問いかけに答えていくと，心はこれまでとは違うふうに機能するようになります。自分を見つめることで自分を理解することができ，同時に内面において自分を大事にすることができるようになります。気づくまでには時間がかかるかもしれませんが，この変化が幸福感を増す力は大きいのです。それでは，その問いかけをみてみましょう。

1．何を自分に言っているのか？

　意識を向けてみないと，"考え"に気づくことはできません。気分が悪いときには，"考え"などなく苦痛だけがあるように思うかもしれませんが，"考え"は常に存在しています。自分が経験していることに関して，常に自分と話をしています。たとえば，「こんな気分，耐えられない」「私がバカだから，こんなことが起こった」「全部自分のせいだ」「私は絶対に逃げない」「私が死ねばよかった」などと考えています。この例のいずれの場合をみても，そう言うことは，単に苦しい感情をはきだすだけではなく，自分の中に新たな否定的な感覚を生みだし，状態をさらに悪化させてしまいます。

　自分自身にそう言っているときに，一語一語このフレーズを書きとめておくことは役立つかもしれません。紙に書かれたフレーズを見てみると，心の中で自分をひどく傷つけていること，どれほど自分に落胆し自分を信用できなくなっているのかということに気づきます。

2．このフレーズをどこで学んだのか？

　これらのフレーズは，「自分の人生にとって重要な他者から過去に言われたこと」の再現であることが非常によくあります。両親や教師やパートナーが「おまえには耐えられない」「おまえはバカだ」「全部おまえのせいだ」「おまえは役に立たない」「おまえなんか生まれなければよかった」と言ったのかもしれません。必ずしもそうとは限りませんが，しばしば心の中で自分に話すその話し方は，過去に言われたことがどれほど重要なのかということを反映します。

　人は，他者が自分を見たように自分を見て，他者に扱われたように自分を扱うものなのです。このことがひとたびモデルとして内在化されると，常にそれが参照されるようになってしまう，というのが問題です。その人たちから遠く

離れて，もはや生活の一部ではなくなっても，その影響が残るのです。問題は，あらゆる方法を駆使して逃げようとしても逃げられないということです。1日24時間，頭は肩の上に乗っているのです。心を再プログラムする以外の選択肢はありません。

3．過去に他者が自分に言ったことは，自分の役に立ったのか？

誰もが，他者から「おまえには耐えられない」「おまえはクズだ」「おまえは有罪だ」「おまえによいところはない」などと言われたくないのは明らかです。だから，これらのメッセージがどれほど自分にいやな思いをさせたのかに気づくことは不可欠です。そして，このようなメッセージは最初からまったく何の役にも立たず，不快な感覚を引っ張りだすだけのものであると気づく必要があります。それは，その関係性の中にいるときに吸わなければならない空気のようなものです。

もし立ち止まって考えてみたなら，もはや"放棄してしまいたい遺産"であることが確実にわかるでしょう。

4．周囲の人が今も同じことを言ったとしたら，それは自分の役に立つのか？

現在の生活に関わっている別の人たちが，あなたに次のように言うことを想像してみましょう。「君にはこんなことはできない」「そんなふうに感じるなんて，バカみたい」「こうなったのは君のせい」「君が上達するなんてことは不可能」「君は死んだほうがよい」。こう言われたら，どのような気持ちになりますか？ 繰り返しますが，気分が悪くなることは明らかです。

でもとにかく，この問いかけに答えてみましょう。そうすることが，心の中で絶えず自分に対して同じことを言ってしまうときに，それがどのような意味をもつのかに気づくために役立ちます。自分が自分の最悪の敵になってしまえば，時には誰にも会わずに家にいようと思っても，それは休息になりません。

5．自分が言われていやなことを愛する人に言うだろうか？

自分が言われていやなことを愛する人に言うことを想像してみましょう。親友や子どもや愛する人のことを考えてください。彼らが自分と同じように感じ

ると仮定して，こう言います。「君にはこんなことはできない」「そんなふうに感じるなんて，バカみたい」「こうなったのは君のせい」「君が上達するなんてことは不可能」「君は死んだほうがよい」。きっと，そんなひどいことは想像できないと思うでしょう。しかし「自分が自分に対して言ってきたことがどれほどひどいことだったのか」に気づくことが重要なのです。

まだ何も変わってはいませんが，毎回自分にそういうことを言ってきたとしたら，自分がしてきたことは，まるで「テレビで放送禁止用語がピー音で消される」といった事態になっていたことに気づきます。もはや無意識に漠然と頭の中に浮かんでくるということはありません。このことにより問題は軽くなり，それはすでに重要な変化といえます。

6．何を自分に言えば役立つのか？

思い出してください。感情状態を改善するためには，「自分にとって益のあるもの」を探すことを最優先にする必要があります。自分にとって役立つものは，他者に役立つものと同じです。だから「愛する人に伝えたいこと」を考えれば，それが答えになります。「自分を助けるために誰かが自分に言ってくれること」について考えることもできます。たとえば，「きっとうまくやれる」「誰にでも起こりうること」「できることはやった」などと自分に言ってみるのがよいでしょう。つまり「時は流れる」ということ，「困難はあるけれど前進できる」ということ，そして「自分は幸せになるに値する」ということを，自分に伝えることが可能です。

そう言ってみても，そうは思えない可能性は高いのですが，それを本当だと思うかどうかという問いかけは，質問リストの最初にくるべきではありません。もし友達が太りすぎで落ち込んでいるとしたら，「太りすぎだよ」とは言いません。それは真実ではありますが，こういった類のことを伝えることは助けにならないでしょう。同様に，何度も何度も繰り返し過去に犯した失敗やそのときの気分の悪さを思い出せば，不快感は2倍になります。それは"落ちた穴の底でさらに深く穴を掘る"ようなものです。

よくなりたいなら，自分に対して実際に気分がよくなるような声のかけ方を学ぶことが重要です。信じられないかもしれないし，変な感じに聞こえるかも

しれないけれど，そんなことは構いません。それが普通なのです。もし心の中で自分の人生を台無しにすることに時間を費やしてきたなら，自分を正しく扱うことに対して変な感じが伴うでしょう。実際のところ，かなり違和感があると思います。しかし，もし新しいモデルでの内的対話を繰り返し続けたら，最終的にはごく自然に聞こえるようになります。ある意味，それは新しい言語を学ぶことに似ています。最初は機械的に単語を繰り返し，脳が吸収して覚えはじめるまで同じフレーズを何度も何度も繰り返し声に出します。言語の習得には時間がかかり，なかなか流暢にはなりませんが，それが普通の学習のプロセスです。

“大人の自分”が車を運転するということ

　時に感情は人を圧倒し，すべてのものを押し流してしまいます。絶望や落胆や苦悩があらゆることを決定していきます。世界を理解するために，過去に作られた信念を参照してしまうことが続きます。しかし，感情と思考は別のものです。感情は，実際のところ，乳児や幼児のようなものです。乳児や幼児は，単に感じる能力があるだけなので，「自分は大丈夫だ」と感じられるようにするために，大人が制御し，落ち着かせ，励ましてやることが必要です。感情とつながっていることは重要ですが，同時に感情によって自分を失ってしまわないことも不可欠です。内面に多くの感覚が蓄積されていると，最初にその感覚を体験したその年齢のときにしたように，その感覚を封印してしまうのです。“実年齢の自分”として機能することができなくなり，当時の年齢のままに置き去りにされた“子ども”のようになってしまいます。保護されず，無力で怒りを抱えた満たされない子どもです。

　この“子どもたち”に関心を向けなければなりませんが，それは決して“子ども”に“車の運転をさせる”という意味ではありません。心の中にいる“大人”が，時には最初から，自分の感覚を大事にし，自分の感情を理解し，自分の欲求に気づくことを学ぶ必要があります。

　健全な大人が子どもの世話をするときには，お腹が空いたり眠かったり具合が悪かったりして子どもがぐずっていることに気づけば，子どもが求めている

もの，子どもにとって益のあるものを与えます。このことを人生早期に学ぶ機会がなかったとしても，今，学ぶことができます。今は大人なので，変わるために動かなければなりません。どうすればよいのかがわからなくても構いません。試してみるだけです。

　運転を学ぶためには，誰かに教えてもらうか，自動車教習所へ行く必要があります。他者から学ぶことのほうが容易であるなら，一人で学ぶ必要はありません。不足している知識を手に入れて，まだもっていないスキルを身につけるために練習するのです。しかしまず，車に乗り，ハンドルを握ることが必要です。そうやって，自分の人生を自分でコントロールするのです。

第16章
たくさん失敗を重ねた人が勝者となる

一度も失敗したことがない人は，
一度も新しいことを試みなかったということだ。
アルバート・アインシュタイン

古いパターンを脱却して新しいパターンを学習する

デスティンの「逆向き自転車」の例

デスティン・サンドリンはエンジニアです。同僚が彼のために「逆向き自転車」を作りました。その自転車は，ハンドルの向きと逆に前輪が動く仕組みで，ハンドルを左に回すと前輪が右を向き，逆の場合は逆になります。[21] ハンドルを右に切れば自転車は左方向に進み，逆も同様です。この自転車に乗れるようになるために変える必要があることは単純ですが，普通の自転車の乗り方をすでに知っているとしたら，それはきわめて困難です。しかし，デスティンはこの「逆向き自転車」の乗り方を習得しました。彼はそれを目標として定め，達成するために根気強く努力しました。ちゃんと乗れるようになるまで，8ヵ月間，毎日その自転車に乗る練習をすることが必要でした。彼は何回も転びましたが，諦めずに，失敗感に持ちこたえて，ただ一生懸命熱心に挑戦したのです。

彼はその逆向き自転車に乗ろうとするたびに，古いパターンが自分に与えている影響力の大きさに気づかされました。過去に従来の自転車に乗っていたとき，脳の中では神経の接続が開発され，その接続の回路は「自転車に乗る方法」という記憶を作りあげてきたのです。意識レベルでは，逆向き自転車に乗

---

[21]　この技術者は，科学の力を使って世界を探究し，物事についての新しい視点を提供している。それはウェブサイトで公開されている。www.smartereveryday.com/

るためにどうしなければならないのかはわかっているのに，脳の中では自動的にこの「手続き記憶」が作動してしまいます。

「自分に抗う努力」の継続

　変化の必要性に気づくことは，きわめて重要な最初のステップになります。しかし，それだけで変化が可能になるわけではありません。最初のステップのあとにほかの多くのステップが続くことになるので，正しい順序で取り組んでいく必要があります。

　深く根づいたパターンが別の方向に導いてしまう中で，それでも行きたいところに行くためには，「努力を継続すること」そして少しだけ「自分に抗うこと」が要求されます。自分に対して抗うことは，良いこととも悪いことともいえません。それは目標が何かということによります。もし，ただ義務を果たすためや他者を喜ばせるためだけに自分に抗うのなら，その努力はエネルギーを奪って疲弊させるだけに終わります。もし自分に抗って，本当の欲求や自分にとって大切なことを無視するのであれば，自分で自分を傷つけることになるでしょう。一方で，もし成長するために努力し，自分のネガティヴで自己破壊的な傾向に抗うのであれば，その努力は価値のあるものになるでしょう。

どうすればよいのか

失敗を肯定的に評価する

　変化するために大事なのは，失敗を肯定的に評価することです。もし何か間違うたびに自尊心を傷つけたり罰を与えたりする教師がいたら，その教科に問題を抱えてしまうことになるでしょう。その教科が得意な人は，つまずいた場面をうまく乗り越えた人であり，わからなくても負けずに挑戦した人といえます。その教科が難しいからこそ，一生懸命取り組んだのです。そうではなく，もしその教師の言ったことやしたことを内在化してしまったら，最終的には自分自身を叱りつけて，完全に心を閉ざしてしまうことになるでしょう。教育システムにおいては，肯定的な強化は否定的な強化より効果的であることが実証されています。何か失敗したとき，うまくやれたときのことを思い出せれば，

すぐにやり直せるでしょう。失敗した人を叱責すれば，特にそれが強い侮辱を与える継続した叱責であれば，ほとんどの場合，遮断反応が引き起こされ，よくない影響を与えるだけになってしまうでしょう。

　失敗したときに生じる反応の仕方は，「パターンを変える」方法を学ぶうえで重要です。学習は試行錯誤を通して達成され，失敗は成功のための重要な一部なのです。失敗なしに，学習は成立しません。

　どうやって歩けるようになったのかを思い出してみましょう。赤ちゃんのとき，ある日突然立ちあがり，自信をもって歩きはじめたでしょうか？　そんなことはありません。転んでは，つかまり，よちよち歩いては，またつかまって，ということを何度も繰り返していました。失敗を繰り返すことを通して，神経システムは学習するのです。最初は1，2歩しか進めませんが，周囲の大人の喜びの表情に励まされて，また歩こうとします。もし数歩しか進めないことで「役立たず」と呼ばれたら，歩きたくなくなってしまうでしょう。子ども時代に身につける新しい能力のすべてについて同じことがいえます。子どもは何度も失敗しながら，ブロックのタワーの作り方を学びます。なぜなら，子どもはどうやって積み重ねればうまくいくのかをまだ知らないからです。神経システムは，失敗することで学習するのです。何回も失敗することで，一つひとつのブロックを正しく組みあわせてタワーにすることができるようになります。

　最も多くの種を植えた村人が，最も多くを収穫した人でした（第12章）。発芽し成長した種もありましたが，発芽しなかった種もたくさんありました。前に進もうとすれば，失敗も起こります。このことは変化や学習を意味します。この新しい視点をもつために，人は失敗することを好きになる必要があります。

計画的にわざと失敗してみる

　どうすればそれができるのでしょうか？　非常に単純です。行動のすべてが学習なのです。もし「失敗することは耐えがたい」と単純に思っているなら，「計画的にわざと失敗する」という課題に取り組みましょう。

　失敗することを不快に感じる人はおそらく，「私はすでに毎日たくさんの失敗をしている」と言って，この課題に反対するでしょう。しかし，この課題は「わざと失敗する」ことに意味があるのです。心理的な柔軟性を高めるために，

うまくできることに対して,「わざと失敗することを選択」します。毎日何らかの失敗をしてみます。文章の最後にピリオドを打たないとか,5分遅刻するとか,ベッドを整えるときにシーツのしわを残すとか,ペアじゃない靴下を履くとか,些細で無害で意味のない失敗をしてみるのです。ポイントは"毎日,逆向き自転車にまたがり,乗ろうと努力して,よろめいて転ぶ"ことです。その日に転んだ回数が,成長のために費やしたエネルギーの指標です。

　しばらくすると,これらの失敗はより肯定的な意味をもつようになり,時に楽しめるようになるでしょう。しかし,そのためには最初に,失敗というものに伴う一般的な不快感に慣れる必要があります。神経システムは,定期的に起こることであれば,あらゆる種類の感覚に順応することができます。はじめて車を運転するときには不安と緊張を感じますが,毎日運転するようになると習慣になり,ひとたび運転をマスターしてしまえばリラックスすることさえあるでしょう。この習慣化が起こるためには「慣れたい」と思う気持ちを維持することが重要です。わざと遅刻したり間違えたりすることに対して不快を感じる場合には,その感覚に注目しましょう。十分にそのプロセスを繰り返せば,慣れが生じて気にならなくなります。

　物事を変化させる試みは,継続的で一貫したものでなければうまくいきません。もしデスティンの自転車に乗ろうとして,転ぶたびに「不可能だ。絶対できない」と言って,1ヵ月間でやめてしまったなら,変化にはもっと長い時間がかかるか,あるいは変化は生じないでしょう。

「古いパターン」への逆戻りにもちこたえる

　デスティンの「逆向き自転車」での挑戦において重要なのは,8ヵ月間毎日練習したあとで,彼が「できた」と感じはじめたその瞬間です。もはや全神経を集中して乗る必要はなく,彼の身体が「無意識に逆の方向にこいでしまう」こともなくなっていました。彼の動きとバランスは以前に比べてはるかにスムーズでした。彼の脳の中で作りあげられた新しい接続が,古い接続に勝利しはじめたのです。しかしながら,ほんの少し注意散漫になるとバランスが失われてしまいます。彼の学習はまだ脆弱で,新しい接続はまだ十分に強く安定したものではありません。逆向き自転車に乗るための新しい神経システムがしっか

り確立されるまで，さらに練習のための時間を費やす必要がありました。

　自分を大切にして自己制御できるようになるために，より健全なパターンを学習するときにも，同様の過程が生じます。改善に向けて努力していても，何か予期しない悩みや失敗が生じると，たやすく古いパターンに戻ってしまうのです。一歩後退してしまったと感じるかもしれませんが，逆にそれは，前進しているからこそ感じることを意味しています。ここは重要なタイミングになるので，すぐに"自転車の練習"に戻ることが必要です。こういうことは避けられないことなので，できるだけ早く"もとに戻って練習をはじめれば"影響を最小限にとどめることができます。とりわけ，さらに"穴を深く掘らない"ことが重要です。"穴に落ちてしまった"ときに「また同じ繰り返し」と自分を非難し，「自分は無能だ」「どうせ絶対に目標なんか達成できない」「こんな目標は無駄だ」などと自分に言うとしたら，"穴"はどんどん深くなり，そこから這いあがることははるかに難しくなるでしょう。

　「逆向き自転車」に自信をもって乗れるようになったとしても，古い接続は脳の中から消えるわけではないということを覚えておきましょう。ただ背面に退いただけなのです。デスティンは「逆向き自転車」に乗れるようになったあとで，再び普通の自転車に乗ろうとしました。数時間は乗ることができませんでしたが，その後まもなく，彼の脳は古い回路へのアクセスを取り戻し，以前と同じように乗ることができるようになりました。

　人生において，環境の影響から古いパターンに戻ってしまうことは比較的たやすく起こります。たとえば，もし新しいパートナーが両親と同じように過度に批判してくるような人だったら，再び心の中で自分を疑い，非難するようになってしまうことでしょう。常に自分をいたわり，ガードを緩めてはいけません。しかし，意識して取り組めば，自分を大切にするために時間を使うことがごく自然にできるようになるでしょう。

「古いパターン」をどこで学んできたのかを理解する

　ここまでみてきたように，自己制御のパターンは学び直しが可能ですが，発達の初期段階であれば，それはよりたやすいものになります。デスティンの小さな息子は，2週間で「逆向き自転車」に乗れるようになりました。それは，

父親が要した8ヵ月間の継続的な練習によるプロセスと同じものでした。

　それゆえに，大人になってから起こることを理解するために，それらが子ども時代にルーツをもつものなのかどうかを調べるのは役立ちます。人生早期の経験，そこで受けたメッセージや適応スタイルは容易に内在化されます。そしてそれは，その後の人生を通して，ものの見方に影響を与え続けるのです。これらの状況は明らかな場合もあれば，意識的に深く考えてみなければ気づかれないままの場合もあるでしょう。

　たとえば，誰からも尊敬され，すべてが完璧で，どのような問題に対しても適切な表現で正しい解決に導いてくれるような親が，子どもに肯定的な影響よりも否定的な影響を与えてしまうという場合もありうるのです。なぜなら，そのような親のもとで育つと，子どもは，自分は親のように完璧ではないし，将来そうなることもできないと思い，自信をもてず，自分を不完全で不適格だと感じてしまうことがあるからです。親が「あるべき理想の子どもの姿」をもとに子どもを評価する場合には，親が「実際の子どもの姿」に関心をもたないことになるので，子どもは自分の失敗に耐えることが困難になり，どんなにちゃんとやっても「失敗だ」と感じてしまうでしょう。「普通当たり前に誰もがもっている欠点がない」ことが疑いようもない親は，おおいに理想化されますが，それでもほかの人と同じように浮き沈みはあるものです。このような人は，自分の失敗を認めることはほとんどなく，他人の失敗を頻繁に指摘し，自分は常に正しいと思っていて，他者に共感することはないでしょう。

　このような親の存在を"台座"から外すことは難しいかもしれませんが，それは重要です。そうすることで，自分の"強さ"と"弱さ"を和解させ，両方に価値を置けるようになります。適応の方法をどこで学んできたのかを理解することは，ものの見方を広げることに役立ち，人は失敗から成長するものなのだと気づかせてくれます。

　行動の仕方を変えられるのと同様に，有り様というものは変えられるのです。しかしそれは，映画のように，突然起こるものではありません。物事を変化させる方法は，現実的なものであることが重要です。すなわち，多くの失敗を通して変化するということです。たくさん失敗する人が，成功のチャンスをたくさんもっている人なのです。

第17章
思い込みに疑問を投げかける
──良の中にある悪，悪の中にある良

> 確固とした疑う余地もない思い込みほど，疑ってみる必要がある。
> それらは限界，境界，牢獄となる。
>
> 　　　　　　　　　　　　　　　　ホセ・オルテガ・イ・ガセット

良いこととされる「思い込み」の中にある良くないこと

「思い込み」が生まれる理由

　育つ環境が混乱した状態にあれば，時に言葉は違う意味や反対の意味をもちます。愛着の関係性が機能不全に陥っているときには，関わりには常に心配が伴い，支配と保護，服従と愛情は混同されてしまいます。もし感情面での欲求を理解してもらえなかったら，これらの欲求は無視したり抑圧したりすべき否定的なものとみなされるでしょう。もし感情を表したときに他者から罰せられたなら，「感情は悪いものだ」と思うでしょう。たいてい，この関係性を支配するルールは，矛盾に満ちた不合理なものであるにもかかわらず，従うべき唯一の参照枠になります。混沌としたアンビバレンツな環境にいるときには，何が正しいのかわからないので，結局は，行動を導いてくれる参照枠であればどのようなものであろうとしがみついてしまいます。おそらく，そのことに意味があるのかどうかを落ち着いて分析してみることはないでしょう。

　しばしば環境は混乱の一因となります。もし幼少期に，赤を緑，緑を赤と教えられたら，あるものを緑だと言うときには赤を意味していることになります。これと同じように，「不快を表明するのは弱い」「欲求をもつことは自己中心的だ」「愛情を求めることは子どもじみている」「怒ることは気性が荒くて神経質で最悪であることに等しい」と理解するようになってしまうかもしれないのです。なぜなら，自分がこのような感情状態になるたびに，周囲の人がこの種の

メッセージを与えてくるからです。

　しかし，「安定感のある人が大きな響きわたる声で話したこと」だからと言って，それが絶対的な真実を意味しているわけではありません。実際のところ，まるで議論の余地がないかのようにものを言う人は，この理由から，たいてい正しくはないのです。「思い込み」は，「健全な確信」とは大きく異なります。「健全な確信」には，疑いの余地があり，合理的な議論を前にすれば，その考えは変わりうるものです。原則的には，「思い込み」は常に病理的であるといえ，その考えにしがみつく必要性を根底に抱えていることを示します。

　もし悲しんでいる子どもを「泣き虫だ」と呼ぶ大人がいたとしたら，その人はおそらく自分の悲しみをどう扱えばよいのか知らないのです。もし子どもが怒ったときに「悪い子だ」と言う人がいたら，その人はおそらく自分自身のストレスに対処することができないのでしょう。周囲の大人が悲しみや怒りなどの感情を扱うことに困難を抱えていると，子どもがそういう感情を示したときに不快を感じるのです。子どもを育てるうえで重要な役割を果たすべき人は，自分が学んでこなかった感情言語を子どもに教えることができず，しばしば自動的に逆効果を招くパターンに陥ってしまいます。「泣き虫だ」とか「悪い子だ」と言ってしまうのは，それが「真実だから」ではなく，「その人がそうとしか思えない限界を抱えているから」です。子どもの感情表出にいらだち，どうしたらよいかわからないので，「泣き虫だ」「悪い子だ」と言うことで，子どもをある程度コントロールし，行動を罰しようとするのです。このように理解することは「自分を傷つけた人の言動を許すべきだ」ということを意味するわけではありません。彼らの発言は「彼らの心理的事情に基づく単なる見解に過ぎない」と理解すべきだということです。彼らのほうにゆがみがあるのです。

「思い込み」を疑うことの重要性

　人生において重要な役割を果たしてきた人との対話が内的対話に反映されるとすると，自分の「思い込み」のすべてを疑ってみることが重要です。ほとんどの"考え"は，その論理がきちんと分析されることなしに頭の中をめぐっています。人は，その「思い込み」を強く断固として信じているという理由だけで，それが絶対的に疑いようのない真実だと思ってしまうのです。「思い込

み」にはそういうものが多いので，「『思い込み』は正しくない」というのが正しいといえます。

　しかしながら，もし複雑で混沌としたアンビバレンツな環境で育ってきたとしたら，行動するうえで従う必要がある参照枠のいくつかは絶対的に必要不可欠なものに思えるでしょう。これらの参照枠なしには，あらゆることがすべて混沌に陥るので，それゆえにしがみつく必要が生じます。これらの"考え"は，自分と世界に関するものの見方の基盤となります。

　「自分には何の価値もないから」「すべて自分の落ち度だから」「ひどい宿命を背負っているから」悪いことが起こると思ってしまいます。そのうえ，そう思うだけではなく，この"考え"にしがみついてしまいます。なぜなら，少なくともそう思うことで物事の説明がつくからです。そう思えば不思議と，自分を「役立たず」と決めつける否定的な「思い込み」を変えずにいることができます。そして，他者が自分の達成したことを評価してくれるような場面でも，自分を過小評価します。誰かが自分に対して何かよいことを言ってくれるときはいつでも，その言葉を心のバットで粉砕し，自分の中に入れさせません。反対に，うまくいかなかったときには，心のドアを開けて，その事実や他者からの批判を自分の内部に入れ，この「思い込み」に共鳴させるのです。そうして，「私は役立たず」という思いが自分の中で強化され，うまくできていることや評価してくれる人がいるという事実が目に入らなくなってしまうのです。

どうすればよいのか

　それゆえに，変わるためには，次のことに取り組む必要があります。自分のものの見方を生みだしてきた思考の参照枠を壊し，「思い込み」を本気で疑い，そしてたとえどんなに強く信じていたとしても，それは絶対的な真実ではないということを確かめます。おそらくそれは，デスティンの息子の脳のように（第16章），脳にまだ高い順応性があり，すべてを吸収していたときに，繰り返し学び，そして貯蔵したものなのです。

　「思い込み」が弱まってくると，不安になり苦痛を感じ，めまいがすることさえあるかもしれませんが，これらの不快な感覚は，正しい方向に向かっていることを示しています。「思い込み」に伴う偽りの安心感から解放されつつあ

るということであり，そうして，ものの見方を変えられるのです。

　どう考えればよいのかについての客観的な参照枠をもつことはおそらく難しいので，"手本"になりそうな健全な人を見つけたり，問題を理解してくれる親しい友達やセラピストのような人たちにアドバイスを受けたりすることは大事です。あたかも探検家がはじめて見る"現実"の中へと進むように，世界と人々をよく観察してみます。健全に適応している人は，自分のことをどのように言いますか？　気分がよいときには何と言いますか？　気分が悪いときには何と言いますか？　気分を改善するためには，うまく適応している人をお手本にすることは役立ちます。

　しかしご存じのとおり，"ハンドルが逆になった自転車に乗るとき"には，論理もまた逆になる傾向があります。そのため，自分を肯定しているように見える人を前にすると，その人を学ぶべき価値のあるものとして"手本"にすることができず，自分と比較してしまい，その人のようにできない自分を「ダメだ」と思ってしまうかもしれません。もとの「思い込み」のレンズを通して物事を理解し，「自分には何の価値もない」「自分には本質的な欠陥があるから，その人のようにはなれない」と思うのはたやすいことなのです。自分にはちゃんと価値があると他者が伝えてくれるときでさえ，それは「単に自分を励ますために言っているだけであって，心の奥底ではそんなことは思っていない」と「思い込み」，その言葉を却下してしまいます。核となっている信念を手放すのは怖いことなので，心というものは多くの方法で現実をゆがめてしまうのです。もし唯一の確信を失ったら何が残るのでしょう？　そのあとでどうなるのでしょうか？　何もないよりは否定的な参照枠をもっているほうがましだと感じるかもしれません。

　この"逆さま世界"では，良いものは悪く見え，悪いものは良く見えます。「思い込み」は自分と世界を理解する鍵を与えてくれるように思えますが，実際には何も理解していません。コントロールすることだけが自分に安心感を与えてくれるように思うかもしれませんが，それは"変化することを許さない監獄"にもなります。他者から自分を孤立させることが解決になると固く信じていたとしても，それは，さらなる情緒的ダメージをもたらし，"心に栄養を与える経験"をもてないことにつながります。そして，自分を傷つける人との関

係にしがみつき，「状況がよくなることなどない」と信じ込み，愛されること
だけを求めて愛するがゆえに，関係性に苦痛が生じることを正当化してしまい
ます。

　覚えておいてください。「愛する気持ちが本当なのかどうか」ではなく，「そ
の関係性が『自分にとって益のあるもの』なのかどうか（第15章）」について
自分に問いかけることこそが重要なのです。

理想化される空想の世界

　パートナーが「世界で一番自分を愛してくれる」と想像することは可能です
が，この一見美しい考えは，ありのままのパートナーとともに生きていくこと
を困難にします。なぜなら，論理的に言えば，普通誰でも欠点をもっているも
のだからです。もし，すべての子どもが憧れるような両親や家庭というものを
夢見続けるならば，「自分が育った家庭や両親が自分を育ててきた方法」につ
いて考えると，おそらく困惑してしまうでしょう。こういった空想は可愛らし
いもので，そう考えることで気分がよくなるように思いますが，実際のところ，
とても破壊的な影響をもちます。

　理想に満ちてすべてが望むとおりで，あらゆることが可能な空想の世界は，
地に足をつけて現実の世界で生きることを妨げてしまいます。現実はそんなふ
うに輝いてはいません。血の通った人間には欠点と限界があります。選択肢は
ありますが，無限ではありません。夢の世界と現実の世界が競争すれば，現実
世界は大幅に差をつけられて2位になります。夢から現実に戻り，現実が空想
とはまったく異なることに気づくと，結局は挫折して失望してしまうでしょう。
物事はただあるがままなのです。もし現実と闘えば，唯一現実だけが真に存在
しているものなので，常に現実が勝ちます。

　人間には現実を否定する驚くべき能力があります。ホセ・ルイス・クエルダ
監督によるシュールリアリズム映画『Dawn Breaks, Which Is No Small Thing
（夜明け，それは小さなことではない）』でのワンシーンは，このことを描いて
います。ある老人がスペインの小さな山村で孫と一緒に暮らしていました。孫は
身長180㎝を超すアフリカ系の黒人少年でした。毎日，老人は1階に降りてそ
の少年を見るたびに，パニックになり「うちに黒人がいる！　うちに黒人がい

る！」と叫びながら2階に走って戻るのです。少年は「おじいちゃん，僕は孫だよ。もう20年も一緒に住んでいるよ」と答えます。出来事の頻度や明確さは，存在を快く受け入れるかどうかとまったく関係がないのです。ある事柄が自分のもともとの"考え"と合わない場合や，それが物事の有り様についての自分の"考え"ない場合には「存在しているという事実そのもの」が拒まれてしまうのです。しかし，現実を否定することは，ちょうど「月を指で隠したからと言って空から月が消えない」ように，その有り様を変えはしません。物事を受け入れないならば，変えようとすることは不可能です。

それでは，空想の世界をどう扱えばよいのでしょうか？　破壊すべきなのでしょうか？　夢を諦める必要はありません。ただ単に，現実世界の中で夢を抱え，夢を作ればよいのです。理想の世界の中に表現されているものすべてが，重要で合理的なニーズと結びつけられる必要があります。

誰もがみんな，好きな人に囲まれ，人生でしたいことをするために，愛情や受容，そして承認を必要とします。これらのものすべてが手の届くところにあるのですが，"完璧な王子様"という形ではなく，人生の喜びを共有する血の通った人間として存在しているのです。それらは「過去に自分が与えられなかったすべてのものを得ている子ども」をもつことによってではなく，むしろ「自分で目標を探し，自分の潜在能力を開発していくことができるような子ども」をもつことによって得られます。それらは「一流の国際的企業での輝かしい経歴」の中にではなく，むしろ「典型的なうっとうしい上司と協力しあえる素敵な同僚というごく普通の職場環境でコーヒーを飲みながら談笑する」ことの中に見つかるのです。

夢の世界は現実とは異なるので，現実と闘うことはしませんが，目の前の世界の中に，夢の世界の一部があることを発見し，たとえ光輝いてはおらず，100％理想の状態ではなかったとしても，それを受け入れることを学ぶのです。少しずつですが，夢の世界の中に探し求めていたものすべてが手に入るでしょう。そうすれば，最も大切なものは現実だということになります。

悪いこととされる「思い込み」の中にある良いこと

"外見" とは違う側面に目を向けてみる

前向きに生きるために使ってきた多くの戦略は，それ自体がネガティヴなものではありません。しかしながら，今となってはもはや役に立たず，問題を引き起こすかもしれません。たとえば，「強い」ことはそれ自体では価値がありませんが，生き残るためのメカニズムとしては価値があります。「忘れる」ことは解決策ではありません。心の中に消しゴムのようなものは存在しないので，それは記憶を覆い隠す単なる "絆創膏" です。「反応しない」ことは，ほかに選択肢がない状況では最善のことになりますが，選択肢がある場合にはよくない影響を与えます。

ここまでのところで，ポジティヴだと思い込んでいた多くのものがそこまで重要ではないことがわかったので，コインの反対側を見てみましょう。多くのネガティヴな側面があっても，実は思っている以上によいものであるのかもしれません。あることをネガティヴなことだとみなすのは，他者にそう思い込むように教えられたからです。そしてそれは，生きている社会の中の道徳的規準によって強められます。利他主義や寛大さ，善くあるべきという思想は，宗教的なニュアンスに染められています。反対に，自己中心性や加害性はネガティヴなものとみなされるでしょう。しかし，何事も "外見" とは違うということをここまでで理解してきたので，このことについてもう少し考えてみましょう。

自己中心性

自己中心的であることは常に「悪いことだ」と考えるかもしれませんが，これは真実ではありません。ある意味，心にとっての「自己中心性」は，身体にとっての "空腹" のようなものです。もし少しだけ自己中心的であるなら，他人の欲求よりも自分の欲求を優先することができます。この傾向は，「親切」とのバランスを取るために役立ちます。

もし自分の中にあるすべての自己中心性を抑圧するなら，常に他人の利益のために自分の利益を犠牲にすることになるでしょう。そうなると，いつも "お

腹を空かせている”ことになり，気持ちのうえで“栄養失調”になります。加えて，常に寛大で，他人を大切にし，利他的で，決して「いやだ」と言わず，他人の要求を飲んでしまう傾向がある場合には，この自分の行動パターンにマッチする人——与える以上に要求し，自分が大切にされることを求めるけれども相手の欲求は気にかけないような人——と関わる傾向がたやすく強まってしまいます。そのバランスをうまく調整するために「健全な自己中心性」が必要であり，少なくとも時には自分の欲求を優先させるべきなのです。

そうすることには違和感を抱くかもしれませんが，覚えておいてください。身体と神経システムは順応するので，だんだんと感覚が変化して快適になります。

加害性

一般に悪いものだと思われているもうひとつの概念は「加害性」です。ほとんどの人は自分のことを悪人だとみなすことはなく，むしろ善人だとみなすでしょう。しかしながら，誰もがみんな，時には危害を加えてしまうことがあります。誰かを傷つけずに生きることは不可能なのです。このことは「他者に危害を加えることで力を誇示するような不必要で不当な危害」のことを言っているのではありません。「頑張って自分の権利のために闘うことによって，時に他者に不利益をもたらすことになるような，避けがたい危害」についての話です。

大学教員や公務員になるための競争試験を受けて合格すれば，そこには落ちた人もいます。もし就職試験の面接で，完全に正直になり，「会社側が求めていることに合わせて話す」というようなことをしないとしたら，採用されないかもしれません。採用されれば勝ちです。他者と競争するときはいつでも，たとえそれがフェアな闘いであったとしても，誰かは負けるのです。人生において，ほんの少しも自分が加害側にならないとしたら，ある時点で他者につけいられてしまうでしょう。少しも自己中心的になることなく，権利のために闘うことをしないなら，自分にとって大事なことを何も達成できず，目標を勝ち取ることはないでしょう。周囲の人は，100％寛大でもなければ利他的でもありません。このことを心にとめておけば，単にゲームのルールに従って行動すれ

ばよいだけです。

これを読んでいると不快になり，同意できないと思う場合には，それは「正義が支配していて，すべての人がすべき行動をする空想の世界」でのみ有効な参照枠で生きているということを意味します。[*22]

弱さ

ある概念がネガティヴなものだとみなされるのは，その概念を伴う最初の経験がネガティヴであったり，その概念が悪い経験と関係していたりするからです。

すでに"弱さ"が必ずしもネガティヴなものではないことについて検討してきましたが（第13章），自分の最も弱い部分を握っている人が自分を傷つけてきた場合には，「危険」と「弱さ」が結びつけられてしまいます。こういう理由から，弱さを他人に見せることができず，そのためにもっと大きなダメージを受けてしまうことになります。自分が弱い存在であると理解するプロセスも同様です。もし強くなって前に進むことで過去を乗り越えてきたとしたら，強い存在であることのポジティヴな側面を過大評価することでしょう。加えて，過去の人生において，弱くて従順な人を押しつぶしてしまうような強くて有害な人がいたとしたら，弱い存在であることと危害を受けることを同一視してしまうでしょう。結果として，弱い状態にあるとき，誰にも頼れず，自分にとって有用なリソースを役立てることができません。他者の支援なしにすべてのことをしようとして，結局は疲れ果ててしまうでしょう。そんな自分をみると気分が悪くなります。なぜなら，弱い自分は受け入れがたく，自分が十分に強くないことに怒りを覚えるからです。

---

*22　Lernerは，いわゆる「公正世界仮説（just-world hypothesis）」を定義した。この仮説では，人々は「世界は公正で，秩序があり，自分に値するものを得ることができる」と（信用に値するような証拠に反してでも）思い込むことを必要とする。公正ではないことがあったときに，人は，秩序を取り戻すために被害者を支援しようとするが，それがうまくいかないと被害者を非難する。物事が規則的に動かずコントロール不能であると仮定することは，結果として耐えがたい認知的不協和をもたらすのである。

Lerner, M. (1980) *The Belief in a Just World: A Fundamental Delusion.* Plenum Press.

努力に伴う不快

「不快な感覚」も単にネガティヴなものとみなされており，それらを避ける傾向を発達させます。感覚というものは，避ければ避けるほどさらに耐えがたいものになるのです。身体と神経システムがその不快に慣れる機会が失われるからです。

たとえば，もし自己否定的な傾向があるなら，努力の感覚は不快でストレスフルなものに感じることでしょう。一方で，スポーツをする場合には，努力はポジティヴな——快くはないですが——感覚として理解されます。なぜなら，努力することは身体のコンディションとパフォーマンスを高める方法だからです。

もし努力の感覚を避けるなら，潜在能力を十分に開発することも，中長期にわたる継続した努力によってしか得られない成果を得ることもないでしょう。努力から得られるものは目に見えないので，頑張ろうとしはじめるときの励ましになるもの，一生懸命にやることには価値があるということを示してくれるものが何なのかよくわかりません。もし怠惰の中で道を失い，自分のいい加減さによる不快を経験しているなら，別の種類の不快感を探し求めることに何の意味もないでしょう。しかし，努力の感覚を感じることなく，探し求めることもしなければ，努力する方法を学べず，身体はこの有益なリソースを自分のものとして使うことができないでしょう。

不確実性

強い不快を引き起こす感覚には，ほかに「不確実性」があります。ポジティヴな理解をすれば，不確実性は重要なものです。というのは，変化やある段階から別の段階への移行は，常にこの感覚と結びついているためです。

物事がコントロール下にないとき，何が起こるか予測できないため，不安を感じます。機能不全が起こっている愛着スタイルの場合には，そこで何があったのかを探ることは簡単ではないと覚えておいてください。その場合には，安全基地がないために内的な安全感が欠けている状態にあり，本物の安全感の代用として，すべてをコントロールすることが必要になるのです。しかし，探索なしに学習はなく，また不確実性なしに進化はありません。古いことわざ「知

らぬ神より馴染みの鬼」のとおりで，よりよい——しかし不確実な——新しいものに変わるのは怖いことなので，不利な状況にとどまってしまうのです。「新しくてよいもの」に変化するリスクを引き受けることは，不確実性に慣れることを学ばない限り，「崖から下を見下ろすこと」のように思えるでしょう。

　物事をいつもと違うふうにやってみたり，別の道を選んで歩いてみたり，いつもと違うカフェでコーヒーを飲んだり，新しいレシピに挑戦したり，いつもやっていることに少し変化を加えてみたりすることで，不確実な感覚をあえて探してみれば，たとえそれが不必要なことであったとしても，不確実ということに伴う感情を受け入れられるようになり，楽しめるようにさえなります。そのときには，即興で動いたり，新しいことを発見したり，探索したり，挑戦したりすることができます。前述したように，トラウマは硬直さを招くので，不確実性はそれを変えるために必要な大事なリソースであるといえます。

どうすればよいのか

　変化を必要とする部分は人それぞれです。「こんなふうに感じることは絶対に耐えられない」と思うとき，それが変化を必要とするものです。耐えられないものが，練習を必要とするものなのです。もしきちんと整理整頓されていないと耐えられないのなら，少し乱雑にすることが必要です。もしすべてが完璧でなければ耐えられないのなら，不完全さを受け入れるためにわざと間違うことが必要です。もし人前で泣けないのなら，感情を共有することを学ばなければなりません。

　もちろん，こういうことをするのは気分がよくないことでしょう。しかし，覚えておいてください。「それは自分にとって益のあることなのかどうか？」と自分に問いかけることが重要なのです（第15章）。

第18章
最も衰えている"筋肉"を使う──バランスの回復

両極端にあるものの相互作用が起こる状況は，きわめて興味深く示唆的だ。
ヴィルヘルム・フォン・フンボルト

両極のバランスの重要性

両極のバランス

　右手が左手より優れているというわけではありません。片手を怪我すれば，両手の大切さを実感します。もし右利きなら，右手がほとんどの活動において優位なのは事実ですが，しかし多くの場合，両手を必要とします。大半の精神機能にもそれはあてはまります。バランスの取れた反応ができるためには，両極を必要とするのです。[*23]

　時には，状況にもよりますが，片側に偏ってしまうことがあります。もし一方の極端な反応に偏り，反対の反応を拒絶するなら，バランスが取れなくなります。ある種の"筋肉"は，ほかの筋肉が過剰に発達すると萎縮してしまうので，アンバランスになったり偏ったりします。バランスを取り戻すためには，筋力が均等になるよう，弱い筋肉を鍛え，そのほかの筋肉を休める必要があります。

---

*23　Linehan は，とりわけ不安定な感情状態と極端な行動傾向が特徴的な境界性パーソナリティ障害を治療するために，いわゆる弁証法的行動療法（Dialectic Behavioral Therapy）を開発した。この療法はその後，ほかの問題に対しても利用されるようになった。この心理療法の特徴のひとつは，両極端の反応を扱う点にあり，「自己と現実を徹底的に受容する」ことと「変化して健康になるための責任をもつ」こととのバランスに焦点をあてる。
Linehan, M. (2014) *DBT Skills Training Manual.* Guilford Press.

幸せを感じる状況と悲しみを感じる状況は，論理的には異なるはずです。も
し2つの感情状態のどちらにも問題がなければ，楽しいときには喜び，悲しい
ときには悲しみが生じて他者からの慰めが助けになることでしょう。

　たとえば「有益で生産的な活動だけを行い，時間を無駄にすべきではない」
という考えをもっているために，「物事を楽しんではいけない」と思っている
ような場合には問題が生じます。悲しみは身近なものですが，喜びを感じるこ
ととのバランスが取れなければ，悲しみはより深く重いものになってしまいま
す。遅かれ早かれ，悲しみは大きくなり，ほかのすべてのものに影を投げかけ
るでしょう。

　もしこのことが自分にもあてはまるようなら，役に立つかどうかを気にせず
に，「やってみると楽しい」とただ感じる練習が必要です。

どうすればよいのか

　たとえば，問題や他者との葛藤を避けるためには，「他者が諦める」か「自
分が諦める」かのどちらかを選ぶしかないと思っているとします。この場合，
理屈の上では「攻撃的にならずにはっきりとものを言い，ゆるがずに主張して
平静でいる方法」を学ぶ必要があるといえます。そんなふうにふるまうことは
とても難しそうに感じますよね？　もしそうであれば，学ぶ必要があるという
ことです。もし「他者を大切にすることが得意なのに，自分が欲することを頼
むことは苦手」なのであれば，後者の心理的な"筋肉"を鍛える必要がありま
す。

　たとえば「いいえ」と言うことを学びます。大きな声で「いいえ」と何回も
何回も繰り返して言ってみましょう。もしこれだけでも不安になるのであれば，
もっと練習する必要があります。1日に50回「いいえ」という言葉を繰り返
せば，まもなく口が慣れるでしょう。怖くない人に対して，たいして重要では
ないどうでもよい状況では，「いいえ」と言う練習がしやすいでしょう。た
えば，ウェイターに「デザートはいかがですか？」と聞かれたり，携帯電話会
社が最新の機種を勧めてきたりしたときには，きっぱりと「いいえ，結構で
す」と断ることができます。そして，だんだんと練習の難易度を上げていきま
す。「いいえ」と言うだけではなく，主張することにも慣れなければいけませ

ん。通常の環境の中で，少なくともこれまでよりも1回以上は多くやってみる べきです。もし他者に自分の態度を批判されても諦めず，正当性をちゃんと主 張して，反撃しないことが重要です。

　コントロールを失ったり諦めたりすることなく，自分の考えを守り「いい え」と言う能力のことを「アサーティブ（主張性）」と言います[*24]。もちろん， この"筋肉"をひとたび発達させれば，この練習を毎日行う必要はありません が，この新しいスキルを日常生活の中で使う必要があります。もし新しいパタ ーンが十分に統合されていなければ，古いパターンに後退することは普通に起 こりますし，たとえ統合されていたとしても，用心しなければならないという ことは覚えておいてください。自動的に新しいパターンが機能するようになる と，そうすることが適切だと確信がある場合にだけ「譲歩する」ということが， ごく自然にできるようになるでしょうし，困難を感じることなく，「いいえ」 と言い，自分に必要なものを頼むことができるでしょう。

片方の極端に偏っているとき

両極の対立

　「逃れることのできないジレンマ」はたくさんありますが，それらはすべて 「同じ間違い」により生じます。「間違い」とは，物事の両極端を想定して，両 極の片側と片側とを対立させることです。

　極端というものが決してよい解決にはならないことをわかってはいても， 「正しいことはただひとつ」「反対の方向に3cmでも動けば，それは完全に反対 方向に行ってしまうことと同じ」と思い込んでいることがあります。たとえば， 「これは自分の義務だ」とか「これが自分に期待されていることだ」と思い込

---

*24　Smithは，よりアサーティブになり，妥協せずに「いいえ」と言い，批判や小細工に 対応する方法について，わかりやすいガイドを作成した。本書に沿って言うと，彼の書籍に は「コントロール不能な暴走」「封印」「服従」ではない形での怒りの表現方法が示されてい る。

Smith, M. J. (1981) *When I Say No, I Feel Guilty.* Random House.（あさりみちこ訳（2005）『「う まくいく人」の頭のよい話し方—自分も相手も幸せにする！』徳間書店）

み，自分に負担をかけすぎたり，すべてを引き受けたり，自分に110％を求めてしまったりします。「もし確実にきちんとやらないなら，それは無責任で絶望的な失敗になる」と思い込んでいます。

たとえば，「きょうだいの一人が勉強をせずにあらゆることに無頓着で，両親が失望して常に厳しくあたっていた」環境にありながら，「自分は責任感のある子どもとして育った」というような場合。この場合，「物事をきちんとやることの重要性」を過大評価することになるかもしれません。なぜなら，親からこのことを要求され，それを演ずることが自分の役割だと学んできたからです。一方で，きょうだいが家族の中でネガティヴなラベルづけをされてきたために，「無頓着や無責任」に対してきわめてネガティヴな意味づけをもつことになるでしょう。

どうすればよいのか

自分への要求を減らすことは，背負う責任を減らし，完璧主義者ではなくなることを意味します。そのためには「無責任で無頓着になる練習」をする必要があります（第12章・第16章）。しかし，それによってきょうだいのことを思い出すので，不快になってしまうかもしれません。

「ひとつの極端を放棄することは，他方の極端を採用することを意味してはいない」ということを思い出す必要があるでしょう。実際のところ，極端なレベルの潔癖や完璧主義を続ければ，人生のある段階で，不安やうつから抜けだせなくなり，それをするだけのエネルギーがなくなってしまうので，責任を果たしたり他者の心配をしたりすることがおそらくできなくなります。

極端な二極を行き来しているとき

極端な環境の中での育ち

極端な環境の中で育った場合，あるいは長期間生活してきた場合には，反応もまた，おそらく極端になる傾向があるでしょう。一方の極端で大半のものを定義してしまい，反対の極端を拒絶し，両方の間を揺れ動きます。ともかく，最もよく機能するのはバランスのよい反応なのですが，それは存在しないでし

ょう。自分の反応の起源を理解し，よりバランスの取れた反応を成長させるのに役立つ方法に計画的に取り組むことが大事です。

　たとえば，もし親からの拒絶を感じたら，心はさまざまな方法でこのことを消化しようとします。承認を求めることにエネルギーのすべてを捧げますが，たいていほとんどうまくいきません。なぜなら親が子どもを拒絶する場合，それは子どもの落ち度ではなく，大人の側の深刻な問題によるものだからです。こんなとき，親を満足させようと努力しても決してうまくいかず，子どもは自分のせいだと思い，自分が欲するものを得るためにどんなに頑張っても，それが得られることはありません。その結果，あまりにも多くのことを自分に要求する完璧主義者になり，常に背後に「それじゃ足りない」という感覚が潜伏することになります。

　また，ほかに起こりうることとしては，拒絶を示すサインに対して過敏になる一方で，他者を拒絶するかのように自分を拒絶するようになることです。「自分が感じていることを言ってしまったり，自分が望むことをしたり，他者を拒絶したいと思ったりしたら，一人ぼっちになり，自分を愛する人は誰もいなくなる」と思っています。このことにより性格が形成され，引きこもりがちになり，内向的で羞恥心が強く，周囲に迎合してしまうことでしょう。

　ともかく，問題の根本に気づかなければなりません。両親からの受容が条件つきだったために，家庭の中ではその方法を用いるしかなかったのです。原家族におけるルールは世界のスタンダードではないこと，子ども時代に起こったことはのちに出会うすべての人が必ずしも経験しているわけではないこと，これらを思い起こすことが重要です。

極端な二極を生きる困難

　「すべてを抱え込むのか，爆発させるのか」「他者を理想化するのか，憎むのか」「暗い気分で沈み込むのか，多幸感で過活動になるのか」「完全に心を開くのか，防衛的になるのか」「一生懸命やるのか，逃避するのか」といった二極の間を行ったり来たりする傾向があるかもしれません。しかし，両極のどちらかを選択する限り，求めている解決を見つけることは決してできません。

　実際のところ，両極のどちらかを選択すること，そこに本当の問題があるの

です。中間をとることができず，あたかもアルファベットにＡとＺしかないかのように，ＡとＺの間を飛び跳ねます。解決策は"Ｇ，Ｌ，Ｎを書くこと"を学ぶことです。いずれにしても，こういう傾向があると気づくこと，その瞬間が大事です。この傾向を止め，完全に自分を解き放つことができれば，バランスのよい状態で適応できるようになるでしょう。

　たとえば，気分がハイになっているときには，「自分の思いつきの結果起こりうること」を落ち着いて考えることによって，より現実感をもつことができます。気分が落ち込んでいるときには，反対のことをして，人生の中でのポジティヴな出来事を思い出すようにすべきです。そうすれば，知らない人に心を開いてしまうこともしないし，何かいやなことをされたときに友達のリストの中の一人を攻撃してしまうこともありません。つまり「自分を守ることと同時に関係性も保つこと」ができるのです。

　「ある程度の距離を保ちながら心を開く」能力は，極端な正反対の反応をとる傾向がある場合には困難になるでしょう。なぜなら，一方の端にいるときには他者のよいところばかりが見えますが，反対の端にいるときにはネガティヴな面しか見えないからです。

どうすればよいのか

　そういうとき，役に立つことがあります。ある感情状態にいるときに，別の感情状態にいるときに起こった重要なことを思い出して，自分に対する「手紙」として書いておくのです。たとえば，ある人との関係性において「すべてを与えたのに，期待したものが得られなかった」ためにその人に失望した場合，「なぜ，次の関係性ではもっと自分を大切にして，他者にそれほど尽くす必要はないのか」について自分に手紙を書いて説明しておきます。もし極端に無責任または危険な行動をする傾向があり，そのことについて罪悪感を抱いたなら，「なぜ，二度とそんなことをすべきではないのか」を書いておき，また同じようなことをしたくなったときに，この手紙を自分に読ませるのです。

　そのほかにできることとしては，「極端から極端へと行ったり来たりすること」を落ち着いて観察し，「両方の側面を少しずつ持つ中間地点の反応」を見つけることです。いくつか例をあげると，「簡単に服従してしまう」あるいは

「コントロールを失って攻撃してしまう」といった極端な態度にならない方法，「たとえ他者に自分の心を開いたとしても，深い秘密を全部暴露してしまうことなく話ができる」方法なとを見つけるのです。

　他者の世話をするときには，たとえば100％与える代わりに80％にするというように，何をやめるべきかについて考えることも可能です。代案は具体的で詳細にイメージができ，やってみることを想像できるものであるべきで，練習が必要です。健康的な変化が起こるときは常に，根底にあるこれまでの傾向が作用し続けるので，最初はおそらくとても不快な思いをするでしょうが，時が経てば，その感覚は次第にポジティヴなものになっていきます。

　ともかく，適応パターンを変えようとするときには，最初にネガティヴな判断なしに観察し，“今自分がいる場所にどうやって到達したのか”を理解すること，そして次に，改善するために「避けたり拒絶したりする必要があること」に取り組むことが必要です。再度，デスティンと「逆向き自転車」のこと（第16章）を振り返れば，何千回も挑戦して繰り返し失敗することを想定する必要がありますが，それでも新しいパターンが形成されはじめて，それが強固なものになるまで，やり通さなければならないのです。

　自分自身との折りあいをつけたあとに続くプロセスは，新たなバランスを見出すことに役立ちます。そのプロセスとは「人格の異なる側面を受け入れること」「当初の姿から自分なりの新しい姿へと進化するために機能すること」を意味しています。通常，自分の中に大きく異なる側面があることに気づいたり，内面に強い闘争が生じたりしているときには，葛藤を抱えるそれぞれの部分は，極端な立場を示します。人格のこれらの部分は，どちらの部分が優れているのか争うことを止め，共通のゴールに向かって力を合わせることができます。

　どのような反応であっても，強烈すぎるものは弱める必要がありますが，一般的には，非常に激しい感情状態にいるときには，そうすることは難しいでしょう。これらの反応が生じる前に変化を起こすことが役立ちます。たとえば，発作的な激怒は，ちょくちょく生産的に怒ることで防げます。もし毎日の小さいわずらわしさに気づいて，それに対処することができるなら——対処とは，そのことについて穏やかに話をすること，わずらわしい状況から離れること，別の方法で反応する選択肢があることなどを意味します——怒りが自分の内面

で膨れあがってしまうことはないでしょう。そうすることによって，怒りが爆発して制御不能になってしまうことはほとんどなくなるでしょう。そうしなければ，"弁の壊れた圧力鍋"のようになってしまい，何が起こるのかはご存じのとおりです。弁を開かなければなりません。そうすることで，物事は適切に"調理される"のです。

極端を生みだす関係性から自由になる

親に縛られる関係性

次の例について考えてみましょう。

「僕の母はとても不安が強く，いつもすべてのことを心配しているので，僕は毎日，義務感から母に電話をする。そんなに頻繁に，母に電話などしたくないし，40代にもなっておかしいことだと思うが，もし電話をしなければ，母からそのことを批判される。電話をすればいつも同じように怒られるので，電話をかける回数を減らしたいのに，毎日かけている。母と話すときは，唇をかんで，本当に思っていることを話すのをこらえる。ある日，たぶんささいな理由から，とうとう爆発して母を怒鳴った。すると母は──泣き叫んでいる間──『お父さんと同じで，ひどい性格ね』と言った。僕は，父が権威主義的だったことで苦しんできたので，自分が爆発したことも，母に言われたことも，どちらもひどくつらく感じた。だから，葛藤や意見の相違をコントロールできないなら，それらを避けなければならないと思う」

どうすればよいのか

どのようにして解決できるでしょうか？　当然のことながら，長期にわたって自分の行動によって自分に苦痛を与えることは，まったく解決にはなりません。怒りを抱えながらも何か生産的なことができるなら，変化していくでしょう。

母が抱える「依存の問題」によって自分が苦しんでいることに気づき，母が「自分のことしか考えていないひどい息子」と言ったとしても，「頻繁に電話をしないと固く心に決めること」からすべてがはじまります。母が言っているこ

とは正しいとしても、「ほんの少し悪いことは健康的なことで、自分の欲求やニーズについて考えることは重要なことだ」と思い出しましょう（第15章・第17章）。そうしなければ、心を乱されてつらくなり、気分が悪くなるだけでなく、他者に対してひどい対応をしてしまうことになります。

もし悪循環に巻き込まれずに、自分の心の中に「罪悪感や不快感がある」ことを認められたら、「心は、こういう感覚には適応するものだ」と信用できるようになるでしょう。自分の気持ちから逃げることはできませんが、自分の人生からその気持ちを取り除くこともまたできないのです。怒りを役立て、怒りを感じることを認め、その感情の基にある行動傾向に従います。

しばらくしてから——「8ヵ月、毎日練習すれば」ということ（第16章）を思い出しましょう——たとえ他者の行動が変わらなくても、違うふうに感じるようになります。時には、面白いことに、他者が予期せぬ変化を起こすこともあります。しかし、これは例外的なことで——このことが主要な目的ではないと覚えておくことが大事です。

変化の過渡期に気をつけること

まず新しい関係性で試してみる

極端と極端の中間で生きることを学ぶ点で重要なポイントは、時には「少しいい加減でよい」と理解することです。

もし迎合的で他者に服従しがちなところがあるなら、「確信と自制心、気品と優雅さをもって、きちんと行動しながらも怒ることができる状態」にすぐになれるわけではありません。最初は、少しコントロールを失ったり、こわごわ心配しながら怒ってみたりするかもしれません。あるいは自分の反応をコントロール下に置いておくためには、どのくらい"手綱を締めればよいのか"わからないかもしれません。長い間、抑え込んできた行為を訓練している途中なので、最初の試みでは少し極端に走るかもしれません。反応を洗練していくことは大事ですが、まだ最初の試みでしかないこと、習得するためにはたくさんの練習をしなければならないことに気づくのもまた大事です。

それゆえに、むしろ直接、複雑な状況で試してみるより——それこそが典型

的な極端といえます——マイナーな課題や取るに足らない状況で試してみるのがよいでしょう。一般的に，特定の行動上の習慣がすでに生じている関係性で行うよりも，新しい関係性で試してみたほうが変化を生みだしやすい傾向があります。最も難しいのは，原家族や過去の関係性に問題があった人たちのような，「古いパターン」の学習に深く関わった人との間にある反応スタイルを変えることといえます。単純なことからはじめて，複雑なことに辿り着いたら，そのときにはすでに多くの新しいリソースを組み入れた状態にあります。それらを行動上のレパートリーにしっかり統合させるために，すでに十分長い期間試してみた段階にきているといえるでしょう。

「第2の問題」が起こるかもしれないことを知る

　もうひとつ考えておかなければならないことは，もし存在の仕方，行動の仕方，考え方や感じ方を長期間抑圧してきたとしたら，ようやくありのままにそれを体験することを自分に認める段階にきたときに，「これが最終ゴールで，もう大丈夫なのだ」と思ってしまうかもしれないということです。実際，そのことに気づかずに，極端の片方から片方に移動しただけということが起こります。特に，もとの状況が不快だった場合には，反対側のポジティヴな雰囲気の新しい感覚を，健康的な状態と混同してしまいます。いくつかの例を示しましょう。

　たとえば，「あらゆることと闘って，いかなることも我慢しないこと」が，自分の権利を守り，自信に満ちていることを証明することになると思い込んでしまうかもしれません。もしこれまで常に臆病で，あらゆる葛藤や対立を避けてきたとしたら，こういうことが起こります。しかしながら，あらゆることと闘う意味はありませんし，そういう態度は他者との間に距離を作ってしまう結果を生むでしょう。時には「闘うことに正当性がないから」だけではなく，「闘うことに価値がなく，関心がないから」という理由で，闘わない決心をすることもあるかもしれません。このことを考えることは重要です。

　たとえば，いつもは怒りを抑え込んできたけれど，怒りの存在を自分で認められるようになってきた今，「アサーティブで確固とした態度」と「ぶっきらぼうで敵意のある失礼な態度」とを混同してしまうことがあります。同意でき

ないことについて話すときや対立を避けられないときに，たとえ相手がそうふ
るまわないとしても，相手に敬意を払うことは大切なことです。さもなければ，
相手と同じレベルに下がってしまいます。また，他者の主張を聞くことも必要
です。なぜならたとえ自分の見解に確信をもっていたとしても，間違いを犯す
ことはありえるからです。「自分の見解を守ること」と「開かれた対話を行う
こと」は，互いに排他的なものではありません。

　たとえば，自分のことを「取るに足りない」「劣っている」「価値がない」と
思ってきたけれども，「今，自分のことを再評価できるようになってきた」と
いうとき，以前は否認していた感覚，たとえば目立つこと，勝つこと，優勢で
あること，力や強さを感じること，他者を支配する感覚をもつことなどを，逆
に楽しみはじめるかもしれません。もしそういう体験をすることを決して自分
に認めてこなかったとしたなら，なおのこと，これらの感情状態は嗜癖になり
えます。この内的感覚は，一種の多幸感であり，強烈な幸福感によりすべての
問題が消えたように思えるかもしれません。もはや，かつてのようになりたい
とは思いませんし，「世界が自分に与えた苦しみを経験したのだから，今やこ
の新しい刺激的な感覚を経験する権利をもっている」と思い込みます。

　実際のところ，これらは変わろうとしている自分の最良の姿ではありません
——以前の問題に対する反対側の極端であるに過ぎないのです。もしこのよう
なことが続けば，たくさんの「第2の問題」が起こります。他者が自分を否定
するようになり，関係性や本当のつながりを作ることがさらに困難になるでし
ょう。そして自分の“弱さ”を遮断するでしょう。遮断することがもたらすネ
ガティヴな影響は，すでに述べてきたとおりです。

　極端になる傾向についても同じことが起こります。もし極端に内気だったと
すると，反対の性格になってしまうかもしれません。もし悲しみや痛みの感情
を表現してこなかったとすると，出すときには悲しみや痛みに圧倒されてしま
うかもしれません。もし過度に確信や自信があったとすると，すべてのものを
疑いはじめるかもしれません。もしキレやすく衝動的で攻撃的に反応していた
とすると，自分の弱い部分を示すと自分が非常にか弱くて無防備であることに
気づくかもしれません。もしこれまでの独立独歩のスタイルをやめたなら，意
図して関係を作ろうとしている人たちに逆に極端に依存してしまうかもしれま

せん。このような感覚は未知のものです。なぜなら，これまでの慣れた領域からすでに離れ，これでよいのかどうかを示す参照枠もないからです。自分を探検してみることが必要です。

自分の変化に対する環境の反応を見極める

しかし，必ずそう感じるというわけではないことを知っておくことも重要です。第2段階では，新しい感覚に自分を慣れさせること，反応を形成したり調整したりすることを学びます。もしこれを過渡期と理解するなら，ある程度の自己批判をもって，自分をより深く理解できるでしょう。

これまでの自分が「不満をもつこともなく決して争わない」ことに周囲の人が慣れているとしたら，この変化に戸惑い，疑問を投げかけてくるということがよく起こります。なぜなら，それは「変化したことが悪い」からではなく，「変化することで，彼らの快適さがおびやかされる」からです。

しかし時には，他者からのフィードバックは非常に重要な情報を与えてくれます。それは，「どのようにして状況に合わせて適切に物事を行うことを学ぶのか」「どのようにして他者との境界を設定するのか」「どのようにして自分の感情や意見を主張し表現するのか」などについての情報です。

ある場合には，環境からの反応によって，古いパターンに押し戻されてしまうことがあるかもしれません。周囲の人は「君の最近の行動はひどい」「おまえ，狂ってるよ」「最近のあなたには，みんなが耐えられないと思っているのよ」というような言葉で，新しいふるまいに対する拒絶を示します。

もしそれが「自分の内的パターンの育ちに寄与した人」による言葉であれば，その言葉に疑問をもつことが大切です。たとえば，厳しくて常に不満を抱えている母に育てられたなら，何をしても決して母を満足させることはないでしょう。だから母がイライラしたとしても，それは母の人生がずっとイライラしているということであって，子どものせいではないのです。もし父が過剰に権威的だったとしたら，従順であることしか受け入れられないので，反抗すれば罰せられるでしょう。彼らは本質的なところで過去と自分の問題につながっているので，彼らの言葉に大きな影響を受けてしまいます。しかし，このことは「彼らの意見が他者の意見より正しい」ということを意味してはいません。最

も価値のある中立な見解は，おそらく家族以外の人のものです。特に何も言わない人や変化をポジティヴにみてくれる人たちについて考えることもまた大切です。

　もし変化が生まれてきたら，環境はその変化に適応しなければなりません。環境の適応は，時にはごく自然に流暢に進みますが，時には柔軟性を欠くので，これまでの場所から移動するときには"キーキーいう部分に油をさす"ことが必要になるでしょう。システム内の動きはいかなるものであっても，最初にシステム内に反応を生みだします。それはホメオスタシスといわれるもので，以前の平衡状態に戻そうとする動きです。しかし，もしその平衡状態の結果として苦しみを抱えたなら，もしこれまで苦難に打ちのめされ耐え忍んできたのなら，変化を生みだすしかありません。もしシステムがしなやかであれば，その後しばらくすれば，適応が起こるでしょう。しかし，もしシステムが硬直していたら，長期間その役割を維持しなければならないので，システムを完全にひっくり返す必要があるでしょう。今では"大人"なので，「ほかのシステムに移動すること」「そのシステムの中にほかの要素を入れ込むこと」あるいは「違う選択肢について考えること」もできると覚えておきましょう。唯一意味のないことは「不幸になっているのに，その方法をそのまま維持していること」です。

第19章
ターニングポイント

決定しないこと，それ自体が決定だ。
ウィリアム・ジェームズ

「変わる」決意がターニングポイントになる

運命を嘆くとき

おそらく本書を読んでいると「たしかに，変わらなければならないことがたくさんある」と思うことでしょう。しかし，よい環境で育つことだけが大事なのではありません──「変わろうと決意すること」が大事なのです。「変化すること」「ものの見方を変えるために必要なことをすること」「そのことに自分を賭けてみること」を決意する必要があります。しかしこのことは，ここまで述べてきたような問題を抱えている場合には，たやすいことではないのです。

原家族および両親との関係，あるいはその他の重要な関係性の中で，ネガティヴな状況を生き抜いてきた多くの人たちは，運命の策略を嘆き，身動きがとれずにいます。「そこで起こったことは許されざることだった」と思えば，「永遠に怒りを抱えなければならない」と思ってしまいます。「世界は不公平だ」と感じますし，「なぜ自分があのようなネガティヴな経験をしなければならなかったのか」，その答えがわかりません。そして自分のことを「運のない犠牲者」「どうせそういう運命」と考えてしまいます。このような人たちは，「自分が変わるために」ではなく，むしろ「誰かに話を聴いてもらうために」「過去と現在のさまざまな苦しみを理解してもらうために」セラピーを求めるかもしれません。

なぜ「自分が」変わらなければならないのか

　「たとえ自分を傷つけたのが他者だとしても，変わらなければならないのは自分だ」という考えには抵抗があるでしょう。セラピーを受けながらも「ここに来るべきなのは，彼らでしょう。彼らは自分のことしか考えていないのだから」と言いたくなります。「もし世界のすべてが適切に機能していたら，こんなことは決して起こらなかった」「これが自分の有り様だから，変われないし，変わりたくない」と思うかもしれません。こういった見解は，疑う余地もなく，多くの点で正論であるといえます。

　しかし「正しいこと」にこだわることは，それ自体がある種の"罠"であるともいえ，そのために前に進めなくなってしまいます。たとえどんなに正しいとしても，「世界がどれほど不公平か」を嘆いたり，「どうしたら人は確実なことだけを行うことができるのか」と自問したりすることに，何の意味があるのでしょうか？　「他者が変わるべきだ」と何度も何度も繰り返したところで，実際に何かが解決するでしょうか？　身動きがとれず，行きづまってしまいます。そして，無力感が育まれてしまうのです。

　この無力感は，"ハンドブレーキをかけた状態での車のエンジンの回転"と同じです。アクセルを踏めば踏むほど，エンジンの回転は強くなりますが，車は動きません。衝動的に状況を変えるための行動をしても，それは非現実的な解決にしかならず，行き止まりに向かって突っ込んでいくようなことになります。ブレーキをかけたまま車を発進させようとしながら，道路にカーブがないことや，横転しないように建設作業員が凹みを埋めてくれることを願うようなものです。

　「問題を解決すべき人は自分ではない」と思っていれば，不運を嘆くだけで，"迂回路"や別のシステムを探そうとはしないでしょう。確信をもってこの思いを強く心の中で繰り返せば，それは否定しようもない真実に見えてきます。ものの見方は広がりません。実際のところ，他者の努力が見えても，それを受け入れず，「他者は自分のことや自分が経験してきたことを理解してくれない」と言い続けることになります。自分の「思い込み」にしがみつくことで，かえって自分が望んでいない状況にとどまることになってしまうのです。

人間の「考える能力」と感情の遮断という苦しみ

感情の遮断という昔の自動反応

　時にこういうことは，無意識下における感情の遮断によって生じます。おそらく，この無力感に陥った最初のときは，ほかに選択肢がない状況にあり，このことを引き起こした人に対抗できない状況にあったでしょう。自分を守るために生じる本能的反応である闘争−逃走反応で対抗する以外なかったのです。この本能は，内部にとどまり，決して成長しないかのように装います。大人になり，選択肢がある状況で対抗できるようになってからでさえ，遮断の反応は"自分を守る反応"とつながったままなのです。どのような選択肢があるのかがわからないこともありますが，もしそれを把握できたなら，自分の内面にある何やらわからないものが「勝手に反応してしまう」ことを避けられるようになります。

動物の賢さと人間の賢さ

　たとえば，子どものときに虐待を受けていた場合，決して声に出すことがなかった「やめて，やめて！」という内面の叫びを，心の中に感じていることでしょう。おそらく，逃げることを夢見ていたでしょうが，しかし，子どもなので，家族から離れて自分の暮らしをはじめるという選択肢はありません。本書の第2章に述べたように，ライオンの仔は，決して群れのボスに刃向かいません。なぜなら，種そのものがもつ知恵が内在していて，自分の遺伝子を残すという闘いのために，闘争の本能を抑制するからです。「今はそのときではない」ということです。ライオンの仔は，「一人では生きのびられない」ことと同様に「群を離れることはできない」ことも知っています。ライオンの仔は成長すれば，自分を支配しているライオンに対抗することができ，そして，実際にそうするときには，十分に年長のライオンを負かすことができるほどに育っているということを意味しています。それはただ，本能に導かれることであり，まさに「そのときを待つ」ことに過ぎません。

　人間の場合は，もっと複雑です。最も価値のあるリソース，それは「考える

能力」といえますが，人間は「何が起こりうるのか」を考えることができます。しかし，それは時には解決困難な精神的問題を生みだします。人間は，困ったときに「適切に反応できなかった」「自分を守れなかった」「立ち去ることができなかった」と考え，つらい気持ちになります。ライオンの仔はそんなことは考えません。考えないからシステムが遮断されないのです。ライオンの仔は，成長したあとで，「自分が幼かったときにそうふるまうしかなかった記憶を思い出したくない」と思うことなどないでしょうし，ライオンとしての内的自己が「脆くて弱い自分を拒絶する」という感覚をもつこともないでしょう。ライオンは，リラックスしているときには，遊びたわむれ，穏やかにほかのライオンとともに過ごし，楽しむことができますが，「自分が弱いことを認めさえしなければ，二度と傷つくことはない」などと言わないはずです。ライオンは単純に，爪や牙が成長すると，「必要なときには自分を守ることができる」「前より大きく強くなった」と身体の細胞の隅々まで深く感じるだけなのです。そして，しかるべき時期がくると，百獣の王の雄叫びの練習をはじめます。

人間社会に適応するための怒りの封印

人間は時として，物事の本来の性質というものを変えてしまいます。怒りを封じ込めて，道徳上の側面から自分を分析します。過去に出会った攻撃的な人や，怒りが不快なものであることを学んだ最初の経験を思い出せば，怒ることは不快につながります。心は，生い立ちの中で重要な役割を果たした人物を内在化し，そして，それを基盤として感情制御の内的基礎を作ります。前述したように（第7章〜第10章），当初は，自分が扱われてきたように自分を扱い，他者が自分を統制したように自分を統制するのです。

もし怒りを自分に向けたり，怒りを常に遮断して，あふれて爆発したときにだけ表出したりするのであれば，ライオンの仔のように「自分が強くなったと認識すること」によって成長することなどは不可能でしょう。ライオンの仔は，戦いごっこを通して自分の身を守ることや戦うことを練習します。それを見習うなら，「戦うことが正しいときに，いかにして戦うのか」を学ぶ必要があります。もし自分を「攻撃的な性格の人間」とみなして周囲のすべてに対して攻撃的になっているとしたら，それは自分の身体が戦いに持ちこたえられるほど

十分に強くなる前に，大人のライオンになろうとしてしまっていることを意味します。そういうことをすれば，さらに自分を守れなくなるという点が興味深いところです。なぜなら，「自分を傷つける人に」ではなく，「自分がたやすくコントロールできる人や自分を助けてくれる人に」攻撃を向けてしまうからです。そうなれば，当初以上にさらにダメージを受けてしまう結果になります。

感情反応の遮断は，おそらく，その感情反応を不快だと思うことによってのみ生じるわけではありません。感情反応の制御は，主として意識の外側で起こります。

危害を加えられる状況で生じる行動上の怒り反応は，本能的に遮断されてしまう可能性があります。なぜなら意識的に気づく前に，怒り反応は「社会的文脈においては適切ではない」ことを無意識的に察知するからです。このような怒りは「行動することで目的を達成する」ことのない状態にとどまりますが，その怒りがなくなるということもありません。ある意味，それは，怒りが──その怒りの上に闘争反応が構築されているのですが──緊張や無力感に変わることでもあります。

逃走反応を結集させる恐怖感は，身体の中に閉じ込められ，絶えず心配と不安感をあおります。生存本能の引き金が引かれるようなはじめての状況に直面したとき，恐怖反応は遮断とセットで活性化されます。恐怖反応が生じると，その状況に対処できる現実的なリソースをもっているにもかかわらず，無力感から逃避してしまいます。そして，その弱さや臆病さを責めれば責めるほど，この問題に対処できなくなっていきます。それどころか，自分に怒りを抱えると，さらに解決が困難になるでしょう。

どうすればよいのか

「何が起こっているのか」を理解する

このことは，何もできないということを意味しているのではなく，もし何かをしようとするなら，最初の一歩は「何が起こっているのか」を理解することなのだということを意味しています。前述したように，変化は，自分を理解し受け入れるときだけに可能になるのです。多くの反応が，十分に意識できない

自動的なプロセスなので，それを自然に起こるままにしておくことは状況の改善には役立ちません。

「変わる」決意をする

「いやだと思っていること」「自分にとってよくないこと」なのに，そのパターンにはまってしまっているなら，変わろうと決意し，そのために積極的に動く必要があります。問題がどこにあるかはわかっているわけなので，正しい方向を選択し，そのドアを開け，真に行くべきところへと向かうのです。

「間違い」や「自分を傷つける状況を変えたくないと思う自分」に怒りを抱えることで，あるいは「不可能な解決方法」を探すことで，エネルギーを無駄にしてしまうのは，めずらしいことではありません。最大限の努力をするためには，問題の"鍵"となる本質に焦点をあてるべきであり，「思い込み」や「他者との関係性のもち方」そして「自分を誰と定義するのか」などを積極的に変えようとしなければなりません。

そのためには，従来のパターンに根本的な変化を起こすための積極的な決断と自我関与が必要です。このターニングポイントにいたるまでには，何年もの間たくさんのいやな思いを重ねて「こんなことはもう続けられない」と感じているのが一般的です。この決断だけで求めている変化がもたらされるわけではありませんが，しかし，この決断なしには変化は不可能です。

いつの日か決意し，ゴールに向けて，常にこの決意を維持し続ける必要があります。「これまで以上に変わらなければならない」と堅く決意します。その決意は，たとえ揺れてしまうことがあっても維持します。あるいは「人生の手綱を握らなければならない」と決意し，たとえこれから進む道にどのような困難があったとしても，しっかりと手綱を握ります。

しかしこの決意が，現実的な変化につながるものでなければ意味がありません。この決意が，求めている変化に向けての真の介入となるように，その途上で際限なく生じる疑いや障害やネガティヴな傾向から自分を守らなければなりません。現在の困難，過去に失敗した試み，足を引っ張る環境要因などを十分に考慮したうえで決意することが重要です。単に"船の帆を広げさえすればよい"わけではなく，"どのような風でも，どのような天気でも航海できるよう

になる”ことを目指します。

“手動モード”を維持する（第2章・第17章・第18章）

　変わる決意が明確であるかどうかにかかわらず，決意には多くのものが含まれます。自動的に昔のやり方に戻ってしまう感覚があるかもしれないので，常に“手動モード”でいる必要があり，“自動モード”に戻ることを自分に認めてはなりません。もし“手綱”から手を離せば，昔のパターンが再現してしまうでしょう。とりわけ，何かで不安が高まったり，気分が暗くなったりしたときに，そういうことが起こります。まだ“嵐の中を航行する”ことを学びはじめたばかりなので，そういう状況では“舵がぶれてしまう”可能性があります。デスティンの「逆向き自転車」の話（第16章）と同じです。デスティンは，ほんの少し気が散っただけでも，新しく獲得したスキルを使えなくなりました。一歩進んで二歩下がるといった上がり下がりは，通常の学習や再学習のプロセスの一部なのです。

　また，たくさんの言い訳や機能不全的な思い込みが心の中から出てきては“舵”をとろうとするかもしれません。「どうせできない」「今，最悪な気分」といった言葉も再び登場するでしょう。実際に「どれだけ学んでも，どれだけ変わっても，今できることは何もない」と言いたくなるかもしれません。すでに「思い込みは間違っていた」と思う経験を重ねて（第17章），最近は多くの場面でそのことを裏づけられる経験をしていたとしても，あたかも心が，できたことやリソースや新しい能力の記憶をすべて消してしまったかのようになるかもしれません。

　まさにこういうときに，今よりよい状態だった時期に自分にあてて書いた手紙を読むのです（第18章）。この手紙を読むと，「向かうべきゴール」や「すでにどのくらいのところまできたのか」「今，抱えているのと同じような過去の感覚をどうやって変えられたのか」を思い出すことができます。気分が落ちることは必ずあるので，そのときどうふるまうのかを考えておく必要があります。進歩が確実なものになるかどうかは，調子が良いときよりもむしろ悪いときに，そのことをどう扱うのかに関係します。

痛みを伴う記憶と向きあう（第20章）

　進歩するプロセスにおいて非常に重要なもうひとつの側面は，未解決の問題はどのようなものでもそのままにしないということです。根本的問題に取り組むことなく，困難の基にある"人生の脚本"を解体していない状態にあっても，調子さえよければ「治った」と言いたくなります。よい状態を楽しめればよいだけで，困難や問題については考えたくありません。そうなると再度，ただ前に進み，あたかも何も問題はないかのようにふるまういつものやり方に戻ってしまいます。

　痛みを伴う記憶を扱うのが怖いからと言って，そこに取り組まなければ，それは"弱い地盤の上に壊れやすい材料で新しい家を建てること"と同じことになります。家でも外でも元気で，以前よりよくなったように見えるかもしれませんが，『三匹の子豚』の物語のように，「ワラで作られた家」は，新しい困難にぶつかったときに吹き飛ばされてしまうでしょう。すべてのことがうまくいき，何の問題もないのだとしたら，最初から変化する必要もありません。「困難が起こりうるという事実を否定すること」は，「将来，すべてのことが悪化するだろう」「過去と同じひどい状況が何度も何度も起こるだろう」と考えることと同じくらい問題があります。人生にはさまざまなことがたくさん起こりますが，対処できる力を十分に身につけてさえいれば，問題にはならないのです。変化が安定的なものとなるためには"家に適した頑丈な材料を選ぶこと""地盤が強いかどうか確かめること"が要求されます。それは"天気が悪いときに安全を与えてくれる場所"ですが"嵐が過ぎ去って太陽が出たときには陽射しが入る"ことも必要です。

　しかし，進化することを妨げるものは，過去の自動反応だけではありません。未来から過去に引き戻されたり，障害に阻まれたりするようなことがたびたび起こるかもしれません。自分の中の"部分"は，過去の経験やそのときの自分の反応の仕方に罪悪感や羞恥心を抱えているので，自分にはよくなる価値はないと思い込んでいます。よくなるということは，これまで片側に押し込んで目を向けてこなかった人生の領域に踏み入ることを意味するので，恐怖を感じるかもしれません。たとえば「関係性をもつこと」「葛藤に対処すること」「自分が必要とするもののために闘うこと」「多くのことにわずらわされないこと」

などです。

　調子がよくなれば，人生に対する責任をとることに関与するようになります。それは実際，意味のあることですが，同時に，準備がしっかりできていないと重荷のように感じてしまうかもしれません。

すべての"部分"との対話による合意（第9章・第10章）

　自分の状態を改善し，それにかかる時間の長さも含めて，このプロセスに必要なことすべてに取り組むという決意は，"全体の心"で行う必要があります。内面にあるすべての"部分"がこの決断に同意する必要があるのです。"部分"全部が合意に達し"協定"を結ばなければなりません。望ましいのは，"内面の子ども"や重要な"部分"やその他の"有り様"のすべてが一緒に，小さな一歩を踏みだして前に進むことです。そのためには，自分自身と対話すること，そして互いの不一致や深く染み込んだ思い込みを理解すること（第17章）が必要です。

　認識のうちのいくつかは，その認識に栄養を与えてきた記憶を扱ったあとであっても修正が難しい場合があります。長い間，つらく困難な状況を生き抜いてきた場合には，これらの感覚は深く根を下ろしていて，取り除くには時間がかかります。身体が新しいものを再学習し，完全に昔のパターンを手放すということは，どんなに難しいかを理解し，限りない忍耐力をもつ必要があります。思い出してみてください。デスティン（第16章）は，通常の自転車に普通に乗れるように戻るためには，わずか2時間しかかかりませんでした。なぜなら，以前の回路がまだ残っていたからです。だから，もしいつかもとに戻ってしまっていることに気づいたら，計画どおり前進するための固い決意を思い出す必要があります。

他者の援助を受ける

　現実的に決断するにあたっては，"この旅"を援助してくれる人やリソースにどう頼るかも関係してきます。つまり，"旅"には食料や水などが必要ですし，"燃料を補給するためにどの港に停泊することができるか"などを知っておく必要があります。人生を通してこれまでずっと，誰からの援助も受けずに

やってきたとしたなら，他者からの援助を受けるという選択肢によって，多く
のことがどれほとたやすくなるのかを知ることが必要です。最も困難な道を選
べば，失敗する可能性は高くなります。もちろん，誰かに援助を求めるときに
は，どの程度頼ってよいかを賢く選択する必要があります。しかし，本章で述
べてきたように，決意するということ，自分で変化を生みだすことに関わると
いうことは，自分以外の誰にもできません。もし物事を変化させようと決断し
ないなら，どれだけ多くの援助があっても，どれほどその援助がよいものであ
ったとしても，役に立たないでしょう。

第20章
現在から過去を眺める

痛みを伴う記憶と向きあう

残されている課題

過去の記憶をこれまでとは別の方法で眺めてみましょう。ここまで述べてきたことを実行してくると，今では，自分に何が起こっているのかを十分に理解し，自分の感情状態と内面の"部分"との関係も以前よりよくなり，うまくやれるようになっているはずです。

自分の生い立ちや過去の体験については，これまでもいくらか考えてきました。しかし，いくつかの記憶は，まだ激しい痛みをもたらします。過去の状況を思い出すとつらくなり，思い出すことで，記憶を意識と日常から切り離す遮断の機能が再度活性化してしまいます。このことで落胆し，結局それをまた片側に押しやろうとするのですが，すでにその方法ではうまくいかないはずです。ここで，何ができるでしょうか？

過去の記憶を「今」扱うことの意味

記憶とそれに関連する感覚によって自分の中に生み出される恐怖と拒否感は，「事実を誤認させてしまう」ことを心にとめておくことが重要です。「あの状況」が起こったときには，「耐えられない」「受け入れられない」と感じていました。「そのとき」のことを思い出すと，同じ考えが記憶に浮かびますが，しかし今は——もし内的システムが実際に当時とは違うふうに機能しているなら

203

——そのことにもっとうまく対処できます。少なくとも過去の体験から逃げようとすることをやめ，生い立ちの問題と向きあうことができます。

過去の暗い"おばけ"に正面から向きあってみると，結局のところ，「想像していたものよりも恐ろしくない」ことに気づきます。もし身体と神経システムが十分な時間そのままとどまることができれば，その感覚に慣れていくものだ（第3章）ということを思い出すことは重要です。事実，効果的な治療方法のひとつに，長期間避けてきた記憶に漸進的に暴露していく方法があります。

専門家の支援を受け入れる姿勢

他者に悩みを打ち明けて支援を求めたり，自分の体験を話してわかってもらおうとしたりするときに生じる問題と同じ問題が，セラピストとの関係においても活性化される場合があります。しかし異なる点は，専門家であるセラピストには，クライエントの困難を理解して援助する準備があるという点です。

友達や親しい人からの支援は，専門家によるものとは異なりますが，この2種類の支援は互いに補いあうものになります。両方とも，人生で最悪なことが起こったときにはもっていなかったものを与えてくれます。

たとえばそれは，状況をきちんと理解し，そのことに「関与してくれる他者がいる」という感覚です。たとえ困難な状況にあったとしても，他者からの支援があれば，感覚は簡単には遮断されない傾向があり，困難を消化しやすくなるのです。それはあたかも，人と人とのふれあいが，ネガティヴ体験に伴う衝撃を中和してくれるようなものです。たとえ「そのとき」にはできなかったとしても，「今」他者と共有することができれば，それは，そのトラウマ記憶を強力に修正する感情体験になる可能性があります。このことが，恐怖や沈黙を克服して困難を乗り越える努力をすることに価値がある理由です。とりわけ，内部に抱えている生い立ちの記憶が複雑な場合には，自分一人で取り組もうとしないことが重要です。

そして同時に，援助を受けるための心の準備をすることが必要です。まだ試してもいないうちに，あるいは，わずか数回行ってきただけで「心理療法なんか信じない」という理由から専門的な援助を受けるというアイディアを除外するのは間違っています。しかし，心理療法に不快感や不安感を「取り除いても

らう」ことを期待するのもまた間違いです。セラピストは"魔法の力"をもっているわけではないので，クライエントが変化のプロセスに積極的に関与することがなければ，問題を解決することはできないのです。しかるべきときに体験と向きあうことが重要だと理解すれば，相談することが可能なセラピストを探すようになるでしょう。

解離されている記憶

時に，非現実感が強くて深刻な場合には，記憶が自分に影響を及ぼしていることや，その影響の大きさに気づきません。起こったことは知っていますが，その意味を理解しておらず，今起こっていることにどれほど大きな影響を与えているのかを認識していません。すべての記憶が等しくアクセス可能なわけではないのです。つまり，いくつかの記憶は，その記憶があることさえわからないほどに遮断されています。この場合，プロセスとして準備の段階が必要になります。準備の段階では，部分的にあるいは全体的に，意識から解離されていた記憶のネットワークにつながることを試みます。

記憶を再処理するための準備段階

身体感覚に意識を向けるエクササイズ

時々慎重に記憶を評価してみることは，内的つながりを強化するのに役立ちます。乗り越えたと思える状況について少し考えてみてから，自分の身体感覚に意識を向けてみると，以前には気づかなかったけれども，まだ残っている感覚に気づくかもしれません。

まず，60秒間かけて，静止した状態で，頭から爪先まで調べてみます。そして，自分の呼吸，姿勢，緊張しているところや重く感じるところ，胸やお腹にある感覚やその他内部に感じるものなど何でもよいので，意識します。「そこにある」と認識されていない感覚は，しばしば見落とされてしまいます。一番強く不快を感じたところに，手を開いて置きます。

このとき気づいていることと，まったく関係ないことを考えているときに感じることとの間に，もしわずかでも違いがあれば，この感覚が重要なもので，

意識を向ける必要があるということを意味します。もし特に何も気づかなければ，胸やお腹に手を置いて，ただ呼吸に意識を向けます。この間，自分の感覚を大事にすることに集中し，その感覚をなくそうとしたり，抑圧しようとしたりしません。

このエクササイズの目的は，単に内面を眺めることを学ぶことです。止まって内的感覚に意識を向け，感覚を大切にすることを思い，感覚を観察し，感覚を避けたり抑圧したりしません。そうすることで「何も気づかない」かもしれないし，「気づいた感覚がどのように調整されているのかがわかる」かもしれません。あるいは「思考がどのように感覚を妨害し，感情の上がり下がりや変化を引き起こすのか」を観察できるかもしれません。

これはリラクゼーションのエクササイズではなく，自分を観察し，自分と感覚をつなげる時間であると明確に認識することが重要です。このエクササイズを定期的に行い，継続して忍耐強く取り組むことができれば効果的です。

体験の共有

記憶の処理に関して，もうひとつ重要な点は，体験の共有です。多くの人が，自分の体験を誰とも共有しておらず，とりわけ「どのように感じているのか」を理解できる人と共有した経験がありません。

たとえば，上昇志向が強い人は，「起こったこと」の詳細を話したがらないので，過去の記憶を自分から話すことはないでしょう。もし他者への不信感が強ければ，体験を語ることはたやすいことではありません。過去の記憶には，深い羞恥心や自己嫌悪の感覚を引き起こす可能性があるので，体験を語ることを困難にします。また，これまで自分の悲しみや悲嘆を誰かと共有する経験がなかったとしたら，今さらそうすることは難しいでしょう。

しかし，他者からの理解と慰めを受け入れて，痛みを共有することは，最良の方法です。そのためには，自分を守るための怒りや痛みを遮断する"壁"を開放して，痛みについて話すことを学ばなければなりません。

記憶を再処理する専門的な治療——EMDR療法

EMDR療法とは

　ある種の心理療法では，記憶が遮断されている場合や，記憶に直面化したあと苦痛が消えない場合であっても，特定の方法を用いて救うことができます。そのひとつがEMDR療法です。[*25]

　EMDR療法はトラウマ記憶を処理するうえで効果があるということが，これまでに科学的に示されてきました。眼球運動や，触覚および聴覚による脳への両側性の刺激を用いることにより，処理システムのロックが解除され，それまで遮断されてきた体験を統合します。このメカニズムは，睡眠中のREM（急速眼球運動）と呼ばれる状態に類似しているといわれており，REM睡眠は，感情の記憶の貯蔵に関連しています。EMDR療法は，トラウマ記憶に伴う認識だけではなく，感情や身体感覚の変化ももたらします。

　記憶を処理するためには，トラウマ体験を治療することに特化して開発された心理療法が必要とされます。[*26]一般的な心理療法も多くの点で有益ではあるのですが，「問題を生みだすことに直接関与した特定の記憶」を処理することが

＊25　EMDR療法は，Shapiroによって，ここ数十年で開発された心理療法である。心的外傷後ストレスを治療するための「エビデンスに基づく治療法」として，WHO（世界保健機関）に承認されてきた。EMDR療法が，神経生物学的基礎に基づいてどのように行われるのかを理解するのに適した書籍を下記に記す。EMDR療法に関するさらなる詳細な情報は，EMDRIA（EMDR International Association：国際EMDR協会）のウェブサイト（www.emdria.org/）を参照のこと。ウェブサイトには，EMDR療法の有効性を支持する多くの科学的研究も提示されている。

Shapiro, F. (2013) *Getting Past Your Past*. Rosales Books.（市井雅哉監訳（2017）『過去をきちんと過去にする』二瓶社）

＊26　さまざまな治療法の効果を分析した研究によると，トラウマ体験から生じた問題に特化して作用するようにデザインされた治療法のほうが，トラウマ体験に焦点をあてない一般的な心理療法よりも効果があるといわれている。

Ehlers, A., Bisson, J., Clark, D. M., Creamer, M., Pilling, S., Richards, D., Schnurr, P. P., Turner, S., & Yule, W. (2010) Do all psychological treatments really work the same in posttraumatic stress disorder? *Clinical Psychology Review*, 30(2): 269-276.

必要なのです。このことを専門家の援助なしに行うことは困難です。実際のところ，それは自分で自分を手術するようなものだからです。

EMDR療法におけるトラウマ記憶の処理は，"これまで長い間化膿していた傷を消毒すること"と似ています。ひとたび終わってしまえば，大きな安心が得られます。なぜなら痛みが治まり，傷が治り，その結果，もはやエネルギーを無駄にすることがなくなるからです。しかし，そのプロセスは複雑で，時には痛みや困難を伴うので，EMDR療法の実施にあたっては，訓練を受けた専門家が行う必要があります。チャンスがある場合には，専門家の治療を受け入れることが，自分で回復のプロセスを引き受けていくことと同様に重要です。

EMDR療法の再処理過程における再体験のプロセス

記憶が想起されるとき，その記憶は「現実のようだけれど現実ではないもの」として体験される必要があります。このことは，「記憶がこの感覚のすべてを生みだしている」ことに気づきさえすれば，「出来事がもう一度ここで起こっている」と混乱してしまうことがないことを意味します。

ある種の記憶は，きわめて鮮明で，長い間封印され隔離されていた記憶なので，その記憶が戻ってきたときには，それは——文字どおり——その状況を再体験しているように感じます。これは「ただの記憶」で，「今再び起こっていることではない」ということ，しかしながら「当時のいやな感覚が引きだされる可能性があること」，でもそれは「ずっと前に起こったこと」だということを，繰り返し思い出す必要があります。「あのとき」と「今」の違いを認識する必要があるのです。なぜなら「あのときの環境はもうない」こと，「今はもう起こっていない」こと，「同じようなことは二度と起こらない」ことを知るのが重要だからです。

たとえば，子どものときに起こったことは，自分がすでに大人になっている以上，「同じようには」起こりえないのです。なぜなら，その状況が二度と起こらないからではなくて，もはやそのライフステージにいないからです。子ども時代は，養育者に完全に依存しているわけですが，その子ども時代の危険は終わっています。もちろん，このことを「そうだ」と思えるようになるためには，「守られていない感覚」「小さい存在と感じる感覚」そして「前よりよくな

208

っていると思う感覚」を扱う必要があります。このような感覚を大事にする方法を学び、自分を守る新しい方法を試し、そして内的構造の修復に取り組まなければなりません。そうして「これはただの記憶で、今はすべてが変わっていて、私は大人で、自分を守ることを学んだ」と言えるようになると、そう思えるようになります。

　記憶に伴って出てくる思考を、文字どおり真実であるとはみなさないこともまた重要です。今「死にたい」と思うような状況があるわけではないのに、そういう状況が「過去に」あったために、「今」死にたいと考えることがあります。おそらくそのとき「誰も助けてくれない」という感覚をもっています。なぜなら、それこそが当時思っていたことで、心がこの体験を封印してきた主たる理由だからです。脳の中では、恐怖感と危険がつながってしまっているために、恐怖を感じると、今は危険にさらされていないとわかっていても、危険にさらされていると思い込んでしまうのです。記憶に伴う思い込みは非常に強く、それは感情および身体の記憶と同じくらいの強さをもちますが、それらは「脳の中に体験とともに貯蔵された思考」に過ぎません。重要なことは、それを「脳に貯蔵されている記憶」とみなし、絶対的な真実だと思わないことです。

記憶が統合されるということ

　EMDR療法の再処理過程においては、記憶に伴って喚起される感覚に十分に意識を向けながら、想起されていく記憶を眺め、当時の身体感覚と感情と思考がつながりあうと、過去と現在の記憶のネットワーク間の“対話”が可能になり、一方が他方を補いながら統合されていきます。このとき、「すでに自分は人生の新しいステージにいる」「これまでに多くのことを学んできた」「状況はもはや異なっている」とりわけ「自分は変化した」ことを心にとどめておくのが重要です。

　そのプロセスにおいては、今や大人になった自分が、かつての“子ども”と出会い、封印されていた自分の“部分”を大切にし、現在のものの見方で過去を眺めることができるようになるでしょう。いかなる評価も下さずに忍耐と共感をもって過去を眺めることが必要で、起こったことのすべてを理解するために、心を開かなければなりません。直接、過去の体験に戻るわけではありませ

んが，新たなより賢い目で過去を眺めることができます。行きづまっていた過去から自己を救出し，新しい可能性が開かれつつある現在へと連れてくるのです。

　過去が現在に影響するのを止める方法は，一般に認識されていることとは正反対です。過去が困難で複雑だった場合には，その記憶をないことにしたり，前進することだけに集中したり，心の奥深くに埋めてしまったりすることは，長い目で見れば役に立ちません。その体験を真に克服する唯一の方法は，今の自分を抱きしめ，人生のさまざまなステージに登場していた自分たちと和解し，自分がしたことやできなかったことを理解することです。苦悩に満ちた記憶が統合されると，痛みはなくなっていきます。つまり，痛みは，ほかの体験の中で希釈され，その記憶はもはや隔絶されていないので，新しい人生経験とつながるものとなるでしょう。

EMDR療法による記憶の再処理後に起こること

　最悪の記憶は，自分を傷つけることをやめ，そして影響を及ぼすことのない真に中立的な記憶になります。感覚を感じないように努力したり，それらを制御するために精神的なエネルギーを消耗したりすることなく，この変化を成し遂げることができます。現在の状況という文脈の中で，過去が再活性化するリスクなしに，過去を過去のものにすることが可能です。

　"庭の地雷"（第2章）を無力化して，庭を安全で楽しめる場所にすることが可能なのです。「困難な体験の奥底から引き起こされる痛みであっても取り除くことができる」と信じられないとしたら，そのことと向きあうことを躊躇するでしょう。そういうときには，恐怖を感じ，自分は永遠にダメージを受け続け，痛みの感覚がなくなることはないと思い込んでしまうでしょう。そうではないということ，記憶に関連して出てくる説明のつかない感覚を変化させる方法はたくさんあると知ることが重要なのです。

記憶の再処理を行ううえでの留意点

記憶の再処理が必要な理由

　もし過去に困難な体験をもちながらも，そのことに取り組まなければ，現在の生活と未来の両方に過去の記憶が影響してしまうだけではなく，ともかくも，そのときの感覚にとどまったままの"子ども"や自分を見捨てることになります。その状態で生き続けていくために，自分の中の"部分"を見捨てて，自分でその"部分"を非難するようになります。しかし，痛みを遮断して前進するために，心の中にある"部分"はそこにとどまらなければならなかったのです。もし内面を見つめ，自分の中の"部分"を抱きしめて，ちゃんとその"部分"を取り戻さなければ，結局は，運命に任せて何もせずに，何か困ったことが起これば，自分の中の"部分"を自分で責めることになってしまうでしょう。そうすることによって，他者が自分にしてきたこと，そして他者が自分の問題を扱ったその方法を，再現してしまうようになります。他者が自分を苦しめたのと同じように，内面で自分を苦しめることを繰り返してしまいます。そのうえさらに，もし自分が自分の中の"部分"とつながらないままであれば，決して自分を完全であると感じることはありません。そして，たとえ以前よりよくなったと感じたとしても，その改善は確実に安定的なものにはならないという点が主なリスクといえます。それは"爆発の危険を抱えた地雷"が庭に埋められていることを知りながら，そのまま放置しているようなものです。

適切なタイミングで行うことの重要性

　変わるために努力を重ねて，いくらか改善がみられた段階で，記憶を処理するために適切なタイミングを見つける必要があります。時に，調子が以前よりよくなりはじめると——前述したように（第18章）——せっかくよくなってきたところで，生育歴における困難に満ちた記憶にふれることや，過去の記憶をあらためて掘り起こすことには，抵抗を感じるかもしれません。これは当然理解できることですが，このことに取り組んでいくための強さと安定が必要になります。変化を安定させるためには，介入的な関わりを行わない穏やかな期間

をもつことも有益です。

　とりわけ，変化のプロセスに合わせること，そしてさまざまな段階があることを理解することが必要です。困難なトラウマ記憶の処理は，安全基地となる関係性の中で行われなければなりません。それは，強い感情を受け止め支えるクッションのようなものです。もし手術を受けるとしたら，あらかじめ感染症は治療済であること，身体の状態は栄養が十分で体力があり安定していることが必要となるでしょう。それと同じです。

　困難な記憶の処理を急ぎすぎることは，恐怖感にふりまわされるのと同じくらい有害です。トラウマ処理を行う適切なタイミングを決めることは，単純なことではありませんが，最良の指針としては，一度トラウマ記憶を解体したら，そのあと一定の間隔を置くことです。感情を安定させるために時間を置き，日常生活の中で起こる変化を見守り，複雑で困難な側面には少しずつアプローチすることなどによって，治療プロセスにおいて生じる困難を弱めることができます。加えて，つらさを感じたら，それを放置したり無視したりせずに，自分の限界を大切にして，自分がどうしたいのかを考えることが役立ちます。

記憶の再処理に伴う日常生活の変化に目を向ける

　記憶の処理を少しずつ行っていくと変化が起こりますが，とりわけ現在の日常生活の変化に役立ちます。

　たとえば，怒りの制御に困難を抱えている人が「自分が暴力をふるったときの状況を言葉で表現し，そのことを思い出したときの感じ方や暴力をふるう背景にあるものの見方を意識的に変えること」で，なんとか自分を制御していることがよくあります。このような場合，記憶の再処理を行うと，意識的な努力により怒りを制御しようとする必要がなくなるでしょう。一つひとつのプロセスが，ほかのプロセスを改善させていくのです。

　「自分を大切にすること」「感情を調節すること」「今とは違う方法で他者と関係をもてるようになること」は，過去の記憶の処理を行わないと，おそらく十分ではありません。しかし，過去の重要な関係性の中でどう扱われてきたのかという体験を考慮することなく，自分を扱ういつものパターンを改善しようとすれば，自動的に昔のパターンに戻って変化は遮断されてしまうことにおそ

らく気づくでしょう。過去と現在の両方を視野に入れて，過去の記憶と現在の行動パターンを同時に扱うことが，最も効果的な方略といえます。

記憶を処理したあとのケア

問題を抱えていた行動パターンや，世代を超えて受け継がれてきた思い込みや，昔の体験に付随していた感覚などを修復する治療を行ったにもかかわらず，通常の"片づけ"をせずに，"クローゼットや引き出し"があふれていて，"自分のものではないものをまだ持っている"という状態だったら，それはとても残念といえます。

これまで忘れて，隠して，否定して，拒絶してきた自分の側面はどのようなものでも，自分のものとして取り戻すことが重要です。しかし，時代遅れとなった"手本"やスローガン，賛同できない家族ルール，好まない習慣，そしていまだに妨害してくる記憶などを手放すこともまた必要なことといえます。付随する感情や感覚や思い込みが活性化している状態にあり，まだ中立な状態に変化していない記憶というものは，たとえ定期的に思い出すことがないとしても，エネルギーを消耗させます。

ひとたびロックが解除されて，通常の貯蔵庫に運ばれれば，その記憶は"アルバムの中の古い写真"と同じものになります。このアルバムが完成したとき，全章がそろった"完全版の人生史"を書くことができます。そうすることにより，距離を保ち，客観的に自分の人生をまるごと眺められるようになるでしょう。自分史についての新しい物語は，これまで部分的にしか理解してこなかった自分の多くの側面に光をあてることになるでしょう。これまでは，あたかもジグソーパズルのピースを分析していくつか並べてみながら，全体はこういう絵になるのだろうと直感的に想像するようなものでした。さまざまな体験の記憶を処理したあとには，イメージはより明確になります。

このように記憶を処理すると，記憶に取り込まれて身動きできなくなることはなくなり，記憶は，現在の自分を作りだしてきた過去の体験，学習，歴史の一部となります。この新しいものの見方で過去を振り返ると，これまでとは違う方向に向かって自由に進化していくことができるようになります。

しかしながら，もし"引き出し"を閉めてしまえば，あとから中に入ってい

るものがあふれてきたり，油断しているうちに予期しない記憶が表面化して混乱してしまったりすることがよく起こります。

　最終的には，過去の体験の記憶の処理を終えたとしても，予期せぬ記憶が表面化することは時に起こるものです。なぜなら過去の人生を振り返っても思い出せない領域はあるもので，新しい環境がそこに潜んでいる記憶の引き金になってしまうことがあるからです。いずれにせよ，そういうときには，この記憶の処理という仕事を行うために時間をとればよいのです。長期にわたる困難な体験からの回復は，"抗生物質10日間投与"で完結するようなものではありません。人は常に発達しているものなので，回復とは，自分の人生の一部になるというプロセスであり，そのプロセスの中に自分を見出すのです。

第21章
内的"部分"のバージョン2

自分をありのままに受け入れたときにだけ,
変化することができるということは,奇妙な逆説だ。

カール・ロジャーズ

自己のバージョンアップ

隠れていた"部分"が能力を発揮する

自分を理解し,感じることを再学習し,自分を大切にし,状況をコントロールできるようになると,「感覚」というものもまた変化し成長します。内的世界のさまざまな側面が統合され,今生きている"現在"の自分になり,そして自分が「本当のところ誰なのか」をきちんと認識できるようになります。人格を構成する"部分"は,その潜在能力を十分に発揮し,以前からもっていたけれども気づかれていなかった力を示すようになります。このことがまだ起こってはいないとしても,どのようなルートを辿って,どのようにそれぞれの"部分"が再生し,自分がバージョンアップされるのかを想像することは有益です。

バージョンアップのプロセス

ここでは,いくつかの可能性を述べることで,そのためのガイドを示します。自分を構成しているさまざまな側面が「どのようにしてなぜ開発されてきたのか」「どのような可能性をもっているのか」を理解する必要があります。そのためのルートは,これまで述べてきたこととまったく同じです。つまり,「なぜその"部分"が生まれたのかを理解し」,「その"部分"がもともと作られたときの"型"を取り除き」,「その"部分"がそれ以外の内的システムと対話できるようになり」,「『過去』と『現在のものの見方』を結びつけ」,「その"部

分”が現在の状況に適合できるような新しい形式を獲得する」ということです。

自分の中の「ハルク」を解体してバージョンアップする

実写版映画『ハルク』の物語

アン・リー監督による映画の実写版『ハルク』は，古典的なスーパーヒーロー映画で，怒りによって緑色のモンスターに変身する物語です。そのモンスターは，主人公の過去のトラウマから生まれ，その内面に住みつき，制御不能な状態で暴走しますが，最終的には，怒りのエネルギーを大事な目的のために使うことができるヒーローへと進化します。子どもの頃，父親は彼をモルモットにして人体実験を行いました。そして，母親とけんかしてもみあっているうちに，彼の目の前で母親を殺してしまいました。この恐ろしい記憶は彼の心の中に閉じ込められ，子どものときには決して口にすることができなかった怒りが封印され，蓄積されていったのです。青年になったとき，鏡に映る自分の中に何か——隠されている緑色に映る“部分”——が見えました。日中には意識されませんが，夜になると，その苦悩に満ちた記憶は，悪夢になって彼を苦しめました。

主人公は，怒りを閉じ込め，たとえ愛する人とでさえも心から結びつくことができませんでした。自分を守ろうとせず，感情が存在するのは人生の半分の側面だけでした。ある日，心に深くにふれる出来事が起こり，それまで隠され封印されてきた“部分”が暴走してしまいます。しかし幸運にも，出会いを通して，緑のモンスターのうしろに“子ども”が隠れていることに気づき，彼の内面の痛みが明らかになりました。そうして，怒りのすべてが鎮まり，人を信頼し，他者に抱かれることを受け入れられるようになりました。その瞬間から，ハルクは制御不能で理解不能な“部分”ではなくなり，主人公が出す出さないを選択することができる人格の一部になりました。

怒りを抱えた“部分”を統合するプロセス

内面にいるモンスターは，しばしば，傷ついて怒りを抱えている子どもや，世の中に反抗する10代の青年のようなものです。それらは純粋な痛みであり，

終わりのない無限の怒りです。その「行動」や「破壊したもの」や「ひどい言葉」を通して，その人を理解するなら，この"部分"が本当に必要としているものを見逃してしまうでしょう。

　モンスターがどのように感じているのか，人生の中でどれほど傷ついてきたのか，もはや我慢できないほどつらいということを，"誰か"がすでに認識してきたはずです。このことさえ理解すれば，たとえ悲しみや苦しみがまだそこにあるとしても，同じような状況に直面したときに「人が一般にもつ怒り」よりも大きな怒りがまだあるとしても，この"部分"はもう自分の側につくようになります。

　ところが，そうなると「普通の人がいやな人に会うときのような反応」が起こりやすくなってしまいます。つまり，自分の声とは思えないような大きな声を出してしまったり，怒りっぽくなってイライラしたりして，以前は見過ごせていたようなことに悩まされるようになります。周囲の人たちは，このような変化をいやがるかもしれません。実際のところ，この変化は最終ゴールではありません。以前は「封印されていた怒り」とこのようにするするとつながる反応は，かつての「遮断反応」と比較すれば，前進していることを意味します（第18章）。今や自分と"部分"とが一緒になったので，自分のことをより力強く感じ，時には以前よりエネルギーが充満して，簡単にくじけたり落胆したりしないように感じるでしょう。

　和解の過程がはじまると，この"部分"は以前のように，自分を嫌うことはありません。「弱かったこと」「服従したこと」「間違えたこと」により自分に怒りを向けることがなくなります。落胆したときでも，心の中ではもはや自分を侮辱する声は聞こえず，むしろ「さあ，目を覚まして，外でよい空気でも吸おう」という声が聞こえてきます。そして，以前より詳細に状況を見定めるようになるでしょう。

　良いことと悪いことの両方に目を向け，状況の異なる側面を考慮して，広い視野で物事を見るようになります（第17章）。このことはよりよい判断ができるということを意味します。もはやこの"部分"を「自分の中の奇妙で不快なもの」ではなく，「自分自身の感覚」とみなすことができます。つまり，この"部分"は，まだ完全には統合されていないものの，適切なときに正しい方向

に向かって出てくるようになるのです。

亡霊を葬ることでバージョンアップする

過去の人に呪縛されているとき

　ある内的"部分"は，人生に関わる特定の人物の精神に染められてしまいます。その"部分"は，力で支配することで自分に対して大きな影響力をもった人の行動を再現します。ある意味では，あたかもその人たちが内的世界に存在し続け，「まだ最後の言葉を言っていない」とでも言うかのように——たとえ現在の生活にはもはや存在せず，親密な関係にはないとしても——その影響が持続しているのです。

　それは，両親，教師あるいは同級生が，「適応の仕方をすっかり変えさせてしまう」ほどの病理的な方法で関わったということなのです。彼らの存在は非常に強いもので，ずっと心の中に存在し続け，長期にわたって，その声がこだまし続けます。

　このようなときには，彼らとともに過去に戻って解決することが不可欠で，そうすれば亡霊が現在の生活に干渉することはなくなるでしょう。

呪縛してくる亡霊から解放されるプロセス

　そのためには，彼らの前に座って，直接見つめることが必要です。子どものとき，怖いと思っていた影が電気をつければ消えたように，何が現実に存在しているものなのかを見つめましょう。

　暴力ですべてを解決していたアルコール依存症の父親は病人であり，自分の人生を管理できずにいて，そして父親が言っていたことは，知りうる限りまったく正当性のないものだったのです。頭の中の声は，まさに父親が言ったように自分を侮辱し，「アルコールで狂った人」が口にしていたフレーズを繰り返します。父親は自分のことを大切にする方法も，家族を愛する方法も知らなかったのです。

　このアルコールと虐待の歴史は，しばしば数世代前にさかのぼるものです。ですから「本当にこの遺産を継承したいの？」と自分に問いかけましょう。心

はよいモデルから学ぶことができます。子どもの頃に学んだことが繰り返されるのは普通ですが，頭の中で「父親が言った台詞」を聞くたびに，立ち止まって「本当に話しているのは誰なのか」を思い出し，「自分に対して違う話し方をする」ことを学べることを確認しましょう（第15章）。

　このことに気づく練習をすることが役立ちます。「父親が言ったことを自分に言い，父親のような衝動をもち，父親の行動を再現する」その"部分"を，心の中にイメージし，紙に書いてみましょう。絶対にこんなふうにはなりたくないと思い，イメージするだけでも恐怖と拒絶がわいてきます。それは，以前，実際に生きているこの人，こういう反応のもとになったこの人と向きあったときに感じたのと同じ恐怖と拒絶です。さあ，その人の実際の写真を見てみましょう。なければ，想像してみましょう。前述したアルコール依存症の父親を例にあげます。

　「お父さん」と言うのをやめて，代わりに「名前」で話しましょう。両親を「小さな世界の神のような象徴的な存在」とみなすのをやめて，「ただの人間」とみなしはじめるときに，子どもが成長する重要な瞬間が起こるので，「父親」という言葉を使わないでください。それゆえ，自分とは関係のない人を眺めているかのように，その写真を眺める必要があります。

　「こういう人のことをどう思う？」と自分に尋ねます。「確実に欠陥があって，間違った思い込みをもっていて，そして精神的なバランスが取れない人」とみなすでしょう。あるいは「自分と周囲の人たちを破壊した人」「事態が悪化するとわかっていても飲み続けた人」とみなすかもしれません。「自分の行動に対して決して責任を負わず，罪悪感をもったとしても，何も治そうとしなかった人」と見ることもできるでしょう。

　そして，父親の写真に向かって対話していることをイメージします。「父親のせいでどのように感じていたのか」「父親がどれほど間違っていたのか」「父親は家族を楽しませることができず，子どもたちをまったく理解しなかった」だけではなく「自分自身のことも理解していなかった」ことなどについての対話です。父親が，世の中や子どもに対してどれほど多くの意見やものの見方を伝達してきたのかを再検討し，それが父親の遺産だと伝えたうえで，それを拒絶します。結局のところ，父親の信念というものは，ただの個人的見解であっ

て，賢明なものとはいえないのです。

　父親から出された指示やルールとは別に，「どのように感情を感じて調整するのか」を学ぶうえで，父親は大きな影響を与えています。気分が悪いときに父親の顔を見れば，侮辱に満ちた表情を向けられました。部屋の中で怖がれば，背後から怒鳴り声が飛んできました。こんな攻撃的な人に向かって怒りを表出することはできないので，その状況がもたらした怒りは無力化されてしまいます。このような状況で育てば，多くの嫌悪と困惑を抱えてしまうでしょう。

　写真の男性に向かって，「感情は役に立つもので，感じることにはすべて意味がある。今はもう大人だから，すべてのことを子どものときとはまったく違うふうに見ることができる」と言いましょう。

　このことを行ったあとで，父親をモデルとして模倣していた自分の“部分”に目を向けます。実在の人間は一人ですが，今は自分の中の“部分”を見ているということを，自分に確認します。もう一度その“部分”を見て，それがどのように見えるのかを観察します。おそらく「この“部分”は父親に似ているが，父親ではない」と認識することが，その“部分”をこれまでとは違うふうに見るために役立ちます。

　さらに，この“部分”の進化を促していくために，健康な人をモデルに使います。それは，これまでに知っていた人で，自分を評価してくれた人や，「他者へのゆるぎない尊重を維持しながら，安全で安定した状態で，きちんと怒りを表現できる人」です。父親とは違うものとして，この“部分”を眺めてみると，その“部分”に感じていたあらゆる羞恥心と嫌悪がだんだんと薄らいでいき，その“部分”を受け入れ，認められるようになります。そうすることによって，父親の顔はこの内的“部分”の外見から消えて，その姿はこれまでとは違うものに変化し，自分らしく見えてくるでしょう。

　この“部分”は，不安定な状態を調整することを学ぶ必要もあります。この“部分”は「きわめて調整不全にある人」からそれを学んでしまった“部分”なので，最初はうまくできないのが当たり前です。今では，いやな気持ちになったときには，自分に対して以前とは異なる言葉をかけることができます。この言葉は不快な感覚をなだめて，やわらげることに役立ちます。

　父親よりもよいモデルを見出すことはそれほど難しくないでしょうから，新

しいモデルを取り入れることもできます。しかし，自分の中にあるたくさんの
"部分"に対して恐怖と拒絶を抱えており，それを克服しなければならないの
で，この進化には時間がかかります。ご存じのとおり，"新しい言語を習得す
る"には何年もかかるわけですから，たくさんの忍耐力が必要とされます。

学ぶことによりバージョンアップする

アニメ『ハイジ』の物語

アニメ『ハイジ』のお話では，クララは，しばらくの間ハイジが滞在するこ
とになった家の少女で，ロッテンマイヤー先生は，クララの厳しくて辛辣な家
庭教師です。ロッテンマイヤー先生は昔ながらの女性教師で，彼女の母親は冷
たく，父親は権威主義的で非妥協的な人でした。ロッテンマイヤー先生の両親
は，子育てについて自分の親を手本にする以外の参照枠をもっていなかったと
いえます。彼女の家族の中では，遊びやお楽しみや自発性というものは，決し
て認めてもらえず，許されませんでした。ハイジは，たしかに多くの困難に直
面していましたが，長年親切で愛情深い祖父と暮らしてきたので，感情豊かで
健康な養育者に育てられたといえます。クララは，そのような幸運に恵まれて
いませんでした。クララは母親を失い，父親は常に不在で，気持ちの面でクラ
ラに配慮することもなく，ロッテンマイヤー先生という家庭教師と子ども時代
を過ごしました。この家庭教師は，自分自身の満たされざる感情的欲求を抱え
ていたので，心の狭い人でした。クララの性格は，このロッテンマイヤー先生
に適合するように育ちました。つまり，元気のない臆病な少女になり，歩くこ
とができないという点で，身体レベルでさえも遮断されていたのです。ハイジ
が自発性と笑い声と遊びをもたらしたことで，この家庭全体が変化しました。
最後には，クララの父親も心を通わせられるようになり，ロッテンマイヤー先
生は性格が少し柔らかくなりました。さてここで，もう少し検討してみましょ
う。

「ロッテンマイヤー先生」が心理療法を受けて教育学を学ぶとき

ロッテンマイヤー先生が，心理療法を受けて自分の生い立ちの問題に取り組

み，「ほかには選択肢がなかったために，自分の両親のやり方を取り入れるしかなかった」と理解するようになることを想像してみましょう。

　自分は「本当の子ども時代」をもてなかったのだと気づけば，少しずつものの見方や立場を変えることを自分に認めるようになるでしょう。そして，「どのように子どもを教育すべきか」に関する健全な参照枠が存在していることに気づき，教育学の勉強をはじめるでしょう。

　そこで，罰は身体的なものであろうと言葉によるものであろうと，行動を改善させることはないと知り，自分の教育方法がどれほど間違っていたのかを発見することになります。罰を受けた人は，短期的には変化するかもしれませんが，結局はさらに感覚を遮断してしまうことになり，自尊心は損なわれて失敗感が増えていきます。もし感覚が遮断していることで，さらに罰を受けたなら，その遮断はますます強固なものになっていきます。

　また，ロッテンマイヤー先生は，ポジティヴな側面を強化することの重要性を発見するでしょう。「ごほうび——物より気持ちのほうが好ましいですが——やポジティヴな言葉」「うまくできたときに気づいてあげること」「どこが正しいのかを指摘すること」「間違ったときには，やってみようとしたそのことを褒め，結果にこだわらないこと」などは，改善と効果を促進するシステムになるといえます。失敗したときに失敗に焦点をあてることは，過ちを増やすこと以外の結果をもたらしません。

　こうして，ロッテンマイヤー先生が，この新しい知識をもとにクララとハイジを教育したら，彼女たちがどれほどたくさんの能力を高めることができるかに，そしてとりわけ，子どもたちが元気になることに気づくでしょう。

学ぶことで進化するプロセス

　自分の中にある重要な"部分"は，ロッテンマイヤー先生と同じように進化して，同じ方法を学ぶことができます。人はみんな，どこが間違っているかを認識して教えてくれる重要な"部分"を必要とします。そのような重要な"部分"がなければ，間違いに気づくこともなく，同じことを繰り返すでしょうし，連鎖的に物事が悪化していきます。進歩も成長もなく，加えて非常に非現実的な自己像をもつことになるでしょう。

自己批判はすべての人間に不可欠な"部分"ですが，もし懲罰的で厳格で権威主義的な教育スタイルから自己批判を学んでしまったのであれば，なぜその"部分"がそのようにふるまうのかを理解し，ほかのより効果的なシステムを試してみることが重要です。

　「あら，ダメだ！　またやり直さないと。次はもっとうまくできるかな……うん，前よりよくなった……！　学んでいる最中なのだから，間違うのは当然。ただもっと練習が必要なだけ」と自分に言えば，「私はバカだ。やることすべてが間違い。私には価値がない」と言うよりも，ずっとうまく学べることに気づくでしょう。

　そうすれば，重要な"部分"は，そのスタイルを変化させて，より効果的なものになります。そうすることで，これまでの人生に起こったことと，将来これから経験することを隔ててしまうことなく，自己にうまく同化していくことができます。自分が失敗したり弱さを感じたりしたときに，生産的で建設的なことを心の中で言えるようになると，それは重要な"部分"が進化していることを示します。

「ネバーランド」から"子ども"を連れ戻してバージョンアップする

『ピーターパン』の物語

　ピーターパンと仲間たちは，ネバーランドと呼ばれる想像上の遠くの場所に住んでいました。そこでは時間が止まっていて，少年たちは年をとらなくなりました。その島では，時間が凍っており，何も変化も成長もしません。子どもたちはみんな，複雑な家庭背景をもち，困難な過去を背負っていましたが，この島は現実と切り離された場所でした。しかし長い年月が経過すると，ネバーランドは子どもたちにとって"刑務所"となりました。ピーターパンは，最善の方法だと思って子どもたちを人生から救ったのですが，現実に戻す方法を知りませんでした。加えて，子どもたちをネバーランドに導いたときの現実の環境はすでに変化していましたが，しかし子どもたちにとってはまったく時間が経っていないかのようでした。

「ネバーランド」に置き去りにされた“内面の子ども”たち

　これと同じように，ある体験や人生のある時期が遮断されてしまい，自分の
“部分”がそこにとどまり，自分以外のもののようになって成長しないという
ことがあります。

　たとえば，もし学校でいじめられたら，その時期のことを忘れようとして，
脅されて自尊心を傷つけられた“子ども”を自分の中にとどめおいてしまうこ
とができます。同じことは，その他の状況でも起こりえます。強くなろうとし
て気持ちを見せず，誰にも理解されない繊細な“子ども”を，自分の中に隠し
てしまうのです。イライラして落ち着きのない子どもは，家族から見てもらい
たい欲求の裏返しでいつも自分勝手な主張をするわけですが，何度も何度も体
罰を受けることにより，自分の中に姿を消していきます。しかし，6歳のとき
に満たされなかった愛情欲求はそこにとどまります。どのような集団にも，あ
るいは自分の家庭にさえ所属感を得られなかった10代の青年は，自分の生活
の中での居場所を確保するために周囲の機嫌をとることを学びます。その間は
覆い隠していますが，心の奥深くには非所属感を常に抱えています。

　それはあたかも，傷ついて怒りを抱えた弱い子どもたちがネバーランドに住
み続けているようなもので，古い記憶のネットワークにからまって，新しい人
生経験，よい人間関係，成功やリソースにつながれなくなっているのです。

遮断されていた“内面の子ども”とつながるプロセス

　“子どもたち”が，遮断されてしまうことなく，過去の場所を離れて現在に
やってくることができるように“橋”を作ります。その“橋”は，今大人にな
っている自分，「新しい目で“子どもたち”を見ることができる大人」が作り
ます。

　現在の現実から，かつての“子どもたち”の状況を振り返り，過去に必要と
された感覚やできたこと・できなかったことを見つめます。“子どもたち”を
しっかりと見つめ，それが誰なのかということを理解し，抱えているものすべ
てを受け入れ，いまだに満たされていない欲求を理解し，現時点でその欲求を
満たす方法を探します。そうすれば，過去と現在の記憶のネットワークがつな
がりはじめ，統合されるでしょう。そして，その“子どもたち”は進化し，成

長し，十分に能力を発揮できるようになります。

　自尊心を傷つけられた"子ども"は，顔をあげて「学校のあんな状況はもうない」「今は自分を守ることができる大人になった」ことに気づくでしょう。繊細だった"子ども"は，「自分の感情は役に立つものだ」「たくさんの人と感情を共有して，大切にすることができる」と発見するでしょう。イライラして落ち着きのない"子ども"は，「欲しいものを手に入れるためには時間がかかり，そのためには適切な努力が必要だ」と学び，より実用的で合理的で効果的な方法で欲しいものを手に入れるために闘える大人になるでしょう。10代の青年は，自分の中の長所を知り，所属することの重要性を認識して，真の方法で他者とつながることを学ぶでしょう。

　もし，大人として"内面の子ども"たちを見つめるときに，無条件に受容することが困難であるとしたら，本当に自分の目で"子どもたち"を見ているのか，それともまだ過去に育てられた人の目を通して見ているのか，自分自身に問いかける必要があります。

　もし後者であるなら，考えてみましょう。「その人がそんなふうにあなたを見たとき，あなたはよい気分でしたか？」答えはおそらく「いいえ」なので，他者が自分に向けてくれたまなざしや，たとえそれがほんの少しだったとしても，教師，友達，遠くの親戚など「自分を本当に見てくれた人」のものの見方を思い出す必要があります。あるいは，自分と同じことを経験し，同じように感じた「ほかの子ども」のことを，どのように見るのかということを考えてみるのもよいでしょう（第15章）。心の中で，その「ほかの子ども」のことを思いながら，自分の"内面の子ども"のところに戻ってみることができます。

　今では，自分自身のものの見方で，実際に物事を観察することができます。視覚は，一般に，過去に学んだことを最初に反映するもので，変換する過程が必要になるので，この変化には時間がかかるかもしれません。しかし，実際に失ってしまった"内面の子ども"を取り戻す必要があるので，この練習を定期的に行うことが重要です。そうでなければ，完全な自分になることができず，現在の経験と十分につながることができず，物事をちゃんと楽しめないでしょう。何も置き去りにしないことが重要なのです。

　"内面の子ども"を取り戻すことは，その時期の痛みの感覚に永遠にとどま

ることを意味するものではありません。むしろ反対で，置き去りにしておくことが，まさに永遠にその感覚を自分の中にとどめることなのです。今では大人になった自分が，この"子ども"を抱きしめ，痛みが取り除かれるとき，過去の体験は統合されて，解決にいたります。抱きしめられることで，不穏な感覚もなくなり，ほかの記憶ネットワークのどこかに散らばり，だんだんと薄れて消えていきます。そうして，真に現在にとどまり，現実というものに焦点をあてられるようになるのです。

第22章
過去，現在，そして開かれている未来

人生は，振り返ることでのみ理解されうるが，前を向いて生きられるべきものだ。

セーレン・キェルケゴール

過去，現在，未来の自分

受け入れることによる変化

　ひとたび自分の過去の歴史を振り返ることができれば，人生との折りあいをつけることができるようになっていきます。自分を傷つけることも，現在の生活や未来を制約してしまうこともなく，自分の人生と向きあえるようになります。経験から引きだされてくる教訓にがんじがらめになり，反対のことをしてしまうようなことは，もちろんありません。過去の感覚や思い込みを再体験することなく，"現在という時の中で"感じることができるようになります。この新しい視点に立つと，未来を「以前起こったことの単なる繰り返し」とはみなさないでしょう。つまり今では，未来が開かれていることがわかり，自由にさまざまな方向に向かって行動することができます。自発性と創造性を取り戻したのです。

　多くの心理療法で，幸福感をめぐって「受け入れること」の重要性が指摘さ

---

*27　近年，マインドフルネスの技法は非常に人気を集めているが，矮小化される傾向もある。マインドフルネスの基本的な要素は，受容，自己への気づき，共感である。自己への気づきは，現在に生きること，現在というその瞬間を深く観察することに役立つ。共感とは，自分と周囲の世界を見つめる態度である。以下の書籍を紹介する。

Kabat-Zinn, J. (2012) *Mindfulness for Beginners: Reclaiming the Present Moment--and Your Life.* Sounds True.(貝谷久宣監訳，鈴木孝信訳（2017）『マインドフルネスのはじめ方』金剛出版）

れています。^{*28}前述したように，「ここにある」ということを受け入れなければ，問題を変化させることはできません。受け入れるということは，運命に身を任せて何もしないという意味ではありません。反対に，人生に起こったことを受け入れないなら，状況を変える能力がなくなってしまうのです。変化を目指して生産的な一歩を踏みださなければ，行きづまって失速してしまいます。

過去の制約から自由になる現在と未来

「受け入れる」ことは，過去と現在の状況，そして未来のものの見方にまで広げる必要があります。本書では，自分の過去の歴史を振り返り，理解することの重要性を主張してきましたが，このことは，頭の中で何度も「何がなぜ起こったのか」を繰り返すこととは違います。体験の状況を分析することは，その不運によって自分を責めることではなく，「こんなことは起こらないはず」「どうすればよかったのか」「どうしてこんなことになったのか」と繰り返すこととでもありません。基本的には「どうやってここまできたのか」「どのような状況だったのか」「状況を変えるためにどのような選択肢があるのか」を考えることからはじめます。

そして，あらゆる側面について考慮したうえで，解決のためにできることに取り組みはじめる必要があります。効果的かつ現実的な方法でそうするためには，その問題がどのように生まれたのかを理解し，現在の環境を吟味し，あら

---

*28　アクセプタンス＆コミットメント・セラピー（Acceptance and Commitment Therapy）は，いわゆる第3世代の治療法のひとつで，認知行動療法から生まれてきたものである。このアプローチでは，心理療法においてどの要因が変化に関係しているのか，本質的なところで変化する人としない人がいるのはなぜかということを分析する。このアプローチでは，次のことを提案している。苦痛とは，人生の状況によって生みだされた感情をはるかに超えたものになる。もし誰かを亡くしたらつらい感情を味わうが，もし自分がしなかったことで自分を責めるとしたら，最初に起こったことのうえにさらなる苦痛が加わることになる。変化を妨げる要因は以下の3つ。①自分の有り様を受け入れないこと，②変化しようとしないこと，③不適切な思い込み。入門書を以下に記す。

Hayes, S. C. (2005) *Get Out of Your Mind and Into Your Life: The New Acceptance and Commitment Therapy.* New Harbinger. （武藤崇，原井宏明，吉岡昌子，岡嶋美代訳（2008）『〈あなた〉の人生をはじめるためのワークブック—「こころ」との新しいつきあい方　アクセプタンス＆コミットメント』ブレーン出版）

ゆる側面を十分に受け入れながら，変化のために利用可能なすべての選択肢を検討しなければなりません。過去がどのように問題で，現在はどうなっていて，どう対処できるのかをみてみましょう。ともかく，まわりくどい言い方はやめて，先に進めます。

　トラウマ志向の心理療法は，過去の体験の歴史とそれに由来する人格の異なる"部分"を統合することの重要性を指摘しています。それによりトラウマが，前向きな考え方に制限を加えてしまうのを防ぐことができます。それにより「これが私の人生だ」と言えるようになるでしょう。人生を変えることはできませんが，過去と向きあうことで，過去を自分のものにすることができます。今現在この場所で，完全な存在として自分を感じることができます。アイデンティティに関するあらゆる側面を，理解し受け入れます。そうなると，過去が自分を制約してしまうようなことがすっかりなくなり，未来はさらに進化して，より適応的になるでしょう[*29]。

　さてそれでは，3つの時間枠——過去，現在，未来——に注目し，この視点からみると，どのような発見があるでしょうか。

「過去を振り返る」ということ

「単なる記憶」としての過去になる

　「長い間，過去について考えることはなかった」とか「過去のことは覚えていない」ということもあれば，「どうしてこんなことになってしまったのか」「どうして世界がこんなにも不公平なのか」と過去の記憶に苦しむ人生を送ることもあります。どちらの場合であっても，過去が人生の選択肢と関係性に制限をかけてきたという点では同じです。このことをきちんと意識して，自分を大切にすることで自己制御する方法を獲得し，他者との関係性を変化させるなら，それが「人生の歴史を書き変えるとき」となります。

---

*29　脚注 * 18で紹介した *The Haunted Self* に加えて，以下の，Boon と Steele による，より実用的な患者向けの手引きを参照のこと。
Boon, S. & Steele, K. (2011) *Coping with Trauma-Related Dissociation: Skills Training for Patients and Therapists.* Norton.

事実は変えられませんが，事実について違う解釈をすることは可能です。新しい物語には，罪悪感，痛み，羞恥心，苦しみは含まれないでしょう。それは「他者に傷つけられても他者を許さなければならない」という意味ではありませんが，「怒りに取り込まれない」「何か違うことをすべきだったと思わない」「復讐したいという気持ちに惑わされない」ことは重要です。過去の出来事に対して，感情面では距離が生まれ，ある意味，関心が薄れる状態でいられるようになるでしょう。そのことは「間違いは間違いだ」と認識することや，道徳的な過ちであると判断することを妨げるようなことはありません。

この時点で，すでに傷は癒され，悲しみから解放され，表情ににじんでいた羞恥心は消えてなくなります。そして，嫌悪感は身体から洗い流され，感情を遮断することも少なくなります。セピア色になった写真から現実の鮮明さが消えていくのと同じように，過去を眺めることができます。起こったことを思い出すと，その記憶を遮断しているからではなく，それをすでに乗り越えているから，もはや悲しく感じません。このように体験を振り返ることができるとき，それは「単なる記憶」になります——つまり，それは過去の中にとどまります。

"写真ごと"にこのことを行い，アルバムを完成させ，事実を整理します。「どうやって問題が生みだされたのか」をもう一度紐解くドキュメンタリーを編集しているかのように，人生の新しい物語を構成していきます。この物語を，感情とある程度距離をとって眺めます。それは思考面にはしばしば影響を与えますが，感情面には「何も感じない」ということもなく，圧倒されてしまうこともありません。

過去との距離のとり方

このことについては，前章（第19章）で解説しましたが，絶望しているさなかに「どうして何もしなかったんだ？」「どうやってほかの人はそれができたの？」「なぜこんなに運が悪いのだろう？」と自問することには意味がありません。このような自問は，現実的な質問ではないのです——ある意味"罠"といえます。「起こったことは，ただ起こったというだけのこと」「戻れることではない」と受け入れるよう促してくれる人が誰もいない状態です。そう言わなくても，それはあたかも"タイムマシン"に乗って過去に戻ることを望んでい

るかのようです。しかし，タイムマシンはありませんし，過去は変えられません。「もしこれをしていたら……もしそうしなかったなら」と言うときはいつでも，あたかも過去に戻って時を変えられるかのように思っていることになりますが，それは不可能です。それゆえに，このように自問すると，結果として欲求不満と絶望に陥ります。過去を受け入れることによってのみ，本当の意味で過去を克服することができるのです。

　過去を受け入れることは，過去の記憶が正しいのかどうかという疑いを脇に置くことを意味します。記憶が曖昧だったり，「自分で記憶を作りあげているのではないか」「自分で記憶を実際よりも大きなものに作りあげているのではないか」といった考えに悩まされたりすると，集中力を失い，重要なことから焦点がずれてしまいます。記憶は記憶であって，その詳細については，覚えているとおりに起こったのではないかもしれません。なぜなら，心の中では，起こっていたほかの出来事，周囲の人がしたことや言ったこと，その他の多くの要因に基づいて，記憶を変えてしまうことがありうるからです。しかし，警察の捜査を行っているのではなく，ただ自分を理解しようとしているだけなのです。それゆえに，重要なことは，心の中にあるがままの記憶を眺めるということです。なぜなら，まだそれが自分に影響を与えている情報だからです。だから，それ以上考えるべきではありません。あるがままの記憶は「どのように記憶がその出来事を保存したのか」を示しており，ゆえに，それが治療上扱うべき素材になるからです。

　重要なことは，主観的な感じ方であって，客観的な事実ではありません。つまり，自分と同化する必要があるものは，「体験の記憶」であって，データではありません。感情の記憶という歴史を処理するにあたっては，「象徴的な要素を含む記憶」が，「言葉で表現される詳細な記憶」と同じくらい重要です。通常，こんなふうに記憶を眺めていくときには，詳細を調査することよりも「感覚に気を配る」ことで，その状況は明らかになり，霧は消えて，そのあとで実際にその出来事がどのように起こったのかを明確に認識することができるようになるものです。

　過去を振り返ったときに「私が覚えているのがそうだったということであって，私はできることをした」と思えるようになると，過去に縛られることなく

現在を生きていくための準備が整ったということになります。ただ，そのことから学んだということです。

「現在に生きる」ということ

現実感の回復

過去を乗り越えて進みはじめると，「現在に」生きていることにちゃんと気づくようになるでしょう。「過去が違うものだったら，どのように違うものになっていたのか」と思うこともなく，今あるがままに物事を受け入れられるようになります。そうなると，もはや想像上の架空の世界に生きることはなくなります。かつては，人生における重要な人を，自分に必要なものをすべて自分に与えてくれるような，「そうあってほしい存在」として理想化していましたが，それに頼ることはありません。足下にはしっかりとした地面があり，必要なものを自分で求めることができます。別の場面や周囲の人たちの中に，理想化する存在がいることはありますが，それらは架空の惑星にいたときの「キラキラ輝く理想像」ではなく，より単純で小さくなって現実的です。ひとたび過去と平和な関係を築くことができれば，現実とも平和な関係を築くことができます。

現実を受け入れるということ

現在の現実世界は存在する唯一の世界であり，そこでやっていく方法を学ばなければなりません。時には，嵐によって荒廃した世界のように見えますが，家を建て直し，新しい種をまき，新しい場所に移動し，新しい人に出会うことができます。探索する能力，発見への欲求，そして好奇心を取り戻しているので，それが可能です。これまでのようなことにはなりません。同じ状況が繰り返されたとしても，自発的かつ創造的に行動することができます。自分自身をもう一度開発することができます。しかし，このことは常に，客観的状況に基づいて起こるべきです。それが出発点になるでしょう。

「これが現実である」と言うことは，諦めやいやなことを我慢し続けることとは何の関係もありません——それは「受け入れる」ことと関係があります。

存在を受け入れたものだけを修正することが可能なのであり，変わりうる部分しか変えられません。"家に入る陽射しを遮る山"を動かそうとして，エネルギーを無駄にすることはないでしょう。その山に登ること，山の周りを散歩すること，山を写生することを発見することができるでしょう。あるいは家を売り，日当たりのよい別の家を買うこともできます。いずれにせよ，山がそこにあることに憤慨して不運を嘆いて，そのままそこで年老いていくことはありません。山がそこにあることを受け入れ，決断し，必要なことを成し遂げるのです。

「未来は開かれている」ということ

過去を受け入れることで未来が変わる

3番目のステップは，未来に対するものの見方の変化です。困難な過去が自己に同化されないうちは，多くの点で未来を制約してしまいます。過去に生成された思い込みが生きていると，「自分の人生をコントロールできない」「選択肢がない」「みんなから裏切られる」「どうせ何もできない」と感じることでしょう。過去の歴史を書き直せば，すべての可能性も回復します。自分の中のさまざまな側面はすべて同じチームに属しているので，自分自身とは闘いません。自分自身を守り，大切にすることをすでに学びましたが，これからも学び続けます。他者に対して心を開き，よりポジティヴな支えあう関係性を選択できます。すべてのリソースを用いて，自分の周囲に何があるのかを探し求め，何が起きても対処できるようになるでしょう。

このプロセスを通して，不確実性を楽しむことを学んできました（第17章）。ですから，「ちょっと待って見てみよう」と思うとき，それは「先に起こりうること」を恐れているのではありません。むしろ逆に，それは刺激的な経験になるでしょう。どんなに不慣れなことが起こっても，それは良いことです。何が悪いことなのか——不慣れなことだけではなく，よく知っていることの場合であっても——は明確なもので，それはただ悪いというだけで，自分に関係するものではないからです。未知のものに直面したときには，少し不安を感じるかもしれませんが，不安を感じることは普通のことなので，過去の反応には逆

戻りしないとわかっています。ちょっとしたリスクを冒して外で遊べるようになります。傷は癒えるし終わるということ，遊んで怪我をするかもしれないけれど，回復するということをすでに知っています。人生に上がり下がりがあったとしても，生きることには価値があると明確に感じます。

未来の可能性を広げるために

　思い描くことができる未来は，決まりきったものではなく，むしろそれは現実的な絵となり，絶えず進化し，変化に開かれています。ただ「同じことが繰り返される」暗い未来，自分にとって大事なことをすべて諦める運命にある未来，地平線上に何もない未来を，描くことはありません。魔法や「魅力的だけどありえないもの」に満ちた子どもっぽい未来像を描くこともありません。未来は，自分が「何を望むのか」という視点，そして完全に実行可能なことの中から現れるものでなければなりません――自分の手札にあるカードでプレイしなければならないのです。いくつか目標を設定しますが，それに固執することはなく，もし必要ならば，状況が変わったとき，進み具合に応じて再検討することができます。GPSに住所を入力して，道の途中で出会ったものに応じて経路を決定するのです。

　前述したように（第20章），この開かれた自由な視点から未来を考えるためには，過去を解決することが必須です。この旅のために，"重荷"を投げ捨て，健康に役立つものだけを持ち続ける必要があります。おそらく，持ち続けることに意味のない"遺産"を拒否しなければなりません。すべてのリソースとしっかりつながり，現在の現実の中に両足でしっかりと立ちます。過去と現在を統合して，アイデンティティに関わるあらゆる側面を受け入れることは，将来なりたい姿についての無限の可能性を広げるのです。

第23章
自分と他者，そして私たち

2人が目を見て向かいあう。
近い距離で，私は私の目ではなくあなたの目を使って，
あなたはあなたの目ではなく私の目を使って，互いを見る。
それから，私は私の目で私を見つめる。

ヤコブ・レヴィ・モレノ

「自分」との関係

アイデンティティの獲得

アイデンティティ——自分，他者，そしてその関係性のとらえ方——はプロセスを通して変化します。自分と世界に対する認識は静的なものではなく，むしろ常に動的に変化するものです。乳児のとき，10代のとき，あるいはほかのどのライフステージにおいても，同じではありません。周囲に対するものの見方も変化します。前述したように，いかなるものにも固執しないだけではなく，物事は経験によって流動的に変化し，発展するものだと気づくことが重要なのです。

ひとたび古い参照枠を手放せば，代わりの新しい参照枠が自然に確立されます。徐々に，自分が誰で，他者がどのようなものであるのかについて，明確なビジョンが現れるでしょう。参照枠があっても，それは外部から与えられた固定的なものではなくなり，より動的で内的なものになります。そして，自発性と創造性を取り戻すでしょう。

これまでの変化

自分の過去の歴史から学ぶことは，よりしっかりと自分を理解するために役

立ちます。理解不能だった人格の側面も，過去の情報に照らして考えれば，それはすでに消化吸収されてきたので，今では理解できるものとなっています。自分自身のあらゆる"部分"の本質を発見し，これらの"部分"のすべてが"ニューモデル"として進化しはじめたのです。自分との戦争は終結し，平和条約に署名したといえます。

　このことは，このプロセスが常に100％完了できるということを意味するわけではありません。ただ，今ではこれまで遮断されていたものが解消し，すべてがスムーズに流れるようになり，困難を回避できるということです。それは，「自転車に以前よりたやすく乗れるけれども，もし道路に段差があれば転んでしまうかもしれない」ということでもあります。しかし今では，ちゃんと起きあがり，自分が大丈夫かを確認し，必要に応じて包帯を巻き，自転車に戻ることができます。「大丈夫だ」ということ，「ありのままの自分を受け入れる」ということは，「自分は完璧で，常に幸せを感じて，何も困難が起こらない」ということを意味しているわけではないのです。

　本書を通してこれまで示してきたように，人格構造の基盤が強固なものになるためには，育つプロセスが十分に安定したものである必要があります。自分を大切にする方法が改良され，自分にとって役立つことをすることが，今や優先順位の最上位になりました。感情制御のシステムは，感情を抑圧し回避するのではなく，感情に気づき，感情を承認することによって機能させる必要があります。このことは，それぞれの感情が表している欲求に耳を傾け，感情が適切に流れていくように自分を励まし，その状況に対処するために利用可能なすべての選択肢を見極めることができるように，その状況に対するものの見方を修正する，ということを意味します。心が正反対の誤ったジレンマに封じ込められないようにして，むしろ両極端の間の真ん中にある中間的な解決策を探します。

　過去の感情が心の中から出てきてしまうことが続き，そうなると過去のパターンが再び活性化してしまう可能性はありえます。本書の全体を通して説明したように，一定の方法で対処することに数年を費やしたとしても，この傾向は数日で消えるものではありません。しかし，このことは，前進していないということを意味しているのではありません。なぜなら，ここまでの学びと自分が

もっている力への気づきをできるだけ早く取り戻せば，すぐに健全なルートに戻れるからです。この健全なルートにとどまる時間が長いほど，変化はより安定し，後戻りしにくくなります。これが通常の回復プロセスです。

　浮き沈みもあるので，自分をよりよく調整するためには時間がかかるわけですが，これらの変化が自分にとってどれほど意義深いものであるのかということにだけ，価値を置くことが重要です。うまくいかないときには，これまでにたくさんのことが変化して，はるかによい状態の日もあったということを完全に忘れてしまうものです。だから，変化のプロセス全体を通して動機づけが維持されるように，そのことを積極的に思い出さなければなりません。それが，デスティンが「逆向き自転車」に乗れるようになった方法なのです（第16章）。

　本質的に重要なことは，適応方略というものが，自分との闘いや，過去や人格"部分"の否定に基づいたものではないということです。変化してきたことによって，「過去を無視しない」方向にエネルギーが注がれ，過去の問題を繰り返さないようにすることに意識が向けられます。「自分の内部にあるすべてのものは，自分のために機能する」とすでに知っています。このことがまだ明確になっていない場合には，以前のプロセスを振り返り，衝動や側面，自分の中にある"部分"をもう一度検討し，その下にあるものを理解し，それを救済し，抱きしめることが必要です。自分の中にあるものはすべて受け入れる必要があり，この完全なる受容を通して変容が可能になります。

新たな自分
　人格の再統合のプロセスは革新的で，新しい感覚をもたらします。完全になった感じがするのと同じくらい，おそらく困惑をも感じるでしょう。特定の記憶や"部分"に関連しているけれども，これまで気づくことがなかったような体験の記憶に関するニュアンスが，ほかの感覚と混ざりあうようになるでしょう。体験の記憶は，以前よりもはるかに微妙なニュアンスを含むものになります。それは，非常に明確な感情から，正反対の明確な感情へと移動するのではなくなったので，現在はあたかもさまざまな色の陰影で絵を描いているようなものです。混ざりあう感情を感じることを学ぶことは，不慣れかもしれませんが，結局のところ，それは現実を感じるノーマルな方法となり，そして現実を

より身近なものとして感じられるようになるでしょう。

　時には，混ぜたくないと思う人格の側面があります。たとえば，「もし保護役割をやめたら，誰も自分を愛してくれないだろうし，それを支配している"部分"が存在しなくなると，混沌に陥るだろう」と思い込んでいます。しかしながら，このような"部分"を統合することで，よりバランスのよい方法で他者の世話をすることができるようになり，かつ自己制御もできるようになるのです。

　怒りを統合することは，過去に自分が知っている人の中で，怒りを表現していた人──最悪のモデル──のように自分がなってしまうことを意味するものではありません。反対に，身体の中のあらゆる細胞が，自分の怒りと接触するとき，その安定性と安全性と力に気づき，完全に自分自身の方法で怒りを感じることになるでしょう。それぞれの"部分"が現在に存在して，同時にまったく異なる方法でそれを体験するのです。自分がひとつであることを感じ，「自分は誰なのか」が明らかになるでしょう。

「他者」との関係

「過去の他者」の取り込みと「現在の他者」への投影

　自分の過去の体験ともう一度つながり，自分自身と和解するプロセスは，他者に関しても新しいビジョンをもつことにつながります。

　人生早期に他者が自分のことを「どのように認識し評価したのか」ということが，自分が自分を「どのように認識するのか」ということを生みだしています。実際に誰も見てくれなかった場合や，拒絶，敵意，批判のまなざしで見ていた場合は，この他者からの視点が心の中で自分を見る視点を形成してしまうのです。そしてそれはまた，周囲に対する視点にも影響し，親から学んだ感情表出の方法を，容易に他者に投影してしまうことになります。無視されることや，拒絶，敵意，批判がほのめかされることに過敏になってしまうかもしれません。そのサインが非常に小さいものであったとしても，気づいてしまいます。同時に，他者のポジティヴな態度を知覚することも難しくなります。このように，他者からのネガティヴな反応を増幅して受け取ったり，意味のない身振り

を自分に反発するものと理解してしまったりすることさえあります。対人トラウマを経験したことのある多くの人は，中立あるいはポジティヴな表情でさえ，ネガティヴな感情を含んでいるものと解釈してしまうのです。

　2番目に起こりうることは，過去に自分が扱われたように他者に対してふるまってしまうことです。他者をありのままに見ることができないのです。他者の有り様を否定したり，他者に対して攻撃的になったり，厳しく批判したりしてしまいます。そのことに気づき，こんな態度をとられたらどんなに不快かということを知ると，そんなふうにふるまうのはひどいことだと理解できます。そのときには，そうふるまったのは「私ではない」と感じるかもしれません。

　拒絶されている“部分”は，その瞬間を支配してしまい，拒絶されればされるほど，制御を失うようになるのです。また，していることやその意味をまったく認識していない可能性もあります。自分に起こっていることを，心の中で受容的に理解しながら内省するということをこれまでに学んでこなかったなら，どのような表情で，どのようにふるまい，どのような声色で話したのかということを認識せずに，行動の結果起こったことしか目に入らないかもしれません。ひどく混乱してしまうと，自分が言ったことの一部を思い出すことさえできないかもしれませんし，時には，文字どおり，一部の記憶が欠落してしまうかもしれません。他者が自分に対してひどい応答をすると，その前に何が起こって，自分が何を言ったのかを分析せずに，その人が「たいした理由もなく」そういう応答をしたと確信し，「突然」他者が自分を攻撃したのは「その人が悪魔であるから」か「誰もが自分を粗末に扱うから」という単純な説明に満足してしまいます。

　しかし，自分が言ったことに対して誰かがひどい応答をしたという場合には，その人との以前の何らかの相互作用が関係しているはずで，連鎖反応が物事の展開に大きな影響を与えているわけです。変わるためには，本書で述べてきたように，自分自身への気づきを広げなければなりません。そう考えると，自分に対する他者の応答は，ポジティヴなものもネガティヴなものも，多くの興味深い情報を与えてくれているといえます。

「過去の他者」の「現在の他者」へのさまざまな影響

　他者に対するものの見方や他者の行動に対する意味づけに，過去が影響を与えていると知ることは，とても役立ちます。たとえば，一緒にいるパートナーのことを，「自分が手に入れることができなかったすべてのもの」を与えてくれる人とみなしていることがあるかもしれません。目の前にいる人を，そこにいる唯一の個人として見るのではなく，想像上の惑星からきた"理想の王子様"として見ているのです。一緒に住んでいる現実の人が，想像と違うことをするたびに，自分が不快になったり，相手を不快にさせたりします。相手を見るまなざしは，受容的なものではなく批判と失望を表現してしまうので，そのことにより，他者が変化することはいっそう困難になります。

　同様のことが，ほかの関係性でも起こります。「自分がもっている欠点をまったくもたない並外れた人」や「自分を決して見捨てない人」を求めてしまいます。たとえば，ありえないことと知りながらも，自分の親に対しては「いつものようにしないでほしい」と願うものです。実際の現実の親に目を向けることができず，親には層をなす側面があることを受け入れられずにいます。これがまさに，親と自分との関係性において起こってきたことなのですが，奇妙なことに，それに気づかずに同じことを繰り返してしまいます。

　他者を完全に受け入れることは，自分を傷つけてもよいということを意味してはいません。実際，他者の性格を理解しようとすることは，「他者を理想化することで自分が欺かれる」ことから自分を守るために役立ちます。しかしその代わりに，実際には，他者のさまざまな側面を見ることになります。それゆえに，「その関係性の中でどうありたいのか」「どのくらいの親密さを求めるのか」「容認できることとできないことは何か」をよく判断することが必要です。

　自分の願望と"亡霊"に起因する他者に対するゆがんだものの見方は，他者と関係を築くにあたって，たとえ強いポジティヴな関係性にある場合でさえ邪魔をしてきます。たとえば，「自分がもてなかったものすべて」をわが子に与えようとしたり，「自分が受けた被害そのもの」からわが子を守ろうとしたりする場合などです。しかし，わが子は，新しい「自分とは異なる個人」であり，「自分がもっていなかったもの」を必要としていません——「彼らが必要なもの」だけが必要なのです。自分の過去から，わが子を保護する必要もないので

す。彼らが今住んでいる世界の中で，彼らを保護しなければならないのです。

　また，他者の過ちから，「人というもの一般」を判断してしまうことが起こりえます。暴力的な父親や夫といれば，「男とは何の関係ももちたくない」と思うようになることはよくあります。このことは実際のところ，この結論が特定の個人に対してのみあてはまるものであったとしても，同じ"筆"で「男性なるもの全部」を描いてしまっていることを意味しています。医療過誤の犠牲者の場合も，同じことが起こります。もはや単に「医者というもの」を信頼できなくなります。あるいは，もし「彼女」にだまされたなら，そのために「女はみんなそういうものだ」と結論づけてしまうでしょう。常に批判的な母親に育てられたとしたら，誰かに間違いを指摘されると，それがたとえ建設的な方法で意見されたものだったとしても，ネガティヴな反応を起こしてしまうでしょう。過去に夫が暴力的な人だったなら，その後の生活の中で息子がかんしゃくを起こしたときに——おそらく父親の気性の激しさを目撃したことによって息子のかんしゃくも強いものになってしまっているので——母親は子どもを見ることをやめてしまうかもしれません。子どもの表情を見ると，過去の夫とのトラウマ記憶がよみがえってしまうのです。

　このことはすべて，「予言どおり」のことを自分で達成してしまうかのようにして起こります。過去の重要な関係性の中で確立されてきた，もともともっている思い込みは，現在の関係性の中にある有害な要素を見つけだして，それらを増幅させてしまうのです。ささいなことも含めてすべてのものが，その「思い込み」にフィードバックされて，「誰も信用できない！」または「みんなそうだというのは明らかなことだ」と思ってしまいます。

　たとえば，イライラしている様子で挨拶してくる同僚の表情を見ると，自分が拒絶されていると思ってしまいます。その人は，誰に対しても同じようにふるまうかもしれませんが，「彼に何があったの？」とは考えないのです。その代わりに「自分が何か悪いことをしたのかな？」と自問するか「彼は私のことを嫌いなんだ」と考えます。その人の表情に反応してしまうと，いつものように挨拶することが難しくなるので，その人にも影響を与え，逆に，今度はその人が自分の過去に基づいてこちらの表情を解釈することになります。あたかもテレパシーがあるかのように，その人の行動の理由や考えていることや感じて

いることを確信し，たいてい「そのことは自分に関係があるのだ」と決めつけてしまいます。完全に直感に頼るのです。

　脅威にさらされている環境に生まれ，そこで生きてきた場合には，「他者が動いたかどうか」を正確に検知できるようになるというのは真実です。ほかの現実的なことよりも，危険や危害を特定できる鋭い感覚をもつように育つ可能性もまた高いといえます。実際，疑わしいときには，たとえそうでないとしても，多くの刺激が，危険なもの，有害なものとみなされることになります。ジョン兵士のところ（第2章）でみてきたように，高感度の危険検知システムは，戦争中は貴重なリソースですが，平和な世界では深刻な問題を引き起こします。その同僚は，睡眠不足や胃痛や，家を出る前に妻と口論したというような理由で，不機嫌に見えたのかもしれません。あるいは，その同僚は，非常に厳しい母親に育てられてきて，そのときに身につけた"予言"に基づいて「すべての人が同じように働くべきだ」と思っているためにイライラしていたのかもしれません。こういう人は，多くの点でジョン兵士と同じで，個人的戦争のサバイバーといえます。

　こういったすべてのことが自分に関係があるわけではないのですが，もうひとつの可能性として，自分の中の嫌いなところや受け入れられないところを，他者に投影してしまうことがありえます。他者が実際に感じていないとしても，自分自身の中に隠している怒りが，他者の表情と態度の中に見えてしまうことがあるのです。もし，自分の中に怒りがあることにまったく気づいていないために，自分の怒りを拒絶するとしたなら，まったく怒りを示していない人の中にさえ，自分の怒りが投影されてしまうことになります。

　感情の遮断が顕著なときには，心の奥深くに埋葬されてきたたくさんの怒りが存在するといえます。それは，証明できない微妙なことなのですが，普通にそういうことが起こっています。自分の中から知らないうちに怒りが漏れだしてしまうと，他者は根拠もなく不快を感じて，「どうしてこんなことになるのか」を誰も理解できないような状況になります。他者はもう近寄りたくないと思うかもしれませんが，理由を尋ねたところで，「客観的」理由を教えてくれることはありません。前述してきたように，感情の遮断という防衛は多くの点で犠牲を払うのです。現実を理解するための，とりわけ，他者との関係性の複

雑さを理解するための“鍵”をなくしてしまうことになるのです。

「他者」に対するゆがんだ解釈

また，自分の心の中にあるものは他者の心の中にもあることを当然とみなしてしまうかもしれません。もし自分が動揺したら，他者もみんな動揺しているはずだと思い込んでしまいます。[*30]

自分の感情を適切に受け止めてくれる親のもとで育った場合，ひざをすりむいて家に帰ったとき（第7章），親は自分以上に「怖かっただろう」と感じてくれます。それにより，自分の感情は，常に自動的に他者の心の中にもあるということを学びます。なぜなら，感情を扱う方法は，人生早期に出会った人との関係をモデルとして学ぶからです。しかしながら，感情を調整するスタイルは一様ではなく，この感情の伝染は大多数の人には起こりません。他者は，自分が感じていることとは違うふうに感じるもので，おそらく自分では想像できないような方法で物事について考えています。人々はクローンではなく，むしろ自分の思考プロセスに従う独立した心をもつ存在です。人間の機能については，単純な説明に帰さないことが非常に重要です。人生経験は，現実のほんの小さな断片に過ぎません。家族や重要な人との関係の中で起こったことは，全世界を代表するものではありませんし，この関係性を支配してきたルールが，すべての人に採用されていたわけでもありません。

もし他者の適応スタイルや思考の仕方や感情を，常に自分と同じはずだと解釈する傾向があるなら，このような精神的枠組みから自由になることが重要で

＊30 BatemanとFonagyは，メンタライゼーションに基づくセラピーを開発した。これは，精神分析的アプローチに由来し，愛着理論と密接に関連している。著者は，以下の点を指摘している。最初の養育関係が健全な愛着の絆に基づいたものであるときにのみ，自分の心の状態を振り返る視点や，自分の心と他者の心を区別することを学ぶことができる。親は，子どもがどう感じているかを理解すると，子どもの心の状態を忠実に映しだしたうえで，子どもの心は自分の心とは別のものであると理解する。そして成長すると，子どもは他者との相互作用を通して，この関係性をモデルとして内在化する。この気づきの能力は，心理療法のプロセスを通して開発されうるとする。

Bateman, A. & Fonagy, P. (2016) *Mentalization-Based Treatment for Personality Disorders: A Practical Guide.* Oxford University Press.

す。他者の行動に対して，常に5通りの説明を考えてみると，練習として役立ちます。そうすれば，他者は自分と同じように動揺しているのかもしれないが，新しい靴が合わなくて困っているのかもしれないし，保険会社が車の修理代の支払いを拒否しているのかもしれない，と考えることに慣れていきます。唯一最悪の可能性しかないというとき以外は，感覚は個々によりさまざまなものなのです。

　他者の行動に対する解釈をゆがめてしまう可能性のあるもうひとつの側面は，ある特性を関係のない人に関連づけてしまうことです。人生における重要な人の特性は，ポジティヴなものとネガティヴなものがひとまとめにされている可能性があります。

　たとえば，母親が片づけられない人であっても，ポジティヴで愛情深い人だったなら，パートナーの片づけられない傾向は，受け入れ可能な小さな問題に見えるでしょう。一方で，母親が片づけられない人で，かつ子どもを感情的にネグレクトしているような状態だったなら，散らかされることは耐えがたいものになるでしょう。同様のことは，ポジティヴな特性についても起こります。たとえば，厳格で子どもへの要求水準が高いけれど，実際に大切に育ててくれた母親が亡くなり，その後，重要な存在であると思っていなかった祖父母のもとで育てられることになったというような場合，高い要求水準を求められることが，おそらくポジティヴな特性となり，祖父母に価値を見出すことにつながります。

　ですから，他者の中にある特性は，時に好きなこともあれば嫌いなこともあります。それは，その特性自体が良いからとか悪いからとかではなく——もう一度——過去を思い出させるからなのです。

　ここまで述べてきたように，以下のことを振り返ると役立ちます。つまり，自分が「経験の産物」であるのと同様に，他者もまた「経験の産物」なのです。他者の反応は，学習と環境によって条件づけられます。他者が自分について感じていることは，実際には自分とはほとんど関係がありませんが，気づいていないけれど心の中でつながっている他者自身の経験と関係があるでしょう。

　たとえば，非常に厳しく批判的な母親をもつ同僚が何らかの間違いをしたとき，その間違いを指摘したなら，その指摘は彼をおおいに悩ませることになる

でしょう。その彼の反応は，とくに間違いを指摘した側にはほとんど関係がありません。彼のシステムが批判に対して過敏であるため，彼の耐性が非常に低いのです。その人の行動がより問題で困難で不適切であればあるほど，そのことが彼らの未解決の問題に関連している可能性は高いといえます。なぜなら，問題行動は，健康で豊かな絆を形成してきた人の特性ではないからです。多くの場合，世界についての解釈はゆがめられ，誰もいないところに敵がいるとみなして，自分の行動に対して非現実的な評価を下してしまっています。

新たな「他者との関係」

　心が過去のパターンから自由になり，自分と闘うことによってエネルギーが消耗されることもなくなると，新しい視点で他者を見ることができます。自分の「過去と世界に対するものの見方」をもとに，他者を自分とは異なる自立した存在とみなすことができます。今では，テレパシーは存在しないということに気づき，思い込みで結論を出したり，当然みんなが同じように思っているはずだと思ったりしません。

　たとえば，上司が職場で怒鳴ったら，彼の反応は自分と何か関係があるかもしれないと思うかもしれませんが，ほかにありうる理由についても考えます。「どうして彼はいつも私のうしろにいるのだろう？」と考えたり，彼の気性の荒さを，無意識のうちに自分の家族の叫び声と関連づけたりしないようにします。逆に，「この人には自己制御の問題がある」「今日，彼に何があったのだろう？」と思えばよいのです。このように考えることは，必然的に問題の一部を他者の側に置くことになります。このことは，問題はいつも自分の側にあって，それゆえに「周囲の人は自分を悪く言う」と思っているよりも，はるかに気持ち的に余裕のある距離感をとることに役立ちます。彼の反応については，いろいろな説明の仕方がありえます。たとえば「彼の生い立ちについては知らないけれど，彼の過去の体験が，世界に対する理解と対応の仕方に影響を与えたということは明らかだ。もしかしたら，厳しくて権威主義的な両親が，彼の人格形成に影響を与えたのかもしれない。だから，自分の言動が，彼の行動を引き起こした唯一の原因というわけではなくて，彼の行動は彼の内的なプロセスによって誇張されたものなのだ」と考えられるのです。

このように考えると，何か自分が間違ったことをしたかどうかについて，より冷静に考えることができます。もしかしたら，気づかないうちにいやな顔をしてしまったのかもしれませんし，実際にミスをしたのかもしれません。もしミスすることをたくさん経験してきたなら，ミスしてしまうのも普通のことだと思えて，ミスを認めることに困難は伴いません。もし，もはや心の中で自分をひどく批判したり非難したりしなければ，健康になり，自分を批判するにしても，それは現実的なものになります。もし仕事がうまくできなかったら，上司がそれを指導することはまったく当然のことです。そのとき，上司が不適切で失礼な態度で指導したなら，それは実際のところ受け入れられるものではありませんが，もし変わらなければならないのであれば，評価されることは当然のことです。ミスが明らかになれば，行動を見直します。そこで健全な罪悪感が機能すれば，ミスを認識し，受け入れ，修正することができます。現実的な分析をしたあとで，「自分が不適切なことをしてしまった」というところに戻らなければ，たとえ彼がまだ怒っているとしても，冷静でいられるようになるでしょう。なぜなら，彼の意見よりも自分の意見を大切にすることができるからです。

　「絶対的な確信」ほどあてにならないことをすでに学んできたので（第17章），自分の考えを議論の余地がないものとしては扱いません。物事を説明するためには，常にさまざまな仮説を想定し，客観的な事実を分析し，事実によって示される程度の確実さをもった結論を導きますが，それに代わるほかの説明にも心を開いておきます。

　過去と向きあい乗り越えることが，過去からの残留物を心から取り除くことになるので，自分の周囲の人々の現実の姿を見ることができるようになります。自分自身を受け入れることは，他者を受け入れることができるために役立ちます。他者に対するこの視点は，他者との関係性に大きな影響を与え，その関係性がポジティヴな方向に向かって進化することを容易にします。

「私たち」の関係

真に出会うということ

　自分自身の中の微妙な変化を見つめ，過去を忘れてはいないけれど過去と距離をとれるようになり，他者を自分とは別の独立した人として理解することによって，より自由で自然で柔軟に，これまでとは違う関係性を築けるようになります。この新しいポジションに立つと，他者との真の出会いが可能になります。自分をありのままに示し，目の前にいる現実の人が見えます。この出会いは，逃してはならない，人としての重要な経験のひとつです。なぜなら，それこそが人生を価値のあるものにするからです。おそらく，たった一度の出会いの瞬間もあれば，信頼感に基づいた長期的な関係性が築かれることもあるでしょう。

　このつながりは，まだ過去の記憶にがんじがらめになっていたときに感じた強い結びつきとは異なります。まだ愛情に対する満たされざる欲求があるときには，他者の中に，自分の中にあるのと同じ，無力感，脆弱でおびえた子ども，亡霊が見えるのです。

病理的な関係性が繰り返される理由

　奇妙なことに，内面で感じるものだけでなく，自分に関して受け入れられないものがあればあるほど，他者に強力に惹きつけられるのです。内面に目を向けることを忘れていたとしたら，自分から遮断されたこれらの"部分"は，他者の目を通してのみ明らかになるからです。この他者に惹きつけられる感覚は，「本当の」友情や愛と名づけられることがありえますが，実際には，未解決の問題の症状であるといえます。拒絶され無視され傷つけられた"内面の子ども"は，その感覚に依存するようになりますが，それは理性と気づきの外側で生じています。この感情に基づく関係性は，苦痛に満ちたものになる傾向があります。つまり「他者にしがみつきたい」あるいは「親密さから逃れたい」という欲求を活性化してしまい，結局はもう一度，苦痛や痛みを引き起こしてしまいます。

中でもこのことは，病理的な関係性を繰り返してしまう傾向が生じる理由の
ひとつです。この事実は，トラウマティックな状況に導いてしまう，とても奇
妙な逆説のひとつでもあります。できる限り，過去に体験したようなことを繰
り返さないようにしていても，不思議なことに，結局は同じタイプの人と同じ
状況を繰り返してしまうことになります。パートナーや友達を選ぶのが，"大
人"の自分ではなくて，そうなりたくないと思っているはずの"内面の子ど
も"だからです。この"内面の子ども"は，過去の体験から学ぶことができな
かったために自分の内にとどまっているのです。満たされざる欲求が蔓延する
と，その欲求になじむものを探すようになります。健康的な家庭環境で育ち，
ポジティヴな関係性を築けた幸運な人は，このように顕著に不足している部分
をもたないので，そのような強力なつながりを感じることはありません。"内
面の子ども"は「自分のように」思えないかもしれませんし，「十分に」大切
にされていないと思っています。そのため，同じ問題を抱えることで共鳴しあ
う人と多くの関係をもつ傾向があるのです。

健康的な関係性を求めて

他者との健康的な出会いは，より穏やかで堅実で現実的な感覚をもちます。
それはまた，より頑丈で，安定していて，安全です。自分の人格を形作ってい
るすべての側面により平和な関係性が構築され，過去の困難な記憶が残した傷
が癒やされるとき，世界の有り様と他者との相互作用は，違ったものになり，
より価値のあるものになります。他者が異なる状況や段階にいて，自分に対し
て不健康な方法で関わってくるということがありうることははっきりしていま
すが，自分がそれをどう扱うかについては，より生産的な方法をとれるように
なっています。他者に保護と安全を求めはしませんが，心の中に自信が育った
ので，協力関係を構築し，他者を理解し，他者に自分を理解してもらえるよう
になるでしょう。必要に応じて「自分を守るシステム」を作動させることがで
きますが，それまではそれを必要と感じることもないでしょう。

"種"を育てる

本書で説明してきた変化というものはすべて，それぞれの人にとって可能な

ことです。ほかのものよりも簡単なものがあるでしょうが，多くはおそらくたくさんの時間がかかります。うまくいくかどうかは，この方向性に向かってどれだけたくさんやってみるか次第といえます。デスティンと「逆向き自転車」（第16章）のように，記憶のネットワークの中に深く根づいたパターンでさえ，毎日必要な時間だけたくさん練習すれば修正可能なのです。ただ本を読んで，意味のあることが書いてあったと思っても，実際にやってみなければ，結局は興味深い話だったと思うだけになってしまいます。「少年と村の物語」（第12章）のように，本書はひと握りの"種"なのです。自分がどうなりたいのかを考えてみましょう。

監訳者あとがき

　2019年6月末に，ポーランド（クラクフ）でのEMDRヨーロッパ大会（20th EMDR Europe Conference 2019）に参加したとき，本書に出会いました。この大会で，アナベル先生のEMDR療法の治療ビデオの発表を見るのは2回目でしたが，彼女の治療ビデオによる発表はいつもたいへん共感できる内容で，「はるばるここまで来てよかった」という感動を与えてくれます。アナベル先生が「わが子のような本です」と紹介した本書を，帰りの飛行機の中で読みながら，「この本はどうしても日本語に翻訳しなくちゃ」と心が踊りました。

　まえがきにも記載したとおり，本書は，患者さんに語りかけるように書かれており，専門用語を使わずに，難解な複雑性トラウマと解離の世界を解説しています。心理療法の流派を問わず，共通に知っておくことが必要な視点から書かれています。第1章の冒頭に示されているとおり，対象となる状態像も多彩なものが想定されていて，解離の度合いも軽いものから深刻なものまですべてを網羅しうる表現で，ある意味「漠然と」「いろいろな意味に受け取ることができるように」記載されています。そういう意味で，スペイン語から英語に翻訳されたものを，さらに日本語に翻訳する作業はなかなか難しいものでしたが，できるだけ原書の意図するニュアンスが生きることを願って，平易で自然な日本語になるよう意訳しました。

　2019年，ICD-11にはじめて「複雑性PTSD」が公式診断として収載されました。これにより，今後「複雑性トラウマ」を理解することは，トラウマ治療を志向する人だけではなく，専門家全般に求められるようになるといえるでしょう。そのために，本書が役立つものと思います。専門家の方は，本書により「複雑性トラウマ」の症状化とその回復の全体像をつかんだうえで解離関連の

専門書を読んでいただくと，統合的な深い理解が可能になると思います。

　ここで，診断基準としての「複雑性PTSD」と「複雑性トラウマ」という概念は同じものではないということを押さえておきたいと思います。「複雑性トラウマ」を抱えていると，本書の冒頭に記載されているように，多彩な形で症状化します。その中のひとつの形がICD-11に定義された「複雑性PTSD」であるといえます。「複雑性トラウマ」は，自我の解離状態（本書で言うところの"部分"）に由来するきわめて多彩な症状をもたらします。感情制御の困難，自傷行為，嗜癖・依存，見捨てられ不安による行動化，異常な摂食行動，夫婦間暴力，家庭内暴力，虐待行為，「よい人」の犯罪などの背景に，「複雑性トラウマ」があることを視野に入れると，援助の可能性が大きく広がります。

　これまで私自身，子どもの感情制御と親子のコミュニケーションについて解説するにあたって，「子どもが転んだときに親がどのような反応をするか」という例を用いてきました。本書でも，子どもが転んだときの親子のコミュニケーションを用いて感情制御のプロセスが説明されており（第7章），同じ発想であることにうれしくなりました。本書では，愛着理論の4つのタイプについてていねいに説明がなされています。ここで少し，親子関係の文化差について言及しておきたいと思います。

　愛着理論の4つの分類は，欧米の個人主義の親子関係を基本としており，日本人の親子関係の場合，必ずしも4つにあてはまるわけではないと私は考えています。また，本書の記述の中には，乳児期に獲得してしまう無力感というものについて繰り返し述べられていますが，背景には，欧米の乳児を別室に寝かせる文化があります。日本人の場合，乳児は母と一緒に同室で寝ています。このことはとてもよいことで，世界的にも乳児の同室寝の重要性が見直される傾向にあります。しかしながら，日本人の場合は，愛着の4分類のほかに，日本人特有の関係性があります。子どもが「怒り」などのネガティヴ感情を表出しない限りにおいては，良好な安定型の愛着関係でいられるのに，「怒り」などで表出する場面では，それを承認されないというような愛着の形です。和を重んじ，「怒り」の表出をよくないこととととらえる文化の特徴といえるでしょう。スザンナ（安定型）とテレサ（無秩序型）（第7章）の合体型のようなパターン

です。このような場合，親から「愛されている」という確信をもちながらも，部分的には否定されてしまうので，親に適応するために"遮断"が必要となり，"部分"が容易に解離してしまうのです。本書を読んで，自分は親から大切に育てられたので，これにはあてはまらないと思う方がいるかもしれません。日本人の場合，大切に育てられてきたのに"遮断"が日常化している方は多いと思います。それが日本の「よい子」の問題です。日本の子どもおよび母への援助については，拙著『子どもの感情コントロールと心理臨床』（日本評論社，2015）と『子育てに苦しむ母との心理臨床―EMDR療法による複雑性トラウマからの解放』（同，2019）を参考にしていただければと思います。

　本書の翻訳協力者は，東京学芸大学大河原美以研究室の2019年度の学部4年生と大学院生および卒業生のEMDRセラピスト（久冨香苗・遠藤衣織）です。私の教え子たちの協力により，翻訳をスムーズに短期間に進めることができました。一緒に取り組むことができて，とても有意義でした。

　また，日本評論社の植松由記さんには，多大なサポートをいただきました。的確なアドバイスと正確な仕事により，本書がより読みやすいものとなりました。心よりお礼申し上げます。

　本書の監訳作業は，2019年10月からはじめましたが，2020年3月〜5月の新型コロナウィルス感染症パンデミック下での外出自粛期間に集中的に取り組むこととなりました。そのため，短期間での出版が可能になりました。「コロナ禍」は災害であり，戦争であるともいえるでしょう。「コロナ禍」が長引き，今後も繰り返されると，第2章の「戦争を生き抜いてきたジョン」のようなトラウマを世界が背負うことになるかもしれません。その不安の大きさに圧倒されながらも，第22章のキェルケゴールの言葉「人生は，振り返ることでのみ理解されうるが，前を向いて生きられるべきものだ」をかみしめたいと思います。

　2020年5月25日　東京都の緊急事態宣言が解除された日に

大河原美以

●著者略歴

アナベル・ゴンザレス（Anabel Gonzalez）

精神科医・心理療法家。集団療法，認知分析療法，家族システム療法，トラウマ志向心理療法を専門とする。医学博士，犯罪学の専門家でもある。ESTD（ヨーロッパトラウマ解離学会）理事。スペインEMDR協会副理事長。コルーニャ大学病院（University Hospital of A Coruña：CHUAC）に勤務し，深刻なトラウマをもつ患者の治療のための「トラウマと解離の治療プログラム」を組織している。教育者としては，解離性障害，トラウマ，愛着，感情制御に関するワークショップを精力的に行い，EMDR療法の認定トレーナーとして活躍している。病院内における教育活動にも参画し，精神科研修医に対する心理療法のトレーニングを行っている。また，国立通信教育大学（Universidad Nacional de Educación a Distancia：UNED）の大学院修士課程の非常勤講師として，EMDR療法の講義を担当している。

研究においては，トラウマおよびさまざまな疾患に対するEMDR治療の領域で，複数の研究プロジェクトを指揮している。これまでに，解離，トラウマ，EMDR療法についてのたくさんの論文を発表してきた。スペイン語の単著に加え，英語版の共著（Dolores Mosqueraとの共著）に *EMDR and Dissociation: the Progressive Approach*（2013）と *Borderline Personality Disorder and EMDR Therapy*（2014）がある。

●翻訳協力者

遠藤衣織	第1章	第21章	第22章	第23章　文献
西尾美奈	第2章			
川島はるか	第3章			
下村穂花	第4章			
豊島瑞紀	第5章			
佐々木莉菜	第6章	第7章		
水谷実乃理	第8章	第9章		
山本実玖	第10章	第11章		
山本真鈴	第12章	第13章		
吉田愛実	第14章	第15章		
加藤爽子	第16章	第17章		
久冨香苗	第18章	第19章	第20章　文献	

●監訳者略歴

大河原美以（おおかわら・みい）

東京学芸大学名誉教授。臨床心理士・公認心理師，博士（教育学）。2021年に大河原美以心理療法研究室（https://mii-sensei.com）を開設。1982年東北大学文学部哲学科卒業。児童福祉施設の児童指導員として勤務ののち，1993年筑波大学大学院修士課程教育研究科修了。精神科思春期外来，教育センターなどの非常勤相談員を経て，1997年より東京学芸大学助教授，2007年より2021年3月まで教授。専門は，親子の心理療法・家族療法。
著書に『ちゃんと泣ける子に育てよう─親には子どもの感情を育てる義務がある』（河出書房新社，2006），『子どもの「いや」に困ったとき読む本』（大和書房，2016），『子どもの感情コントロールと心理臨床』（日本評論社，2015），『子育てに苦しむ母との心理臨床─EMDR療法による複雑性トラウマからの解放』（同，2019），『いやな気持ちは大事な気持ち』（同，2021）などがある。

複雑性トラウマ・愛着・解離がわかる本
（ふくざつせい）（あいちゃく）（かいり）（ほん）

2020年8月31日　第1版第1刷発行
2024年5月15日　第1版第4刷発行

著　者──アナベル・ゴンザレス
監訳者──大河原美以
発行所──株式会社 日本評論社
　　　　　〒170-8474　東京都豊島区南大塚3-12-4
　　　　　電話 03-3987-8621（販売）-8598（編集）　振替 00100-3-16
印刷所──港北メディアサービス株式会社
製本所──株式会社 難波製本
装　幀──大村麻紀子

検印省略　© 2020 Okawara, M.
ISBN 978-4-535-56388-9　Printed in Japan